INMIGRACIÓN A LOS EE.UU. PASO A PASO

Segunda Edición

SPHINX® PUBLISHING
DIVISIÓN DE SOURCEBOOKS, INC.®
NAPERVILLE, ILLINOIS
www.SphinxLegal.com

Segunda Edición, 2004

Publicado por: **Sphinx® Publishing, impresión de Sourcebooks, Inc.®**

Oficina de Naperville
P.O. Box 4410
Naperville, Illinois 60567-4410
630-961-3900
Fax: 630-961-2168
www.sourcebooks.com
www.SphinxLegal.com

Esta publicación está destinada a proporcionarle información correcta y autorizada respecto a los asuntos cubiertos. Se vende entendiéndose que la editorial no se compromete a suministrar servicios legales o contables, ni ningún otro tipo de servicios profesionales. Si se requiere asesoramiento legal u otro tipo de consulta profesional, se deberán contratar los servicios de un profesional competente.

De una Declaración de Principios aprobada conjuntamente por un Comité de la Asociación Americana de Colegios de Abogados y un Comité de Editoriales y Asociaciones

Este libro no reemplaza la ayuda legal.

Advertencia requerida por las leyes de Texas.

Library of Congress Cataloging-in-Publication Data

Gania, Edwin T.
[U.S. immigration, step by step. Spanish]
Inmigración a los EE.UU., paso a paso / Edwin T. Gania ; Eytán Lasca, traductor. -- Ed. 2.
p. cm.
Includes index.
ISBN 1-57248-474-8 (pbk. : alk. paper)
1. Emigration and immigration law--United States--Popular works. I. Title.
KF4819.6.G3618 2004
342.7308'2--dc22

2004016372

Imprentado en los Estados Unidos de America
VHG — 10 9 8 7 6 5 4 3 2 1

Sumario

Segunda Sección: Categorias de la Elegibilidad de Residencia Permanente

Uso de los Libros de Asesoramiento Legal

Antes de consultar cualquier libro de autoayuda, es necesario tener en cuenta las ventajas y desventajas de encargarse de su propio asesoramiento legal y ser consciente de los riesgos que se asumen y la diligencia que se requiere.

La Tendencia Creciente

Tenga la seguridad de que usted no será la primera ni la única persona que se encarga de sus propios asuntos legales. Por ejemplo, en algunos estados, se representan a sí mismas más del setenta y cinco por ciento de las personas involucradas en procedimientos de divorcio y otros tipos de asuntos jurídicos. Debido al alto costo de los servicios de abogacía, la tendencia a la autoayuda va en aumento y en muchos tribunales se procura facilitar los procedimientos para que la gente pueda representarse a sí misma. Sin embargo, en algunas oficinas gubernamentales no están en favor de que las personas no contraten abogados y se niegan a ofrecer cualquier tipo de ayuda. Por ejemplo, su respuesta suele ser: *Vaya a la biblioteca de leyes y arréglselas como mejor pueda.*

Escribimos y publicamos libros de autoasesoramiento legal para brindar al público una alternativa a los generalmente complicados y confusos libros de derecho que se encuentran en la mayoría de las bibliotecas. Hemos simplificado y facilitado las explicaciones sobre las leyes al máximo posible. De todos modos, a diferencia de un abogado que asesora a un cliente en especial, nosotros no podemos cubrir toda las posibilidades concebibles.

Análisis Costo/Valor

Cuando se está comprando un producto o un servicio, uno se ve frente a diversos niveles de calidad y precio. Al decidir que producto o servicio adquirir es necesario efectuar un análisis de costo/valor sobre la base del dinero que usted esta dispuesto a pagar y la calidad que usted desea obtener.

Al comprar un automóvil, usted mismo decide si desea obtener transporte, comodidad, prestigio o *atractivo sexual.* De manera acorde, usted opta por alternativas tales como un Neon, un Lincoln, un Rolls Royce o un Porsche. Antes de tomar una decisión, generalmente se comparan las ventajas y el costo de cada opción.

Cuando usted tiene dolor de cabeza puede tomar una aspirina u otro calmante para el dolor, o visitar a un médico especialista que le practique un examen neurológico. En tales casos, la mayor parte de la gente, por supuesto, prefiere un calmante para el dolor porque cuesta solamente unos centavos mientras que un examen médico cuesta cientos de dólares y lleva mucho tiempo. Se trata, generalmente, de una decisión lógica porque, normalmente, para un dolor de cabeza no hace falta más que un calmante. Pero en algunos casos un dolor de cabeza podría ser indicio de un tumor cerebral y sería necesario consultar a un especialista inmediatamente para evitar complicaciones. ¿Debe consultar a un especialista toda persona que tenga dolor de cabeza? Por supuesto que no, pero los que deciden combatir sus enfermedades por sus propios medios tienen que darse cuenta de que están arriesgando su salud en base al análisis costo/valor de la situación. Están tomando la decisión más lógica.

El mismo análisis costo/valor debe efectuarse cuando uno decide encargarse por sí mismo de los trámites legales. Muchas situaciones legales son muy claras: requieren un formulario sencillo y un análisis que no es complicado. Toda persona con un poco de inteligencia y un libro de instrucciones pueden encargarse del asunto con poca ayuda externa.

No obstante, en ciertos casos se presentan complicaciones que sólo un abogado podría detectar. Para simplificar las leyes en un libro como éste, frecuentemente ha sido necesario condensar varios casos legales en una sola frase o párrafo. De lo contrario, este libro tendría varios cientos de páginas y sería demasiado complicado para la mayor parte del público. Sin embargo, esta simplificación deja de lado, necesariamente, numerosos detalles y sutilezas que tendrían relación con ciertas situaciones especiales o inusuales. Asimismo, es posible interpretar la mayoría de los asuntos legales de distintas maneras.

Por consiguiente, al utilizar un libro de autoayuda legal y efectuar sus propios trámites legales, debe usted ser consciente de que está efectuando un análisis de costo/valor. Usted ha decidido que el dinero que ahorrará al encargarse de las gestiones legales compensará la posibilidad de que la resolución de su caso no resulte satisfactoria. La mayor parte de la gente que efectúan sus propios trámites jurídicos jamás tienen problemas, pero en algunas ocasiones ocurre que necesitan contratar a un abogado para corregir los errores iniciales de un caso, a un costo más alto del que les hubiera supuesto contratar a un abogado desde el principio. Tenga este factor en cuenta al manejar su caso y si cree que en el futuro le hará falta más orientación no deje de consultar a un abogado.

Normas Locales

El proximo aspecto a recordar es que un libro sobre las leyes de toda la nación o de todo un estado, no puede incluir todas las diferencias de procedimiento en cada jurisdicción. Siempre que sea posible, proporcionamos exactamente el formulario que se requiere. Sin embargo, en otros casos, cada condado establece sus propios procedimientos y requiere sus propios formularios. En nuestros libros para determinados estados, los formularios generalmente cubren la mayoría de los condados del estado o proporcionan ejemplos sobre los trámites legales necesarios. En nuestros libros de alcance nacional, se incluyen algunas veces formularios de un alcance más general, aunque destinados a darle una buena idea del tipo de formulario que hace falta en la mayor parte de las localidades. De todos modos, recuerde que el estado o el condado donde usted reside puede haber establecido requisitos o formularios que no estén incluidos en este libro.

No se debe necesariamente esperar que toda la información y los recursos necesarios puedan obtenerse únicamente a través de las páginas de este libro. Esta obra le servirá de guía, brindándole información específica cuando fuera posible y, también, ayudándolo a encontrar los demás datos necesarios. Es como si uno decidiera construir su propia terraza. Usted podría adquirir un manual para la construcción de terrazas. Sin embargo, dicho libro no podría incluir los códigos de construcción ni los datos sobre los permisos requeridos en cada ciudad, condado o localidad de la nación, ni tampoco podría abarcar información sobre madera, clavos, sierras, martillos y otros materiales y herramientas para la construcción. Un libro de ese tipo puede servir de guía y después hará falta investigar un poco más sobre este tipo de obras, datos para obtener permisos, e información sobre los tipos y niveles de calidad de la madera disponible en su localidad, posibilidades de utilizar herramientas manuales o eléctricas, y el uso de dichas herramientas.

Antes de utilizar los formularios que figuran en un libro como éste, deberá usted verificar en la oficina de la secretaría de estado o del gobierno local si existen ciertas normas locales que usted deba conocer, o formularios locales cuyo uso sea obligatorio. A menudo, tales formularios requerirán la misma información que la que aparece en los formularios incluidos en este libro pero en diferente orden o con algunas palabras distintas. A veces será necesario utilizar información adicional.

Cambios de Leyes

Además de estar sujetas a las normas y prácticas locales, las leyes están sujetas a cambio en todo momento. Los tribunales y los legisladores de los cincuenta estados constantemente examinan las leyes. Es posible que mientras usted esté leyendo este libro, se esté modificando algún aspecto de las leyes.

En la mayoría de los casos, los cambios serán mínimos. Se rediseñará un formulario, se requerirá información adicional, o quizá se prolongue un plazo de espera. Como resultado de cambios de ese tipo, quizás sea necesario examinar un formulario, presentar un formulario extra, o cumplir un plazo de espera más prolongado; este tipo de cambios generalmente no influyen en la solución de su caso legal. Por otra parte, en algunas ocasiones puede suceder que se modifique un aspecto fundamental de una ley, que se cambie el texto de una ley en determinada área, o que sea anulado el aspecto básico de un asunto legal. En dichas circunstancias, sus posibilidades de tramitar su caso se vería seriamente afectada.

Nuevamente, deberá usted comparar el valor del caso contra el costo de la contratación de un abogado y tomar la decisión más adecuada para defender debidamente sus intereses.

Nota de la Editorial

En los últimos años, las dependencias gubernamentales responsables de las prestaciones de inmigración y el cumplimiento de las normas pertinentes, han sido sujetas a importantes reorganizaciones y cambios de denominaciones. El Servicio de Inmigración y Naturalización (INS, por sus siglas en inglés), entidad que funcionaba bajo la autoridad del Departamento de Justicia, era la dependencia gubernamental encargada de la mayor parte de los asuntos de inmigración. Dicha entidad ya no existe. Tras los eventos del 11 de septiembre de 2001, el gobierno centralizó la mayoría de las actividades relacionadas con la seguridad del país (incluidos los asuntos de inmigración) en el Departamento de Seguridad del Territorio Nacional (DHS, por sus siglas en inglés).

Bajo la autoridad del DHS, veintidos entidades previamente separadas funcionan ahora coordinadamente, en un mismo departamento, a fin de proteger al país contra amenazas mediante la puesta en práctica de medidas mejores coordinadas para la seguridad del territorio nacional. Las Divisiones del DHS analizan las amenazas recibidas, se encargan de la gestión de inteligencia, custodian las fronteras y los aeropuertos de la nación, protegen la infraestructura básica y coordinan la respuesta ante futuros casos de emergencia. Al estructurarse tal departamento, se establecieron varios burós encargados de las funciones que desempeñaba el INS, entre ellos el Buró de Ciudadanía y Servicios Migratorios, el Buró de Inmigración y Aduanas y el Buró de Protección de Aduanas y Fronteras. Durante el período de transición, se les asignaron distintos nombres y siglas. Al principio se las conocía, respectivamente, como BCIS, BICE, y BCBP.

Se producen constantes cambios en las dependencias gubernamentales (especialmente aquellas relacionadas con la inmigración). A fines de 2003, se reemplazó la denominación *Buró de* por las de *Servicio de* y *de Estados Unidos* (y combinaciones pertinentes). De tal manera, tales dependencias pasaron a denominarse Servicio de Ciudadanía e Inmigración de Estados Unidos, Oficina de Aplicación de Leyes de Inmigración y Aduanas de Estados Unidos y Agencia de Aduanas y Protección de Fronteras de Estados Unidos. Sus respectivas siglas son, respectivamente, USCIS, ICE, y CBP. Aunque en esta publicación se utilizan las denominaciones nuevas, es posible encontrar las anteriores en otros sitios, o combinaciones de las nuevas y las anteriores.

INTRODUCCIÓN

La inmigración es uno de los campos de la experiencia humana más propicio a los rumores falsos. Muy a menudo, la veracidad de un rumor no guarda relación con la velocidad con la cual se propaga. Por ejemplo, sé de muchos casos en los cuales los interesados se han visto obligados a comparecer ante un tribunal de inmigración (inmigración court) porque solicitaron residencia permanente en base a una *aministía* inexistente.

Los medios de comunicación a menudo suelen confundir aún más al público. Como los detalles sobre una nueva ley de inmigración no suelen ser interesantes para leer o resultan difíciles de comprender, en general no se los incluye en los artículos correspondientes. Al simplificar las crónicas o reportajes, se dejan de lado detalles que podrían aclararles dudas a mucha gente.

Afortunadamente, este libro puede contribuir a distinguir entre lo real y lo imaginario. En vez de limitarse a describir los requisitos de elegibilidad para una categoría determinada, los cuales pueden generalmente obtenerse en otras fuentes, este libro espera indicarles a los lectores los aspectos reales del proceso en sí mismo e informarlos sobre los aspectos que pueden complicarse.

El proceso de solicitar la tarjeta de residente (conocida generalmente como *green card*, tarjeta verde) constituye un verdadero desafío. Para el posible inmigrante, no es nada fácil entender los siempre cambiantes requisitos de elegibilidad. Es igualmente difícil presentar los formularios correctos y documentos para apoyar la solicitud y a continuación proseguir la tramitación de la solicitud a través del USCIS. Es más, una experta abogada litigante de casos relacionados con el USCIS me indicó que las regulaciones del USCIS le resultan cada vez más confusas, mucho más que cuando comenzó a ocuparse de casos de inmigración.

En numerosos casos de inmigración basta con presentar la solicitud, esperar que continúe su tramitación a través del sistema y al final la solicitud termina siendo aprobada. Sin embargo, la diferencia entre un caso fácil y un caso imposible suele ser muy pequeña. Si un extranjero efectúa una solicitud para la cual no es elegible, remiten su caso a una dependencia del gobierno federal que vigila el incumplimiento de la ley, junto con toda la información necesaria para deportarlo. Imagínense el caso de un ladrón que firma una confesión en la comisaría de policía junto con copias de sus documentos de identidad y otros datos personales, copias de la declaración de impuestos, fotografías, huellas digitales, $500 en tasas de solicitud y les dice que se den prisa y que le den una entrevista. Suena absurdo, pero todos los años miles de extranjeros esperanzados cometen ese tipo de errores.

No obstante, la complejidad de los casos de inmigración varía enormemente. En un extremos tenemos, probablemente, los casos de naturalización, generalmente sencillos, especialmente en los casos en que el solicitante domina el idioma inglés y no tiene antecedentes penales (véase el Capítulo 21). Debe tenerse en cuenta, asimismo, que el riesgo para el solicitante de naturalización es más bajo porque ya cuenta con su tarjeta de residente y normalmente puede volver a presentar una solicitud si algún detalle no funciona de acuerdo a lo que esperaba. El solicitante no puede ser deportado si no tiene antecedentes penales.

En el otro extremo se sitúan aquellas personas que deben comparecer ante un tribunal de immigración (véase el Capítulo 19). Estas personas no deben presentarse sin asesorarse con profesionales expertos. Todo extranjero que deba presentarse ante un tribunal de inmigración deberá, por lo menos, consultar con un abogado especializado en casos de inmigración o una organización competente, de manera que su derecho a permanecer en el país pueda confirmarse. Los errores cometidos en los tribunales de inmigración pueden ser fatales. Para más información sobre abogados consulte el Capítulo 22.

Entre el amplio número de casos de inmigración de dificultad media se encuentran aquellas personas que solicitan la tarjeta de residente en base a uno de las categorías de elegibilidad enumeradas en los Capítulos del 4 al 12. Algunos casos son más fáciles que otros. El más fácil de dichos casos es, posiblemente, el de las solicitudes para toda una familia, en caso de que no se presenten factores que las compliquen. Un aspecto clave de este libro consiste en identificar los aspectos respecto a los cuales el solicitante puede efectuar sus propios trámites sin ayuda. Este tipo de información se proporciona en los Capítulos del 13 al 20, mientras que el Capítulo 23 lo ayudará a predecir futuras acciones legales relacionadas con la inmigración.

Uso de este Libro

El sistema de inmigración de los EE.UU. es, fundamentalmente, un sistema cerrado, lo cual significa que usted tiene que reunir los requisitos para una categoría específica a fin de obtener la tarjeta de residente. Normalmente, ninguna persona puede efectuar una *autopetición*. Un sistema totalmente distinto, por ejemplo, es el que utilizan en Canadá, un sistema que puede considerarse abierto y cuya base consiste en el otorgamiento de puntos. Si una persona puede acumular setenta puntos de acuerdo con el sistema canadiense de otorgamiento de puntos, dicha persona puede efectuar una autopetición.

Por consiguiente, para hacerse residente permanente de los EE.UU., usted deberá, en primer lugar, encontrar una categoría para la cual sea elegible. Este libro está organizado para ayudarlo en tal búsqueda. La primera parte lo ayudará a comprender los términos, los casos de inmigración y las primeras etapas que deberá cumplir antes de efectuar cualquier solicitud. La segunda parte incluye las diversas categorías de elegibilidad para solicitar la tarjeta de residente. Se presentan ordenadas desde las visas más disponibles o las más fáciles de solicitar. En otras palabras, si usted no está seguro de la visa para la cual usted es elegible, podría hojear los capítulos en orden hasta que encuentre una categoría que le pueda servir.

Aunque las diversas categorías pueden resultar confusas, existen, fundamentalmente, cuatro maneras a través de las cuales la amplia mayoría reunirá los requisitos para solicitar una tarjeta de residente: a través de familiares, del trabajo, en calidad de refugiados o asilados o mediante la lotería de visa para promover la diversidad. Las demás categorías son bastante restrictivas y solamente se aplican a un número limitado de personas cualificadas, aunque nunca está de más considerar cada un de las posiblidades antes de decidirse.

La mayoría de las solicitudes que se presentan se amparan en las categorías basadas en la familia. Se puede intentar presentar este tipo de solicitudes sin asistencia externa. La única excepción es la que se refiere a los hijos adoptivos. Sin embargo, existen ciertas categorías de elegibilidad para las cuales ninguna persona que lea este libro deberá presentar una solicitud sin ayuda. Las categorías basadas en el trabajo requieren estar familiarizado con los requisitos técnicos cuya complejidad va mucho más allá del alcance de este libro y, por lo tanto, el proceso de ajuste no se describe con todos los detalles.

La tercera parte de este libro contiene información respecto a la tramitación de la tarjeta de residente. Puede, sencillamente, leerse o utilizarse como consulta para apuntalar la información incluida en cualquiera de los capítulos que se refieran a la elegibilidad.

NOTA: *En este libro se hace referencia a diversos documentos. Muchos de ellos se explican detalladamente en el Capítulo 14, en vez de explicarlos en cada ocasión que se mencionan.*

El Glosario incluido al final de este libro es un recurso incomparable. Además de ofrecer una definición completa de toda la terminología de inmigración, procura proporcionar un cuadro panorámico de cada término en el contexto general de la inmigración. De tal manera el lector adquiere una información cabal respecto a cada concepto. Aunque tales generalizaciones no siempre serán totalmente precisas, resultarán útiles como punto de partida. El Apéndice E contiene verdaderos formularios del USCIS que usted puede utilizar.

NOTA: *Toda referencia a una sección de la ley se relaciona con la Ley de Inmigración y Nacionalidad (INA, siglas en inglés).*

Todo lector que desee formular observaciones sobre cualquier aspecto de este libro puede ponerse en contacto con el autor, cuyos datos son los siguientes:

Edwin Gania
Mark Thomas and Associates
11 S. LaSalle Street
Suite 2800
Chicago, IL 60603
312-236-3163
edgania@cs.com

Primera Sección

Antes de Comenzar el Proceso de Inmigración

I Su Migratoria

Para comenzar, es necesario entender los distintos tipos de condición migratoria y, más adelante, comprender el suyo propio. Toda persona que se encuentre en los EE.UU. posee una de las siguientes condiciones migratorias:

1. **Ciudadano de los EE.UU.** Persona que nació en los EE.UU., se naturalizó o es hijo(a) de padres estadounidenses y nació en el exterior. Son las únicas personas de esta lista a las cuales no se las puede someter a un procedimiento de deportación.

2. **Residente permanente legal (LPR).** Titular de una tarjeta de residente elegible para residir permanentemente en los EE.UU. y solicitar su naturalización (ciudadanía estadounidense).

3. **Asilado/refugiado.** Persona a la cual se le haya concedido asilo en los EE.UU. o hubiera ingresado en los EE.UU. como refugiado y todavía no se le haya otorgado residencia permanente.

4. **Residente temporario.** Persona que ha presentado una solicitud a través del programa de amnistía de 1986 y fuera *legalizada*, sin haber aún solicitado la tarjeta de residente. Cada vez hay menos gente que pueda incluirse en esta categoría.

5. **No inmigrante.** Persona que ha venido a los EE.UU. temporariamente, con una visa de no inmigrante válida otorgada con un propósito específico, para dedicarse a estudiar, trabajar o invertir.

6. **Bajo protección temporaria (TPS).** Personas que han obtenido una condición migratoria especial por ser ciudadanas de un país al cual el Congreso haya decidido otorgar protección especial debido a conflictos armados, desastres naturales u otras circunstancias extraordinarias. Se encuentran en una situación en la cual la legislación de EE.UU. podría beneficiarlas otorgándoles la residencia permanente.

7. **Sin condición migratoria válida.** Persona que en primera instancia ingresó a los EE.UU. legalmente pero cuya visa ha vencido, o se hayan infringido las condiciones bajo las cuales se otorgó la visa.

8. **Extranjero padres.** Persona que ha ingresado ilegalmente a los EE.UU., sin documentación (cruzando la frontera mexicana o canadiense, por ejemplo) o con un pasaporte falso.

Este libro está destinado a ayudar a las personas que se encuentran en las categorías de la 3 a la 8, a ofrecerle la información necesaria para obtener residencia permanente en los EE.UU. El principal propósito de esta obra consiste en solicitar el cambio de condición migratoria en EE.UU., no en un consulado o embajada en el extranjero. Aunque los requisitos de elegibilidad son los mismos y algunas partes de la tramitación son iguales, la información contenida en este libro no ofrece los detalles suficientes para orientar al lector en lo que se refiere a todo el proceso de solicitar residencia permanente desde el extranjero.

NOTA: *Todos los términos que aparecen en este capítulo se explican detalladamente, cuando resultan relevantes, en el glosario incluido en el final del libro. Asimismo, muchos de los documentos necesarios para apoyar sus peticiones se describen en el Capítulo 14.*

2 Explicación de los Términos y Casos de Inmigración

Las leyes de inmigración son ya suficientemente complejas y una dificultad extra la plantea la dificultosa terminología especializada. Aunque no le va a hacer falta conocer todos los términos, muchos de estos conceptos se utilizan ampliamente en el campo de la inmigración. Resulta útil aprenderlos desde el principio y, también, comprender cabalmente los casos en los cuales el USCIS decida respecto a la solicitud que usted les presente.

Términos Importantes que usted Debe Conocer

El primer término de importancia es la diferencia entre una visa de inmigrante y una de no inmigrante.

Visas de Inmigrante

Una *visa de inmigrante es, verdaderamente*, otro nombre para la tarjeta de residente. Se dice que una persona a la cual se le expide una visa de inmigrante, ha *modificado* (mejorado) su condición migratoria, pasando de no inmigrante a residente permanente legal. Este libro cubre solamente dicho proceso.

NOTA: *En una embajada también se dice que uno solicita una visa de inmigrante.*

Visas de No Inmigrante

Por otra parte, una *visa de no inmigrante* es todo tipo de visa temporaria a través de la cual se otorga la condición migratoria necesaria para vivir en los EE.UU. durante un período de tiempo fijo. Con pocas excepciones, las visas de no inmigrante no conducen a la obtención de la tarjeta de residente. Existen numerosos tipos de visas de no inmigrante, tantos como las letras del abecedario en inglés. La letra que se utiliza para el nombre de la visa indica el artículo de la ley (statute) que la define.

Las modalidades más comunes de visa de no inmigrante son la visa de turista, B-1 o B-2, o la visa de estudiante, F-1. Se dice que uno cambia de condición migratoria cuando solicita y se le aprueba otro tipo de condición migratoria, por ejemplo, cuando se le aprueba el cambio de visa de turista a visa de estudiante. El titular de la visa mantiene dicha condición durante el período de tiempo que se indica en la tarjeta I-94, adjunta al pasaporte en el momento de la entrada en los EE.UU. (Después de dicho plazo vence la visa.)

Peticionario y Beneficiario

Se *considera peticionario* una persona que efectúa una solicitud en beneficio de una segunda persona, el beneficiario. El peticionario puede ser ciudadano de los EE.UU., titular de una tarjeta de residente, o una corporación de los EE.UU. En cierto momento será el beneficiario quien solicitará el cambio de condición migratoria.

NOTA: *Si no comprende alguno de los términos utilizados consulte el glosario detallado que se incluye al final de este libro.*

Documentos que Sirven de Constancia

En el curso de este libro, usted observará que cada petición o solicitud requiere la presentación de ciertos documentos como constancia o acreditación para fundamentar su caso. Muchos de dichos documentos son fáciles de comprender, como en los casos del pasaporte y el certificado de nacimiento, por ejemplo. Para aquellos casos que no son tan fáciles de entender le resultará útil consultar el Capítulo 15, donde se explica en qué consiste cada uno de dichos documentos. Consulte dicho capítulo cada vez que en este libro se haga una referencia que usted no comprenda respecto a alguno de los documentos.

Presentación de una Solicitud en la Oficina Local o Centro de Servicio del USCIS o en la Embajada

Antes de explicar las categorías específicas de elegibilidad en la segunda parte de este libro, será útil proporcionar cierta orientación respecto a los lugares donde puede presentarse una solicitud.

Existen tres agencias (dependencias) del gobierno federal que se encargan de los asuntos de inmigración: el Departamento de Justicia, El Departamento de Estado y el Departamento de Trabajo. El Departamento de Estado se encarga de las embajadas y consulados en el extranjero, donde se emiten visas de inmigrante y de no inmigrante, las cuales debe obtener toda persona que entre en los EE.UU. El Departamento de Trabajo cumple una función más limitada pero importante, solamente en la etapa inicial de *las solicitudes basadas en el empleo.* (Puede citarse el antecedente histórico de que inicialmente, a principios del siglo XX, el Departamento de Trabajo otorgaba las tarjetas de residente. En aquel entonces dichas tarjetas eran de color verde porque con dicha tarjeta se podía trabajar y ganar *billetes verdes* en los EE.UU.).

Oficinas del USCIS

Una vez que un a persona ingresa en los EE.UU. está bajo la jurisdicción del Departamento de Justicia, seguramente a través del Servicio de Inmigración y Naturalización. También puede encontrarse bajo la autoridad del Tribunal de Inmigración (EOIR) o la Cámara de Apelaciones de Inmigración (BIA).

Existen tres lugares donde el USCIS puede decidir respecto a una solicitud de cambio de condición migratoria. Se trata de la oficina del distrito local del USCIS situada en cada una de las ciudades principales; uno de los cinco centros de servicio del USCIS responsable del estado en el cual usted resida; o la embajada o el consulado de EE.UU. en su país de origen.

Aquellos que ya estén en EE.UU. seguramente presentarán su solicitud y la tramitarán en los EE.UU. Quienes se encuentren en el extranjero, seguramente, presentarán su solicitud en la embajada. Sin embargo, considerando que las leyes están cambiando, cada vez va a ser más probable que al solicitante no le quede otra opción que salir de EE.UU. y solicitar el cambio de condición migratoria desde la embajada en su país de origen. Como usted se imagina, dicha opción plantea varios problemas.

Centros de Servicio

Para quienes están en los EE.UU., cada vez más las solicitudes deben presentarse en un centro de servicio del USCIS. Es más, como regla general la mayor parte de las solicitudes se presentan ahora en los centros de servicio. Las únicas solicitudes que se presentan a nivel local son las solicitudes de cambio de condición migratoria en base a los vínculos familiares, debido a que para todas las solicitudes de ese tipo se requiere una entrevista. Todos los demás casos en los que se solicita un cambio de condición migratoria se tramitan en el correspondiente centro de servicio. Si se cree que uno de los casos atendidos en el centro de servicio requiere una entrevista, se traslada el expediente a la oficina local del USCIS. Si el caso de uno se está tramitando en la oficina local del USCIS, también se debe solicitar el permiso de trabajo y la autorización de viaje en dicha oficina local.

En caso de que usted no sepa qué son los centros de servicio, se trata de centros de tramitación relativamente nuevos. Estos centros cada vez más se encargan de los trámites y las decisiones respecto a los casos, especialmente en los cuales no suelen efectuarse entrevistas ni se requiere contacto directo con el solicitante. Están ubicados en áreas alejadas y, en su mayoría, no ofrecen acceso al público, excepto unos pocos números de teléfono que siempre están ocupados. De todos modos, el sistema parece ser todo un éxito. Al estar alejados del público parecen funcionar de manera justa y sin la influencia de factores externos. Las oficinas locales del USCIS tramitan los casos en los cuales se requieren entrevistas, tales como los casos de matrimonio, ciudadanía o tramitación de permisos de trabajo.

Una de las ventajas de tramitar su caso en un centro de servicio es que resulta mucho más fácil informarse sobre la evolución del mismo. Usted puede llamar al teléfono de servicio al cliente, 800-375-5283 y presionar ininterrumpidamente el "1" en el teclado, a fin de comunicarse con el sistema automático de información sobre casos. A continuación ingrese el número de su caso (en el ángulo superior izquierdo del comprobante de recepción o en cualquier formulario). El sistema automático le proporciona datos importantes actualizados tales como constancia de que la petición todavía está pendiente o que se le ha enviado una aprobación o una solicitud de constancia (*RFE*, por sus siglas en inglés). La misma información puede consultarse en línea a través de **http://uscis.gov**. (El enlace exacto figura en el Apéndice C.)

Sobre la base de dichos datos, si es necesario usted puede llamar en horas de oficina para hablar con un funcionario de información. Este funcionario podrá ayudarle a aclarar problemas burocráticos relacionados con su solicitud. Sin embargo, no es responsable de tomar decisiones respecto a su caso.

En la oficina local suele ser más difícil informarse sobre la tramitación del caso. Si la solicitud se pierde o tarda demasiado resulta difícil obtener información al respecto. En la mayoría de las oficinas locales funciona un sistema de consultas por correo.

NOTA: *En la actualidad, en el sitio web del USCIS solamente constan los datos sobre la evolución de los casos tramitados en centros de servicio (no en oficinas locales).*

Embajada o Consulado

Usted también tiene la opción de obtener residencia permanente en la embajada o el consulado de EE.UU. en su país de origen. La decisión respecto a una solicitud presentada en una embajada la toma un *funcionario consular* y no un funcionario de inmigración como en los EE.UU. Sin embargo, de conformidad con las nuevas leyes promulgadas en 1996, se imponen serias restricciones a las personas que salen de EE.UU. para tramitar su caso en la embajada. A partir del 1 de abril de 1997, si una persona se queda sin condición migratoria durante más de 180 días, se le prohíbe la entrada en los EE.UU. durante tres años a partir de la fecha de su salida. Asimismo, a partir del 1 de abril de 1997, si una persona se queda sin condición migratoria durante más de un año, se le prohíbe obtener cualquier tipo de beneficio de inmigración durante diez años. (Lo cual significa que no podrá obtener visas de no inmigrante ni de inmigrante.)

Existe una posible dispensa para evitar las drásticas consecuencias de una prohibición de tres o diez años. Sin embargo, en circunstancias normales es difícil obtener dicha dispensa. Tal dispensa, además, ofrece únicamente a aquellas personas cuyo cónyuge o uno de sus padres es ciudadano o residente permanente en los EE.UU. Pero eso es sólo el principio. Es necesario demostrar que un familiar directo del extranjero sufriría serias penurias si a dicho extranjero no se le permite reingresar en los EE.UU. En el Capítulo 11 se incluyen más detalles al respecto.

3 Cambios de las Leyes de Inmigración

Las leyes de inmigración cambian con frecuencia. Como los inmigrantes generalmente no cuentan con el apoyo de grupos de presión, están sujetos a los caprichos ilimitados del Congreso, en toda ocasión en que puedan obtener ventajas políticas. Aunque suele ser común culpar al USCIS por su trato estricto a los extranjeros, debe tenerse en cuenta que el USCIS se limita a hacer cumplir las leyes aprobadas por el Congreso y firmadas por el Presidente de los EE.UU. Es más sería ilegal que un funcionario de inmigración no hiciera cumplir las leyes federales y le concediera a un extranjero la tarjeta de residente porque según su propia opinión dicho extranjero verdaderamente se la merece.

Verdaderamente, en estos momentos las leyes de inmigración de los EE.UU. son bastante restrictivas. Dichas leyes fueron objeto de una drástica revisión en 1996, como respuesta al trágico atentado contra el edificio federal de Oklahoma City, el 22 de abril de 1995. En los días inmediatamente siguientes al atentado, mucha gente creyó que los culpables eran terroristas del Medio Oriente, aunque posteriormente se descubrió que los responsables eran estadounidenses. Sin embargo, el Congreso decidió aprobar leyes restrictivas respecto a los delincuentes extranjeros y, seguramente, todos los extranjeros.

La nueva ley de 1996 limitó seriamente los derechos de los delincuentes extranjeros. Posteriormente, en julio de 1996, el Congreso aprobó cierta legislación que afectó directamente a los extranjeros en general. Dichas leyes se centraron en ciertos tipos de beneficios de inmigración y los eliminaron por completo.

El Artículo 245(i) y la Ley LIFE

La consecuencia principal de las referidas leyes es, posiblemente, la desaparición del artículo 245(i) de la *Ley de Inmigración y Nacionalidad* (INA, por sus siglas en inglés). Bajo tal sección, una persona podía permanecer en el país más allá del plazo señalado en la visa o entrar en los EE.UU. sin someterse a la inspección de un funcionario de inmigración (en otras palabras, podía *colarse* en el país). Los extranjeros en dicha situación se veían altamente beneficiados por el artículo 245(i), porque permitía que dichos extranjeros pudieran solicitar cambio de condición migratoria en los EE.UU. pagando una multa de $1000.

Antes de los atentados terroristas del 11 de septiembre de 2001, parecía que se contaba con el suficiente apoyo para que las leyes de inmigración fueran menos estrictas. El Presidente Bush se había referido, incluso, a una especie de amnistía, al menos para los mexicanos. Sin embargo, dado que los trágicos incidentes del 11 de septiembre fueron ocasionados por extranjeros ilegales, la reforma de las leyes de inmigración podría retrasarse durante años. En el Capítulo 23 se proporciona información más detallada sobre el particular.

A manera de compensación, el Congreso aprobó la *Ley LIFE.* Dicha ley permite a quienes carezcan de condición migratoria solicitar la tarjeta de residente si han presentado una petición como extranjeros antes del 30 de abril de 2001 y estaban físicamente presentes en los EE.UU. el 20 de diciembre de 2001.

En el momento de publicarse este libro, se estaba tratando en el Congreso la posibilidad de otorgar una prórroga (extensión) a fin de permitir que los inmigrantes fueran elegibles bajo el artículo 245(i) si existía un vínculo familiar que los amparase antes del 15 de agosto de 2001, o si hubiera sido presentada una certificación laboral antes de tal fecha.

NOTA: *La ley anterior establecía que si el solicitante era beneficiario de una petición de visa I-130, o si se hubiera presentado una solicitud de certificación laboral antes del 18 de enero de 1998, dicho solicitante sería elegible bajo el artículo 245(i).*

Ley de Seguridad del Territorio Nacional

El Servicio de Inmigración y Naturalización (INS) dejó de funcionar como tal el 1 de marzo de 2003. Tras la aprobación de la Ley de Seguridad del Territorio Nacional de 2002, se efectuó la mayor reestructura en el ámbito del gobierno federal de los últimos 50 años. Se instituyó el nuevo Departamento de Seguridad del Territorio Nacional (DHS), en cuyo marco se centralizaron 22 dependencias hasta entonces separadas, incluido el ex INS, con un personal de 170.000 empleados.

El DHS absorbió al INS y lo dividió en varios burós incluidos el Servicio de Ciudadanía e Inmigración de Estados Unidos (USCIS) y la Oficina de Aplicación de Leyes de Inmigración y Aduanas de Estados Unidos (ICE), además de otras dependencias más pequeñas. Una de las metas de tal reestructura consiste en separar las entidades de servicio de inmigración de las de vigilancia del cumplimiento de las leyes. Queda aún por comprobarse si tal separación producirá cambios significativos.

Segunda Sección

Categorias de la Elegibilidad de Residencia Permanente

4 Peticiones Efectuadas en Base a Vínculos Familiares

Las peticiones efectuadas en base a vínculos familiares constituyen, seguramente, la modalidad más frecuente de peticiones de residencia permanente. Entre los peticionarios se incluyen familiares directos (inmediatos), viudos o viudas, novios (prometidos) y otras personas comprendidas en *las categorías preferenciales*. Estas categorías se explicarán más detalladamente en este capítulo. Debe añadirse, además, que las peticiones en base a vínculos familiares permiten que al inmigrante se le conceda una condición migratoria *temporaria antes* de obtener la residencia permanente. Este tipo de situaciones también se describirán en este capítulo.

Dado que la categoría de peticiones efectuadas en base a vínculos familiares es tan amplia, este capítulo, naturalmente, incluirá mucha información. No se sienta abrumado por la cantidad de datos. Si su propio caso pertenece a una de las categorías comprendidas entre las peticiones efectuadas en base a vínculos familiares, concéntrese solamente en la información relacionada con esa categoría.

Hijos Menores de Edad y Padres de Ciudadanos de EE.UU.— Familiares Directos

Un *familiar directo* es aquel que puede solicitar la tarjeta de residente inmediatamente, lo cual significa obtener residencia permanente (también denominada visa de inmigrante). Los ciudadanos de los EE.UU. pueden efectuar una petición en favor de los siguientes familiares para los cuales no hay período de espera previo a la visa:

- padres;
- hijos menores de edad; o,
- cónyuge (como se indica en la próxima parte de este capítulo).

Se considera familiar directo al padre o la madre, el cónyuge (esposo o esposa), o un hijo menor de edad de un ciudadano de EE.UU. Esto significa varias cosas. La más importante es que no tienen que esperar un número de visa, puesto que el Congreso no fijó un límite a la cantidad de familiares directos que pueden ingresar a los EE.UU. cada año. (Como consecuencia de esta situación existe un a lista de espera, como se explica más adelante en este mismo capítulo.)

Petición en Favor de los Hijos Menores de Edad

Los siguientes puntos revisten especial importancia para el caso de un padre o madre que sea ciudadano de los EE.UU. y presente una petición en favor de un hijo (o una hija) menor de edad.

- Los hijos en favor de quienes se presenta la petición deberán ser menores de 21 años. (Si tienen 21 años o más, estarán incluidos en una *categoría preferencial*, como se indica más adelante en este capítulo.)
- Se deberá llenar una petición I-130 por cada hijo.
- Los hijos menores no podrán estar casados. (Si están casados estarán incluidos en una *categoría preferencial*.)
- Podrá incluirse todo hijo de un hijo menor de edad que no esté casado.

- El padre o la madre podrán presentar una petición en favor de sus hijastros, si el matrimonio de dicho padre o madre hubiera tenido lugar antes de que el hijo cumpliera los 18 años de edad.

- El padre o la madre pueden presentar una petición en favor de hijos adoptivos, si la adopción hubiese tenido lugar antes de que el hijo (o la hija) adoptivo(a) hubiese cumplido 16 años de edad y el padre o la madre y el hijo hubieran vivido juntos durante un mínimo de dos años.

Petición en Favor los Padres

Los siguientes puntos revisten especial importancia para el caso de un ciudadano de los EE.UU. que presente una petición en favor de sus padres:

- el hijo (o la hija) ciudadano(a) de EE.UU. deberá tener 21 años de edad o más;

- se deberá presentar una petición en el formulario I-130 por cada uno de los padres;

- una petición en favor de los padres no incluye a los hijos menores de edad de los padres, vale decir los hermanos del peticionario. (Los hermanos se incluyen en una categoría preferencial.); o,

- el ciudadano de EE.UU. podrá presentar una solicitud en favor de su madrastra o padrastro (una persona que esté casada con uno de sus padres consanguíneos).

Cónyuges de Ciudadanos de EE.UU. (Otros Familiares Directos)

En el ámbito del USCIS se cree que un alto porcentaje, los casos en que se presentan peticiones en base a los vínculos matrimoniales son fraudulentos. Incluso aquellas personas que tienen legítimo derecho a tales peticiones, a menudo tienen que hacerse respetar por los funcionarios del USCIS, quienes debido al elevado número de fraudes sospechan de todos los casos. Los cálculos sobre el porcentaje de fraudes varían. Se cree que son falsas la mitad de las 80.000 solicitudes presentadas en base al matrimonio.

A pesar de todo, son muy pocos los casos rechazados. Si los funcionarios del USCIS no están seguros, remitirán el expediente a la sección encargada de investigaciones o demorarán el caso en la sección de revisiones. Saben que el tiempo corre en su favor. Cuanto más tarden será más probable que las falsas parejas se separen o divorcien.

NOTA: *Si usted sigue estando casado con un cónyuge que vive en el exterior o no puede obtener una copia del testimonio o decreto de divorcio emitido en el extranjero, resulta muy fácil y sencillo divorciarse en los EE.UU. En la mayoría de los estados el procedimiento es breve y barato si el cónyuge reside fuera de dicho estado. Aunque este tipo de divorcio sólo sirve para disolver el matrimonio y el tribunal carece de autoridad para decretar el pago de pensión alimenticia, la división de bienes o el mantenimiento infantil, como divorcio en sí es suficiente en lo que se refiere a inmigración u otros propósitos.*

Véase la página 86, bajo la sección de los hijos menores y padres, donde figura la lista de los documentos que pueden utilizarse como constancia de que el ciudadano de los EE.UU. posee dicha ciudadanía. Se requiere un certificado o partida de matrimonio para establecer que el peticionario verdaderamente está casado legalmente con el cónyuge beneficiario. Este certificado deberá establecer que tanto el esposo como la esposa estuvieron presentes en la ceremonia matrimonial.

En todos los casos se requiere presentar los documentos citados en la página 155. Si el esposo o la esposa estuvo previamente casado(a), se deberá presentar también el testimonio o decreto de divorcio. Si ha cambiado alguno de los nombres que aparecen en los documentos que se utilizan como constancia, se deberá adjuntar a los documentos referidos en la página 155, la documentación necesaria para comprobar dicho cambio.

Nuevamente, presente solamente fotocopias de todos los documentos. Los originales se deberán llevar a la entrevista, como se indica en el Capítulo 17. Todos los certificados o partidas de nacimiento y matrimonio deberán haber sido expedidos por las correspondientes autoridades civiles del país extranjero pertinente. Si un documento no está escrito en inglés se deberá presentar junto con una traducción al inglés.

Los documentos de constancia más importantes tienen como finalidad acreditar la legitimidad del matrimonio (que sea de buena fe, bona fide), o sea, atestiguar que se ha contraido por amor y cariño, no para obtener la tarjeta de residente. La lista incluida en la página siguiente incluye ejemplos de documentos de constancia que resultan útiles para probar la legitimidad del matrimonio. Cuantos más de dichos documentos se puedan obtener, más fácil y rápida será la aprobación del caso.

Presentar Constancia de la Legitimidad del Matrimonio

El aspecto fundamental de los casos centrados en el matrimonio consiste en demostrar que se contrajo enlace por amor y cariño y no para obtener la tarjeta de residente. Para tales fines se deberá presentar constancia de lo siguiente:

- obligaciones conjuntas respecto a gastos de vivienda y subsistencia;
- manejo conjunto de las finanzas;
- bienes de propiedad conjunta; o,
- constancia de que los cónyuges siguen casados.

Los siguientes documentos son también útiles para demostrar que un matrimonio es legítimo y se ha contraído de buena fe:

- certificado o partida de nacimiento de los hijos nacidos después de contraer matrimonio;
- declaraciones de impuestos conjuntas;
- constancia de mantener cuentas bancarias conjuntas;
- fotografías de la boda;
- fotografías donde los cónyuges aparezcan juntos, con sus familiares y amigos;
- constancia de haber tomado vacaciones juntos (pasajes aéreos, fotografías, comprobantes de pago, etc.);
- contrato de arrendamiento de vivienda conjunto o una carta de los padres o los propietarios de la vivienda donde se declare que los cónyuges han estado viviendo juntos;
- título de propiedad de vivienda conjunto o hipoteca conjunta;

- si la esposa ha adoptado el apellido del marido, adjuntar toda documentación donde aparezca su nombre de casada, como tarjeta del Seguro Social, licencia de conducir, tarjeta de identidad del estado, tarjetas de crédito, etc.;
- título de propiedad o registro del automóvil conjunto;
- póliza de seguro del automóvil conjunta;
- carta de la empresa donde uno de los cónyuges trabaja o trabajaba, indicando los cambios en sus archivos donde conste el cambio de estado civil del empleado;
- carta de la empresa donde uno de los cónyuges trabaja o trabajaba, indicando que dicho(a) empleado(a) haya indicado que su cónyuge era la persona a la cual había que notificar en casos de accidente, enfermedad o emergencias;
- planes de seguros de salud en los cuales se designe al cónyuge como titular o beneficiario;
- póliza de seguro de vida en la cual se designe al cónyuge como titular o beneficiario;
- cartas (y sobres, de ser posible), tarjetas de cumpleaños, fiestas de Navidad, o Año Nuevo, etc.;
- cuentas de teléfono o cualquier otra constancia para demostrar la correspondencia o las comunicaciones entre los miembros de la pareja;
- cuentas de servicios básicos a nombre de ambos (luz, teléfono, gas, televisión por cable, etc.);
- tarjetas de crédito o de grandes tiendas a nombre de ambos;
- recibos, facturas o contratos de pago a plazos para grandes compras efectuadas conjuntamente, como un automóvil, muebles, televisor, aparato de vídeo (VCR), equipo estereofónico, refrigerador, lavadora, secadora, etc., donde aparezcan la fecha, la dirección y el nombre de ambos cónyuges;

- partida de matrimonio religiosa, en el caso de que la boda se hubiera celebrado en una iglesia u otro templo religioso;
- comprobante de pago de la recepción posterior a la boda;
- comprobante de pago de los anillos de matrimonio;
- correspondencia recibida en la vivienda actual de la pareja (o constancia de haber indicado que se les remita a ambos la correspondencia de la dirección anterior);
- correspondencia, invitaciones o tarjetas enviadas a la pareja;
- registros de la guardería o la escuela en las que aparezca el cónyuge como uno de los padres a cargo del hijo (o de la hija);
- ficha médica u odontológica (dental); o,
- declaraciones juradas de familiares o amigos.

Esta lista es bastante amplia y su única finalidad consiste en ofrecer sugerencias. No significa de ninguna manera (ni debiera significar) que una pareja deba presentarse en las oficinas del USCIS con todos o casi todos de los documentos mencionados. Por ejemplo, si tienen un álbum de fotografías en las cuales se muestre una gran recepción a la cual hayan asistido los familiares y los amigos, bastaría con dicha fotografía y el contrato de arrendamiento de la vivienda. Sin embargo, si entre ambos cónyuges existe considerable diferencia de edad o si su origen étnico, creencias religiosas o idiomas son claramente diferentes, les requerirán presentar más constancias.

Separción o Divorcio

Al menos la mitad del total de matrimonios termina en divorcio. Es probable que dicho porcentaje sea más elevado aún en el caso de inmigrantes recientes. Es bastante difícil mantener una relación sin añadirle los problemas de adaptarse a una nueva cultura, carecer de condición migratoria o, incluso, formar parte del sector de la población con más bajos ingresos. Asimismo, resulta desalentador considerar que el cónyuge que es ciudadano de los EE.UU. puede utilizar la ventaja de su ciudadanía en contra del extranjero que depende de él (o de ella) para mantener o regularizar su condición migratoria.

El criterio legal para otorgar la residencia permanente consiste en establecer que el matrimonio era legítimo, *de buena fe, en el momento en que se contrajo.* No se trata de la condición del matrimonio en el momento de efectuarse la entrevista, aunque tales circunstancias podrían indicar si inicialmente el matrimonio se contrajo de buena fe o no. Aunque el USCIS no suele tener en cuenta dichas diferencias, los jueces de inmigración sí las consideran.

Entonces, ¿qué ocurriría si el matrimonio *se quebranta* antes de la entrevista? Desafortunadamente, la única salida positiva consiste en *componer* la relación. Si requieren terapia de pareja (marriage counseling) recurran a ese tipo de ayuda y, de tal manera, estarían también demostrando que el vínculo matrimonial se ha contraído de buena fe.

Residencia Permanente Condicional y Eliminaceón de Condiciones

Si en el momento del cambio de condición migratoria (al adquirir la condición de residente permanente) había transcurrido menos de dos años desde la fecha del casamiento, el extranjero adquiere la condición *de residente condicional.* La clasificación es CR1 (si el trámite se efectúa en la embajada) o CR6 (si se tramita en los EE.UU.) Esta condición vence en un plazo de dos años. Si en el momento de celebrarse la entrevista, han transcurrido más de dos años desde la fecha en que se contrajo matrimonio, se le expide al extranjero la tarjeta de residente permanente.

El propósito de la condición de residente temporario por dos años consiste en que el USCIS disponga de otra oportunidad para determinar si el matrimonio se contrajo de buena fe. (El residente condicional debe completar el formulario I-751 a efectos de eliminar las condiciones impuestas, dentro del período de noventa días previo a la fecha de vencimiento de la tarjeta de residente condicional, según se explica en el Capítulo 13.)

Si se *pierde* el plazo de dos años, para presentar una solicitud después de vencido dicho plazo es necesario demostrar circunstancias excepcionales. Las circunstancias excepcionales deben justificarse por medio de la documentación pertinente. Por ejemplo, si usted se encontraba de viaje, fuera de EE.UU. durante el período del vencimiento del plazo, deberá presentar constancia de dicho viaje. Si se venció el plazo, usted tendrá que volver a presentar la documentación para el cambio de condición migratoria requerida inicialmente, como se indica en el Capítulo 13. Sin embargo, en este caso se otorga residencia permanente (como IR1 o IR6).

Hijos Adoptivos (Familiares Directos)

Si un hijo tiene menos de 16 años de edad y no reúne los requisitos para obtener residencia permanente a través de sus propios familiares, la adopción por parte de un ciudadano de EE.UU. o un titular de tarjeta de residente podría ser un medio excelente para que el hijo obtenga residencia permanente, incluso si viven ambos de los padres consanguíneos. Por ejemplo, un ciudadano de los EE.UU. o un residente permanente mayor de 21 años de edad puede efectuar una petición en favor de su titulo(a), nieto(a), o, incluso, un chico con el cual no tenga ningún parentesco.

NOTA: *Este procedimiento solamente serviría para obtener una condición migratoria para el hijo (o la hija), no para sus padres consanguíneos. Incluso cuando dicho hijo cumpla 21 años y se convierta en ciudadano de EE.UU., éste no podría efectuar una petición en favor de sus padres consanguíneos.*

Debido a los detalles técnicos relacionados con las peticiones en base a la adopción, este libro no puede proporcionar detalles sobre los trámites específicos y las solicitudes que se requieren. El hijo tiene que ser elegible para la adopción, de conformidad con la ley del estado o del país que corresponda. A fin de proceder con este tipo de caso, la persona tendrá que consultar con un abogado de inmigración o con una organización que estén familiarizados con los trámites de adopción.

El hijo adoptivo se convertiría en familiar directo del ciudadano de EE.UU. que lo adopta, lo cual significa que no le exigirían período de espera para obtener la visa. La adopción podría también funcionar en el caso de un padre que sea residente permanente legal, aunque en este caso se exigiría un período de espera de aproximadamente cinco años para obtener la visa. Dicha larga espera se mitiga, en cierta medida, a través de la opción de obtener una condición migratoria legal a través de una visa V, la cual puede solicitarse después de que una petición I-130 hubiera estado pendiente durante más de tres años, lo cual se explica más adelante en este mismo capítulo.

El obstáculo principal que debe superarse en los casos de adopción es el requisito de que el hijo haya vivido con el ciudadano de EE.UU. que sea su padre o madre adoptivo(a). Estos dos años pueden haber transcurrido tanto en el país de origen como en EE.UU. Si el padre adoptivo que sea ciudadano de EE.UU. vive en los EE.UU. y el hijo está en su país de origen, el requisito de los dos años de residencia será muy difícil de cumplir. En este caso, podría ser necesario que el hijo ingrese en los EE.UU. con algún tipo *de visa de no inmigrante*, de turista o estudiante, por ejemplo.

Entrada Ilegal en el País

Un hijo que entre ilegalmente en los EE.UU. (a través de una frontera y sin documentación) no podrá tener derecho a obtener residencia en los EE.UU. a menos que sea elegible en base al artículo 245(i) (véase el Capítulo 5). No obstante, después de que dicho hijo *acumule* dos años de residencia con sus padres adoptivos, podrá regresar a su país de origen y solicitar una visa de no inmigrante desde allí. Si tiene menos de 17 años de edad, no *acumula* su presencia ilegal en los EE.UU. y, por consiguiente, no se le prohíbe el regreso. Es probable, que durante su estadía en los EE.UU. se decrete una amnistía, en base a la cual se le permita el cambio de condición migratoria (véase el Capítulo 9).

NOTA: *Las peticiones en favor de huérfanos se consideran bajo normas distintas. Los casos relacionados con huérfanos son demasiado complejos para toda persona que no esté familiarizada con los trámites pertinentes. Las peticiones en favor de huérfanos requieren un análisis de las leyes del estado y también de las leyes del país de origen del huérfano. El USCIS deberá efectuar un estudio al respecto. Recurra a un abogado de inmigración o a la organización sin fines de lucro que participe en los trámites.*

Categorías Preferenciales

Además de las categorías de visa inmediatas ya mencionadas, los ciudadanos de EE.UU. pueden también presentar peticiones en favor de los siguientes familiares, a los cuales se los agrupa, colectivamente, en las categorías preferenciales. A cada categoría se le asigna un número correspondiente a la categoría preferencial de visa, y dentro de dicho esquema la segunda preferencia tiene dos partes (2A y 2B). Se exige, sin embargo, un período de espera para un número de visa:

- hijo(a) adulto(a) soltero(a) de 21 años o más (primera preferencia);
- hijo(a) casado(a) de cualquier edad (tercera preferencia); y,
- hermano(a) de cualquier edad (cuarta preferencia).

Si el padre o madre solicitante sólo tiene una tarjeta de residente y no es ciudadano de los EE.UU., podrá efectuar una petición únicamente en favor de los siguientes familiares:

- cónyuge e hijo(a) soltero(a) menor de 21 años de edad (preferencia 2A) y
- hijo(a) soltero(a) de 21 años o más (preferencia 2B).

A diferencia de las categorías de visa en favor de familiares directos, para las categorías de visa preferenciales se acumula una gran cantidad de solicitudes. Es necesario consultar el cuadro de visas (visa chart) que publica el Departamento de Estado a fin de enterarse de cuándo presentar las solicitudes de cambio de condición migratoria. En dicho cuadro se indica a quiénes ya han presentado *Peticiones en favor de familiares extranjeros* (petición I-130), cuándo pueden presentar la *Solicitud de cambio de condición migratoria* (mediante el formulario I-485).

El Departamento de Estado publica cada mes un cuadro de visas actualizado. Este cuadro indica el período de espera para cada una de las visas bajo categorías preferenciales. La fecha prioritaria es la fecha que se refleja en la notificación de aprobación I-130. Es la fecha en la cual usted presentó la petición I-130. En cuanto a las visas en base a las categorías preferenciales, usted solamente puede solicitar el cambio de condición migratoria una vez que la petición entra en vigencia; por ejemplo, cuando en el cuadro de visas del Departamento de Estado una visa se indica que una visa está disponible. Se entiende que una petición está vigente cuando la fecha de dicha categoría preferencial es posterior a la fecha prioritaria que aparece en la petición I-130.

A fin de verificar la situación de la petición en el correspondiente cuadro de visas, uno debe estar familiarizado con las categorías de visas. A continuación se enumeran dichas categorías:

- *Primera preferencia.* Hijos adultos, no casados, de ciudadanos de los EE.UU. (Se entiende por adulto a una persona de 21 años de edad o más.)
- *Segunda preferencia.* Cónyuges de residentes permanentes legales (categoría 2A) y los hijos no casados (de cualquier edad) de residentes permanentes legales y sus hijos no casados (categoría 2B).

- *Tercera preferencia*. Hijos casados de ciudadanos de los EE.UU., sus cónyuges e hijos no casados menores de edad.

- *Cuarta preferencia*. Hermanos de ciudadanos de EE.UU. adultos, sus cónyuges e hijos no casados menores de edad.

Recuerde que este cuadro se aplica solamente a las visas preferenciales. Aquellas personas incluidas en la categoría de familiares directos pueden solicitar cambio de condición migratoria en cualquier momento. El cuadro parece un poco confuso, pero en realidad no es tan complicado. Se sugiere tomar las siguientes medidas, a efectos de facilitarle el uso del cuadro, especialmente la primera vez.

1. Obtenga una versión actualizada del cuadro mensual de visas. Se puede encontrar a través de Internet en:

   www.travel.state.gov/visa_bulletin.html

   o llamar al teléfono 202-663-1541. A veces resulta más fácil llamar, esperar el mensaje grabado e inmediatamente podrá oír las fechas que figuran en el modelo de cuadro de visas, en el mismo orden en que aparecen en dicho cuadro.

2. Averigüe cuál categoría preferencial le corresponde. Esta tabla contiene sólo una breve descripción de cada categoría. La categoría preferencial aparece también en la notificación de aprobación. Para más información o asistencia deberá consultarla a efectos de averiguar qué capítulo de la Sección 2 se aplica a su caso.

3. Revise su notificación de aprobación de la petición I-130, donde aparece su *fecha prioritaria*. Normalmente se trata de la fecha en que usted presentó la petición I-130 y a menudo se encuentra en una de las casillas en el ángulo superior izquierdo, o en el lado derecho del modelo antiguo de la notificación de aprobación.

4. Busque la fecha límite aplicable correspondiente a su categoría preferencial y país. Solamente una de las cuatro columnas de país le corresponderá a usted.

5. Compare su fecha prioritaria con la fecha límite reportada. Si su fecha prioritaria es anterior a la fecha límite, usted tendrá que esperar antes de presentar una solicitud de cambio de condición migratoria. Si la fecha prioritaria es posterior a la fecha límite, entonces usted podrá presentar su solicitud de cambio de condición migratoria.

No se desanime si le da la impresión de que es demasiado prolongada la espera que le corresponde, de acuerdo con la fecha prioritaria y la fecha límite. Las fechas límite pueden adelantarse y retrasarse rápidamente. Sin embargo, durante los últimos años, los trámites correspondientes a la 3ª y la 4ª categoría, generalmente, han avanzado menos de un mes por cada año calendario. Las categorías no disponibles, generalmente suelen estar nuevamente disponibles el 1 de octubre de cada año, fecha que también marca el comienzo del año fiscal gubernamental y una nueva asignación de números de visa.

Fechas Límite

Categorías Preferencialses Familiares	*Todos los Países excepto México y Filipinas*	*México*	*Filipinas*
1ª hijo soltero mayor de 21 años de un ciudadano de EE.UU	22 OCT 00	15 OCT 94	15 JUL 90
2A cónyuge o hijo soltero menor de 21 años de un residente permanente	08 DIC 99	01 JUN 97	08 DIC 99
2B hijo soltero menor de 21 años de un residente permanente	15 JUN 95	15 ENE 92	15 JUN 95
3ª hijo casado de un ciudadano de EE.UU.	15 OCT 97	08 MAR 95	01 MAR 90
4ª hermano (a) de un ciudadano de EE.UU. adulto	08 JUL 92	08 JUL 92	22 MAR 82

NOTA: *A diferencia de este cuadro, todas las categorías basadas en el empleo están vigentes y lo han estado durante los dos últimos años.*

Usted deberá esperar a que transcurra la fecha. No puede ser en el mismo mes. El funcionario del USCIS verificará en la entrevista, que la visa estaba vigente en el momento de presentarse la petición. Si no estaba vigente se rechazará la solicitud aunque pueden permitir que se presente una nueva petición y se paguen los correspondientes derechos en el mismo día.

Recientemente se ha presentado un problema con los números de visa en las categorías preferenciales. Estos números sólo han avanzado un mes durante el pasado año. La causa de este retraso en los trámites es que el USCIS se está ocupando de un número inusualmente elevado de casos a fin de disminuir el atraso de las solicitudes de cambio de condición migratoria pendientes en las oficinas locales del USCIS.

Primera Preferencia

El hijo adulto del ciudadano de los EE.UU. que sea peticionario no podrá estar casado. Si estuviera casado estaría incluido en la tercera categoría preferencial, para la cual se requiere recomenzar el período de espera. Se podrá incluir a todo hijo menor de los hijos adultos no casados. El peticionario podrá, además, presentar una solicitud en favor de sus hijastros, si el matrimonio de dicho padre hubiera tenido lugar antes de que el hijastro cumpliese 18 años de edad. Se deberá demostrar la ciudadanía y el parentesco entre el padre o la madre y el hijo, con los mismos documentos que se indican para los familiares directos ya referidos en este capítulo.

Segunda Preferencia: Cónygues (2A)

Los residentes permanentes podrán presentar una petición en favor del cónyuge, bajo las mismas normas que los ciudadanos de los EE.UU. La diferencia es que se exige un período de espera de aproximadamente cuatro o cinco años para obtener un número de visa. No obstante, si el cónyuge que es residente permanente se naturaliza (adquiere la ciudadanía estadounidense), el cónyuge extranjero podrá solicitar la residencia permanente inmediatamente. El cónyuge que sea residente permanente tendrá que presentar una copia de su tarjeta de residencia en vez de una constancia de poseer la ciudadanía de EE.UU. Los demás documentos que se le requieren son los mismos que se les exigen a los cónyuges que sean ciudadanos de EE.UU., como se indicó anteriormente en este capítulo.

Segunda Preferencia: Hijos no Casados (2B)

Los siguientes puntos revisten especial importancia para los residentes permanentes legales que presenten una petición en favor de un hijo no casado (de cualquier edad).

- Los hijos del residente permanente en los EE.UU. no podrán estar casados. Si están casados sólo puede presentar una petición en favor de ellos un ciudadano de EE.UU.

- Se podrá incluir en la petición a todo hijo del hijo no casado.

- El padre o la madre que sea residente permanente podrá efectuar una petición en favor de los hijastros, si el casamiento de dicho padre o madre hubiera tenido lugar antes de que el hijo cumpliera los 18 años.

- El padre que sea residente permanente podrá presentar una petición en favor de sus hijos adoptivos si la adopción se hubiera producido antes de que el hijo cumpliera los 16 años de edad y el padre o la madre hubieran vivido juntos durante un mínimo de dos años.

Los mismos documentos se requieren para los familiares directos mencionados anteriormente en este capítulo. No obstante, en este caso en vez de la constancia de la ciudadanía de EE.UU. el padre o la madre deberán presentar una copia de la tarjeta de residente.

Tercera Preferencia

El ciudadano de EE.UU. que efectúa la petición en favor de un hijo adulto casado podrá incluir al cónyuge del hijo adulto en la petición. Los hijos (no casados) de los hijos adultos en favor de quienes se presenta la petición podrán incluirse también en la petición. Dichos hijos deberán cambiar su condición migratoria (adquirir la ciudadanía de EE.UU.) antes de cumplir los 21 años de edad. De lo contrario serán excluidos de la petición.

El ciudadano de EE.UU. deberá presentar una constancia de ciudadanía por medio de uno de los documentos indicados en la página 17. Se deberá presentar el certificado de nacimiento del hijo adulto a efectos de establecer el parentesco que lo ampara. En el certificado de nacimiento deberá aparecer el nombre del padre o de la madre que efectúa la petición. Si el que presenta la petición es el padre, se deberá presentar también la partida de matrimonio. Finalmente, si uno de los nombres que figura en los documentos ha cambiado, se deberá añadir un documento legal donde conste el cambio de nombre (partida de matrimonio, certificado de adopción u orden judicial).

Cuarta Preferencia

Un breve vistazo al cuadro de visas de la página 30 indica que las peticiones de cuarta preferencia (hermanos de ciudadanos de EE.UU.) tardan muchos años para entrar en vigencia. Sin embargo, la experiencia demuestra ha demostrado que hay quienes no presentan una petición porque creen que demorará mucho. En fin, puede decirse que el tiempo vuela y, también, las ventajas se acumulan sencillamente por presentar la petición antes de cierta fecha. Considerando que resulta tan fácil y barato presentarla, hágalo tan pronto como sea posible en cualquier circunstancia que sea la que le corresponda.

Los siguientes puntos revisten especial importancia para el peticionario que sea ciudadano de los EE.UU. y presente la solicitud en favor de un hermano(a):

- el peticionario ciudadano de EE.UU. deberá tener 21 años de edad o más;
- se podrá incluir al cónyuge del (de la) hermano(a) adulto(a); y,
- se podrá incluir a los hijos no casados del hermano (o de la hermana) adulto(a). Dichos hijos deberán modificar su condición migratoria antes de cumplir los 21 años de edad o se los excluirá de la petición.

Muerte o Enfermedad del Peticionario

Si el peticionario fallece antes de presentar la solicitud de cambio de condición migratoria, consulte con un abogado de inmigración a efectos de determinar si tiene algunas opciones. Si el peticionario se enferma mientras esté pendiente la solicitud de cambio de condición migratoria, notifique sobre el particular a la oficina local del USCIS y pida que se fije fecha para una entrevista tan pronto como sea posible. Incluya una carta del médico u otro tipo de documento que sirva como constancia de haber sufrido complicaciones de salud.

Autopeticiones

Existen dos categorías principales basadas en vínculos familiares en cuyo caso una persona puede efectuar una petición para inmigrar a los EE.UU. en favor propio. Una de tales modalidades es ser viudo o viuda de un ciudadano de EE.UU. fallecido. La otra modalidad es la que se les ofrece a los cónyuges de ciudadanos de EE.UU. que hubieran sido víctimas de golpes.

Viudos o Viudas

Una persona puede obtener residencia permanente amparándose en su condición de viudo(a) de un ciudadano de EE.UU. fallecido si se reúnen los siguientes requisitos:

- si el cónyuge extranjero hubiera estado casado con el ciudadano de EE.UU. durante un mínimo de dos años;
- si en la fecha de su fallecimiento, el ciudadano de EE.UU. hubiera gozado de la condición de ciudadano durante un mínimo de dos años;
- si la petición se efectúa dentro de los dos años inmediatamente posteriores a la muerte del cónyuge ciudadano de los EE.UU.;
- si el cónyuge extranjero no hubiera estado legalmente separado del cónyuge ciudadano de EE.UU. en la fecha de su muerte; y,
- si el cónyuge extranjero no hubiera vuelto a casarse.

Los hijos menores de 21 años, no casados, de la viuda o el viudo, también se puede conseguir la elegibilidad deseada.

Cónyuge Victima de Agresión Físca (Golpes)

Una persona podrá obtener residencia permanente amparándose en un cónyuge ciudadano de los EE.UU. si se reúnen los siguientes requisitos:

- si el cónyuge extranjero estuviera casado con el ciudadano de EE.UU. o se hubiera divorciado dentro de los últimos dos años;
- si el cónyuge extranjero es una persona de buena solvencia moral;
- si el cónyuge extranjero hubiera vivido con el cónyuge ciudadano de EE.UU.;
- si el matrimonio se hubiera contraído de buena fe; y,
- si el cónyuge extranjero (o su hijo/a menor de edad) hubiera sido objeto de agresión física (golpes) en incidentes de crueldad extrema.

Las normas han cambiado recientemente en cuanto a los ex cónyuges de ciudadanos de EE.UU. o residentes permanentes abusivos. Bajo las reglas anteriores una persona era inelegible para efectuar una autopetición si el cónyuge víctima de golpes no estaba casado legalmente con un ciudadano de EE.UU. o residente permanente en el día en que se presentara la petición. En la actualidad se puede presentar una petición aunque el divorcio hubiera tenido lugar durante el período de dos años inmediatamente precedente a la fecha de presentación de la autopetición. Se deberá demostrar también que el divorcio se produjo como consecuencia de golpes o crueldad mental extrema, aunque estos hechos pueden haber sido demostrados por medio de otro tipo de pruebas. Sin embargo, en la sentencia de divorcio no hace falta que se indique específicamente que el divorcio se produjo como consecuencia de violencia doméstica.

Visas de No Inmigrante Otorgadas por Vínculo Familiar

La visa V es una nueva e importante clasificación de visa de no inmigrante. Tienen derecho a ella los beneficiarios de las visas de familiares de segunda preferencia conocida como categoría F2A. Esta visa se otorga, solamente, a los cónyuges e hijos, menores de edad y solteros, de residentes permanentes legales.

Esta nueva clasificación se estableció en diciembre de 2000 como consecuencia de la *ley LIFE*. A fin de cumplir con los requisitos, la persona deberá ser titular de una petición de una visa de inmigrante I-130 que hubiera sido presentada a más tardar el 20 de diciembre de 2000. Asimismo, dicha petición deberá haber estado pendiente en el USCIS durante más de tres años o haberse aprobado después de más de tres años desde su presentación. Este nuevo beneficio es muy importante debido a que la espera de una visa numerada en la categoría F2A, es de seis años (más aún para los ciudadanos mexicanos). La condición de estar amparada por la visa V permite a la persona que la obtenga recibir una autorización para trabajar y permiso de regreso anticipado. (Lo cual se incluye en el Capítulo 5.)

Este tipo de visa permite a dichas personas ingresar o adquirir una condición legal en los Estados Unidos independientemente de su condición actual o de su modo de ingreso al país. (Para obtener más información en cuanto a los trámites y formularios para este tipo de visa, consulte el Capítulo 13.)

Requisitos y Beneficios Relacionados con la Visa V

A fin de reunir los requisitos para la visa V, el extranjero deberá cumplir los requerimientos establecidos en el artículo 212(a) de la *Ley de Inmigración y Nacionalidad*, con ciertas excepciones. Por ejemplo, al solicitante se le puede denegar esta visa debido a antecedentes penales, permanencia ilegal, etc. Asimismo, todo solicitante de la visa V debe saber que el otorgamiento de este tipo de visa no le garantiza que reúna los requisitos para la tarjeta de residente.

Una persona que posea la visa V puede viajar fuera de los Estados Unidos sin el permiso de regreso anticipado. Sin embargo, para reingresar al país se le exigirá que obtenga una visa V en la embajada o consulado correspondiente. A pesar de que la admisión del solicitante a los Estados Unidos se basa en las excepciones poco comunes del artículo 212(a) de la *ley LIFE*, el funcionario del consulado tendrá la facultad de denegar la visa V. Se denegará la petición de cualquier persona que no sea solicitante de la visa V y que inicie los trámites para obtener una visa de inmigrante o no inmigrante, tras haber ingresado sin inspección y permanecido de forma ilegal en Estados Unidos.

> ***Aviso:*** Quienes hubieran permanecido ilegalmente más de 180 días ilegalmente en EE.UU. no deben salir del país. Si lo hacen podrían perder el derecho a recibir cualquier tipo de beneficio de inmigración.

Si un extranjero está llevando a cabo trámites de inmigración, la visa V le resultará especialmente útil. Si el caso se presenta ante un juez de inmigración o la junta de apelaciones de inmigración, el extranjero deberá solicitar que el procedimiento concluya por la vía administrativa. Si un extranjero ha presentado una petición ante la Junta de Apelaciones de Inmigración (BIA por sus siglas en inglés) y ésta está aún pendiente (una solicitud de reapertura, por ejemplo), podrá solicitar que dicha petición se prolongue indefinidamente.

NOTA: *Una persona en cuya contra se ha emitido una orden definitiva de deportación o expulsión deberá, en primer lugar, lograr que se dé curso de nuevo a la orden. Este es un procedimiento técnico para el cual es necesario consultar con un abogado de inmigración.*

Término de la Condición de Visa V

La condición de la visa V concluye cuando se presenta cualquiera de las siguientes situaciones:

- se deniega, retira o rescinde la petición I-130;
- se deniega la solicitud de cambio de condición migratoria del extranjero;

- se le deniega al extranjero la solicitud de visa de inmigrante;
- los cónyuges se divorcian (los hijos menores de edad no pierden su condición legal);
- uno de los hijos menores de edad cumple 21 años o contrae matrimonio; o,
- el peticionario que es residente permanente legal, adquiere la ciudadanía estadounidense.

Ley de Protección de la Condición Migratoria de los Hijos

El 6 de agosto de 2002, el presidente Bush aprobó de la Ley de Protección de la Condición Migratoria de los Hijos (CSPA, por sus siglas en inglés. Dicha ley otorga importantes beneficios a aquellas personas próximas a cumplir 21 años de edad y que por tal motivo perderán su derecho a modificar su condición migratoria. Sin embargo, las ventajas que ofrezca la CSPA depende, en gran medida, del tipo de petición y la categoría preferencial específica. Indudablemente, toda persona próxima a cumplir la edad límite o que ya la hubiera cumplido respecto a cualquier categoría deberá consultar esta sección para comprobar si conserva o restaura sus derechos.

Dado que la CSPA no es retroactiva, el primer paso consiste en determinar si dicha ley se aplica al caso. En otras palabras, la CSPA sólo rige si su petición:

- hubiera sido presentada después del 6 de agosto de 2002;
- hubiera sido presentada antes del 6 de agosto de 2002 pero en tal fecha todavía estuviera pendiente (no aprobada), o si en el caso de haber sido denegada se hubiera presentado una apelación o una moción para reabrir el caso dentro del debido plazo; o,
- si hubiera sido aprobada antes del 6 de agosto de 2002, si el beneficiario:

- hubiera cumplido la edad límite después del 6 de agosto de 2002; o,

- hubiera cumplido la edad límite antes del 6 de agosto de 2002 pero antes de haber cumplido la edad límite hubiera solicitado un a visa de inmigrante sin que se hubiera tomado una decisión definitiva anterior a esa fecha.

Si la CSPA no lo ampara, ¿qué beneficios le reporta al hijo que hubiera cumplido o estuviera por cumplir la edad límite? Depende de si el beneficiario es un familiar directo o si está amparado por la ley a través de una categoría preferencial.

- *Familiar directo:* Con carácter fijo, la edad del hijo es la que tuviera en la fecha en que se presentó la petición I-130. En este caso, el hijo no se quedará sin beneficios por haber cumplido la edad límite.

- *Categorías preferenciales:* Con carácter fijo, la edad del hijo es la que tuviera en la fecha en que estuviera disponible el tipo (número) correspondiente de visa de inmigrante (por ejemplo, cuando la petición I-130, I-140 o I-360 estuviese vigente [current]) y no la fecha de presentación de la solicitud. Sin embargo, la edad del hijo se reduce según el período de tiempo en que la petición hubiera estado pendiente (la espera antes de ser aprobada).

En el caso especial de **LA VISA PRO DIVERSIDAD (DV)**, la petición se considera pendiente desde el primer día del período para el envío por correo de la solicitud de la **DV** hasta la fecha de la carta de aceptación.

Es importante tener en cuenta que, a fin de tener derecho a los beneficios de la CSPA, la solicitud de cambio de condición migratoria deberá presentarse efectivamente dentro del plazo de un año a partir de la fecha en que estuviera disponible el tipo correspondiente de visa.

5 Visas de No Inmigrante

Si usted se encuentra en los Estados Unidos con una visa de no inmigrante es de suma importancia que su permanencia en el país sea legal. Esto le permitirá preservar su derecho para obtener la residencia permanente o cambiar de condición a otro tipo de visa de no inmigrante.

Por lo general, aquellas personas que procuran convertirse en futuros residentes permanentes se les exige una condición legal para hacerlo, a menos que alguna de las dos excepciones que se establecen en ese trámite proceda en su caso particular. La primera de dichas excepciones incluye a las personas que cumplen con los requisitos del artículo 245(i) y la segunda abarca a aquellas que reúnen los requisitos para solicitar el cambio de condición migratoria a través de una visa de familiar directo.

El Artículo 245(i)

Las personas que cumplen con los requisitos para el artículo 245 (i) son aquellas que han sido solicitadas a través del formulario I-130 antes del 30 de abril de 2001, durante el período de la breve amnistía. Asimismo, dicha persona deberá haber estado presente en los Estados Unidos el 20 de diciembre de 2000. Por otra parte, si el formulario I-130 se presentó antes del 18 de enero de 1998, la persona cumple con los requisitos para el artículo 245(i), sin importar si se encontraba, o no, presente en los Estados Unidos en fecha 20 de diciembre de 2000.

Familiar Directo

La otra excepción se refiere al beneficiario de una petición de visa de familiar directo como por ejemplo:

- cónyuge de un ciudadano de los Estados Unidos;
- padres de un ciudadano de los Estados Unidos; o,
- hijo, menor de edad y soltero, de un ciudadano de los Estados Unidos.

Estas personas deberán ingresar de manera lícita a Los Estados Unidos y no haber trabajado en el país sin la autorización correspondiente. Sin embargo, al parecer en la actualidad, el USCIS no exige, en muchos casos, el cumplimiento de esta última disposición.

Viajes Fuera de los Estados Unidos

El otro aspecto importante para mantener la condición de no inmigrante es el derecho a viajar fuera de los Estados Unidos, durante el lapso de espera la entrevista en relación con el proceso de solicitud de cambio de condición migratoria. Si el solicitante al momento de presentar la petición de cambio de condición migratoria había residido más de seis meses sin una condición legal, no reunirá los requisitos para obtener el permiso de regreso anticipado debido a la permanencia ilegal. Por lo tanto, la persona no podrá viajar fuera de los EE.UU. hasta que se le otorgue el cambio de condición migratoria. Aunque en meses recientes, el tiempo acumulado para las entrevistas de cambio de condición migratoria ha disminuido considerablemente, el caso de un solicitante podría prolongarse por varias razones después de la entrevista.

Es importante conservar una copia, de ambos caras del papel, de la tarjeta I-94 y entregarla al personal de la aerolínea aunque no se lo pidan. Pregunte en la puerta de embarque si los empleados de la aerolínea van a recoger la I-94 o no. En caso de que no lo hagan, entonces es mejor ir a la embajada y entregarla allí. La otra opción consiste en guardar una copia del pasaje aéreo y, si es posible, constancias de que la persona, en realidad, ingresó en un país del extranjero. Cuando se solicita una renovación de visa, se puede mostrar la actual en el consulado para demostrar que se cumplió con las condiciones de la visa anterior al salir del país antes de que caducara el lapso legal de la misma. Igualmente, si se tramita una visa de inmigrante en una embajada, puede ser de ayuda mostrar que el solicitante regresó a los Estados Unidos y no se incurrió en una permanencia ilegal, lo cual podría impedir el otorgamiento de la visa de inmigrante.

Tipos de Visas de No Inmigrante

La mayoría de los no inmigrantes ingresan a los Estados Unidos ya sea como:

- turistas;
- estudiantes;
- visitantes que cumplen actividades de negocios; o,
- trabajadores temporarios.

A continuación se presenta una lista, bastante completa, que incluye las categorías de visas no inmigrante. Sin embargo, el resto de este capítulo sólo abarcará de forma detallada, las visas para familiares. (Cualquier otra información está fuera del alcance de este libro.) Las categorías de no inmigrantes son:

- *A-1, A-2, A-3:* Empleados gubernamentales extranjeros tales como: diplomáticos y funcionarios, así como sus familiares, sirvientes domésticos y empleados privados.
- *B-1, B-2:* Visitantes de negocios que asisten a conferencias, ferias comerciales, quienes no están empleados en los Estados Unidos, así como turistas en viaje de placer, además de aquellos que desean recibir tratamiento médico, asistir a convenciones o cursos académicos de corta duración.

- *C-1, C-2, C-3:* Extranjeros en tránsito en los Estados Unidos o que se dirigen a las Naciones Unidas.

- *D-1, D-2:* Integrantes de tripulaciones de barcos o aviones extranjeros.

- *E-1, E-2:* Extranjeros que ingresan a los Estados Unidos, con el objetivo de participar en actividades comerciales o de inversión, conforme a los acuerdos bilaterales entre su país y los Estados Unidos. Esta categoría autoriza el empleo en los Estados Unidos, a fin de dirigir o gerenciar actividades comerciales o de inversiones.

- *F-1, F-2*: Estudiantes extranjeros autorizados para estudiar en los Estados Unidos. En estos casos existe la disponibilidad de autorización de trabajo, restringida, durante y después de completar los estudios.

- *G-1, G-5:* Los empleados de organizaciones internacionales, sus familiares y servicio doméstico.

- *H-1, H-2, H-3, H-4:* Ciertos empleados cualificados temporales, personal en período de capacitación y sus familiares. La categoría H-B1 se concede a las personas que desarrollan un trabajo especializado, además de ser una de las categorías de visas de no inmigrante más importantes para los empleadores que deseen contratar a un extranjero para un cargo profesional o de altas exigencias técnicas.

- *I:* Representantes de los medios de comunicación.

- *J-1, J-2:* Visitantes de intercambio y sus familiares. Esta visa permite a los no inmigrantes ingresar a los Estados Unidos a fin de participar en conferencias, investigaciones, estudios, observación o capacitación. A la mayoría de las personas en la condición J se les exige, como requisito, que regresen al país donde residían por un mínimo de dos años al terminar el programa de visa J. Las extensiones, en relación con este requisito se encuentran disponibles en algunos casos.

- *K-1 y K-2:* Prometido(as) de ciudadano(as) estadounidenses y sus hijos menores de edad.

- *K-3 y K-4:* Cónyuges de ciudadanos de EE.UU. con una petición de visa I-120 pendiente y sus hijos menores de edad.

- *L-1, L-2:* Empleados de empresas que son transferidos tales como: gerentes, ejecutivos o empleados con un conocimiento especializado en compañías internacionales de los Estados Unidos.

- *M-1, M-2:* Estudiantes de una escuela de formación profesional y sus familiares.

- *N:* Familiares de inmigrantes del G-4.

- *O-1, O-2, O-3:* Extranjeros de extraordinaria aptitud en las ciencias, artes, educación, negocios o deportes y sus familiares. Asimismo, estas personas deben estar a la cabeza en su campo, a fin de reunir los requisitos. Aunque en el caso de los artistas y personas del espectáculo la exigencia es menor se requiere, igualmente, haber alcanzado notoriedad.

- *P-1, P-2, P-3:* Equipos atléticos y grupos del espectáculo que tienen fama internacional.

- *Q:* Extranjeros que participen en intercambios culturales.

- *R-1, R-2*: Pastores, trabajadores de organizaciones religiosas y sus familiares.

- *S-5, S-6:* También conocida como la *visa chivato*, la cual se promete en los Estados Unidos a menudo, pero se otorga, en pocas ocasiones, a personas que ayudan en una investigación penal.

- *TN:* Ciudadanos mexicanos y canadienses que reúnen los requisitos para desempeñar empleos temporarios conforme al tratado comercial NAFTA.

- *Visa V:* El cónyuge y los hijos menores de edad de un residente permanente legal cuya petición I-130 se hubiera presentado hace más de tres años (véase el Capítulo 4).

Además de los criterios específicos que se mencionan anteriormente, existen requisitos que son comunes en muchos casos de visas de no inmigrante tales como: el solicitante que no tuviese el propósito de migrar, es decir, que la persona tiene la intención de regresar a su país antes de que caduque la visa.

Visa K-1

Un ciudadano(a) estadounidense puede solicitar que su prometido(a) ingrese a los Estados Unidos, a través de una embajada o consulado estadounidense. El o la prometida es admitida con una visa K-1. Asimismo, los hijos menores de 21 años y solteros del o la prometida ingresarán conforme a la condición K-2.

En algunos casos es necesario presentar otros documentos. Por ejemplo, si la persona estuvo casada anteriormente deberá proporcionar el certificado de divorcio. Asimismo, si alguno de los nombres que aparecen en los documentos que acreditan la petición ha cambiado, se deberá presentar la documentación que explique dicho cambio.

Los documentos acreditativos (que sirven como constancia) más importantes son aquellos que comprueban que el compromiso es de buena fe. Lo que significa que dicho compromiso se contrajo por amor y afecto y no con el objetivo de obtener la condición de inmigrante en los Estados Unidos. La lista de la página 21 incluye ejemplos de documentos acreditativos que pueden ser de ayuda. La aprobación de estos casos dependerá del mayor número de este tipo de documentos que se proporcionen.

Una persona que posee la visa K-1 puede dirigirse a la oficina local del USCIS y obtener inmediatamente una tarjeta de permiso de trabajo. Igualmente, si ingresa a los Estados Unidos amparado por la visa K-1, el beneficiario deberá contraer matrimonio con el o la ciudadana estadounidense que presentó la solicitud, dentro de tres meses. Después de haber contraído matrimonio se presenta una solicitud, la cual se tramita sin demoras, en la oficina local del USCIS (al respecto, consulte el Capítulo 13).

Existen consecuencias graves si no se tiene lugar el matrimonio. Si el beneficiario no se casa con el solicitante en un período de 90 días y procura cambiar la condición migratoria basado en esa situación, él o ella, no podría obtener el cambio de condición migratoria por ninguna otra vía. A pesar de que el artículo 245(i) ayuda a los solicitantes que ingresan a los Estados Unidos ilegalmente, éste no podrá ser de utilidad en el caso en el cual el prometido(a) no lleve a cabo el matrimonio. La única excepción posible consiste en solicitar el asilo, durante el primer año tras haber ingresado a los Estados Unidos. (Al respecto, consulte el Capítulo 9.)

Visa K-3

La visa K-3 es una nueva clasificación de visa de no inmigrante destinada a agilizar el ingreso de cónyuges e hijos menores de edad y solteros de ciudadanos estadounidenses. Este tipo de visa se estableció como resultado de la ley LIFE, al igual que la visa V. La persona solicita la visa K-3, en lugar de solicitar una visa de inmigrante, en una embajada y una vez que ingresa en EE.UU. solicita el cambio de condición migratoria.

NOTA: *Puede solicitarse una visa K-4 en favor de un hijo menor de edad sólo si el padre (o la madre) es beneficiario de una visa K-3. Si dicho padre o madre ya está en EE.UU., entonces el hijo menor de edad deberá esperar hasta que a su padre o madre le aprueben el cambio de condición migratoria.*

6 Peticiones Basadas en el Empleo

La tramitación de una solicitud de visa basada en el empleo puede convertirse en un procedimiento arduo y prolongado, especialmente en los casos en los cuales se requiere una certificación laboral. Dicha certificación significa que, tras un período de búsqueda supervisada para cubrir una vacante, la agencia de empleo estatal certifica que no se ha encontrado ningún trabajador estadounidense dispuesto y capaz de desempeñar el puesto de trabajo que se le ofrece al extranjero. Si se requiere una certificación laboral, los trámites se prolongarán seis meses, un año o más que lo normal, dependiendo de la localidad. Generalmente, se requiere la intervención de un abogado para tramitar las solicitudes efectuadas en base al empleo.

Al derogarse el artículo 245(i), como se indica en el Capítulo 3, en el momento de presentarse una solicitud de cambio de condición migratoria el solicitante deberá disfrutar de una condición migratoria reglamentaria (visa de no inmigrante que esté vigente). Existe un par de excepciones. Si antes del 30 de abril de 2001 el extranjero presenta una solicitud de certificación laboral o fuera el beneficiario de una petición presentada por un familiar directo, podrá solicitar cambio de condición migratoria si hubiera estado físicamente presente en los EE.UU. el 20 de diciembre de 2000. De lo contrario, si la solicitud de certificación laboral o la petición a través del formulario I-130 se hubiera presentado antes del18 de enero 1998, el interesado podrá también solicitar el cambio de condición migratoria.

Primera Preferencia: Capacidad Extraordinaria

Esta categoría es comparable a las visas de no inmigrante O y P. Estas visas se otorgan a extranjeros de extraordinaria capacidad en el campo de las ciencias, las artes, la educación, los negocios o el deporte, y los familiares que los acompañan. En el caso de los titulares de la visa P, se incluyen equipos deportivos y grupos o compañías del mundo del espectáculo reconocidos internacionalmente.

Según las regulaciones federales se entiende que *capacidad extraordinaria* (extraordinary ability) significa poseer un nivel de conocimientos y experiencia que indique que el solicitante forma parte de un porcentaje muy pequeño de personas que han llegado a las categorías más elevadas en determinada especialidad, ya sea en las ciencias, las artes, la educación, los negocios o el deporte. Dicho solicitante deberá haber sido objeto de reconocimiento y prestigio a nivel nacional o internacional.

Los requisitos para la categoría de capacidad extraordinaria son muy difíciles de cumplir. Por ejemplo, entre los deportistas sólo podrían ser aprobados los que juegan en las principales grandes ligas de sus respectivos países. Podrían también ser aprobados diversos artistas y artesanos, tales como aquellos dedicados a las artes culinarias y visuales, a quienes no se les exigiría un nivel tan elevado, les bastaría con demostrar que hayan logrado *prominencia* en su especialidad.

Debe indicarse, también, que en esta categoría no se requiere contar con una oferta de trabajo, aunque en la tramitación de la mayor parte de las solicitudes es probable que se necesite, al menos, haber mantenido correspondencia con los posibles empleadores. No se requiere certificación laboral. La petición podrá presentarla el posible empleador o el propio extranjero. Como estas peticiones son difíciles de documentar y el centro de servicio no las aprueba fácilmente, se necesitará la asistencia de un abogado.

Profesor o Investigador Destacado

Generalmente, esta categoría está abierta a los profesores o investigadores con un historial de éxitos demostrado en su especialidad, a los cuales se les haya ofrecido un puesto con posibilidad de obtener una cátedra permanente en una universidad o institución de enseñanza post-secundaria de los EE.UU., un cargo similar en una institución de investigación o en una división de investigación establecida dentro de una empresa u organización. Para esta categoría no se requiere certificación laboral.

Ejecutivos y Generentes de Empresas Multi-Nacionales

Esta categoría tiene como fin facilitar el traslado del personal ejecutivo y gerencial de las empresas multinacionales. Esta clasificación se ofrece, generalmente, a una persona que haya sido empleada(o) de una sucursal, subsidiaria, entidad afiliada u oficina central de una empresa de EE.UU. durante un mínimo de un año y se le traslade a las oficinas de dicha compañía en EE.UU. Estas personas deberán residir en los EE.UU. con una visa L-1A. Para esta categoría no se requiere certificación laboral.

Segunda Preferencia: Capacidad Excepcional

Esta clasificación está abierta a las personas que demuestren una capacidad excepcional en las ciencias, las artes o los negocios. Según las regulaciones federales, se entiende que capacidad excepcional significa un nivel de conocimientos y experiencia significativamente superior al nivel corriente en las ciencias, las artes o los negocios. Se requiere presentar una certificación laboral y contar con una oferta de trabajo, a menos que se les exima de este requisito mediante la aprobación de una dispensa por interés nacional.

Profesionales con Título de Postgrado

En esta categoría se requiere demostrar que el beneficiario posee un título de postgrado en el campo profesional correspondiente al puesto de trabajo que se le ofrece y que para ocupar dicho puesto se requiere una persona con un título de postgrado. Se requiere presentar una certificación laboral y contar con una oferta de trabajo, a menos que se les exima de este requisito mediante la aprobación de una dispensa por interés nacional.

Tercera Preferencia: Trabajadores Especializados

Ésta es la categoría más común entre todas las solicitudes basadas en el empleo. Se requiere una oferta de trabajo y una certificación laboral. Se aceptan solicitudes de profesionales que comienzan su carrera y posean un título universitario (equivalente al Bachelor's degree de EE.UU.), y de trabajadores especializados en áreas que requieran un mínimo de dos años de experiencia, capacitación y estudios.

Cuarto Preferencia: Trabajadores no Especializados

Este grupo incluye a los trabajadores no especializados, dedicados a ocupaciones que requieren menos de dos años de experiencia, capacitación y estudios. Dado que está sujeta a serias limitaciones según la disponibilidad anual, generalmente se la clasifica como categoría distinta. Es frecuente que en dicha categoría la tardanza sea considerable y se requiere, además, presentar una certificación laboral.

Ocupaciones con Alto Demanda

En estos momentos solamente dos ocupaciones han sido designadas como ocupaciones con alta demanda por el Departamento de Trabajo: enfermero(a) registrado(a) y fisioterapeuta. Se las denomina ocupaciones de Lista A (Schedule A) porque así es como se las denomina en las regulaciones del Departamento de Trabajo. La ventaja de dicha designación es que no se requiere certificación laboral.

Cómo Solicitar una Certificación Laboral

La certificación laboral es un requisito para la mayor parte de las solicitudes de cambio de condición migratoria en base al empleo. Se trata de una búsqueda real de trabajadores de EE.UU. bajo la supervisión del Departamento de Trabajo y la Agencia Estatal de Seguridad en el Empleo (SESA, por sus siglas en inglés), a fin de establecer que no se cuenta con ningún trabajador de los EE.UU. que esté preparado, dispuesto, capacitado y cualificado para desempeñar el cargo que se le está ofreciendo al extranjero.

Existen dos tipos de tramitación para obtener una certificación laboral: la solicitud de trámite normal [lento] (se explica en la próxima sección) y la nueva modalidad de trámite urgente, el trámite simplificado para la búsqueda de personal (*RIR*, por sus siglas en inglés).

RIR

El nuevo *RIR* se instituyó para disminuir el considerable atraso en los trámites que se había producido en numerosas oficinas estatales. La opción del RIR puede disminuir considerablemente la primera etapa de la tramitación, la cual requeriría varios meses en vez de un año o más, dependiendo de la oficina donde se tramite el caso. Se recurre al RIR en las ocasiones en las cuales la empresa contratante ya haya intentado, sin éxito, reclutar a un candidato para el mismo puesto de trabajo. No es necesario llevar a cabo el reclutamiento bajo la supervisión del SESA (se explica en la próxima sección).

A fin de poder tener derecho al RIR, la compañía deberá haber intentado anteriormente la contratación de un trabajador cualificado sin haberlo logrado. Acto seguido, dicha compañía presentará, junto con las solicitudes normales de certificación laboral, un informe sobre el proceso de búsqueda de un candidato para llenar la vacante, junto con copias de toda constancia de haber efectuado dicha búsqueda. Se solicitará que la aprobación de la petición se decida sin que la búsqueda (el reclutamiento) se efectúe bajo la supervisión del Departamento de Trabajo.

Búsqueda suficiente. Los criterios para dictaminar que se ha desarrollado una búsqueda suficiente pueden variar de región en región. Generalmente, tales criterios son los siguientes:

- publicación de un anuncio impreso en un periódico de circulación general o revista pertinente, además, de
- otras actividades en cantidad suficiente para que quede constancia de que se ha efectuado una búsqueda organizada en el mercado de trabajo, destinada a llenar la vacante.

A tales efectos se consideran útiles las siguientes medidas para la búsqueda de personal:

- un aviso de empleo vacante a través de la agencia de empleo estatal;
- difusión interna del cargo vacante dentro de la empresa;
- anuncios en las páginas web de la compañía y otros servicios comerciales a través de Internet;
- ferias de empleo en centros universitarios o de otro tipo;
- agencias de empleo privadas; o,
- anuncios impresos adicionales.

Además de tener en cuenta la constancia de haber tomado las referidas medidas, el Departamento de Trabajo puede basarse en su propia experiencia con tales casos y obtener también información general sobre el mercado de trabajo.

Trámite Normal

Si el RIR no es una opción factible, no podrá evitarse el requisito de presentar una certificación laboral. Normalmente se trata de un trámite en tres etapas. Una certificación laboral puede ser aprobada cuando no se presenta ningún trabajador de los EE.UU. capaz de desempeñar determinado puesto. Existe una amplia gama de empleos que pueden incluirse en esta categoría, tales como niñera, chef de cocina especializado en platos de cierto país o región o, incluso, ingeniero de software.

Fundamentalmente, en cierto modo la tramitación de la certificación laboral es un *juego* entre el solicitante y la agencia local en cuanto a la descripción del empleo. El empleador (la empresa que ofrece el puesto) desea que la descripción del empleo coincida al máximo con las cualificaciones del extranjero, mientras que la SESA intenta forzar la situación para que la descripción del puesto sea más amplia y que pueda solicitarlo un número mayor de trabajadores de EE.UU.

Trabajadores de Organizaciones Religiosas

El trabajador que cumple funciones en una organización religiosa, verdaderamente debería estar incluido en las categorías en base al empleo, pero en este manual su caso se trata por separado porque la documentación requerida se aplica únicamente en su caso.

La duración del programa de trabajadores de entidades religiosas ha sido prolongada por el Congreso hasta el 30 de septiembre de 2008. A pesar del fraude sustancial que se produce en esta categoría, es probable que el Congreso prorrogue la duración de este programa.

Elegibilidad

Los requisitos de elegibilidad para la visa de no inmigrante R-1, para trabajadores de entidades religiosas, son diferentes que los que se requieren para la visa de inmigrante. A fin de solicitar esta visa de no inmigrante, basta con demostrar haber sido miembro de la correspondiente iglesia u organización religiosa durante un mínimo de dos años y tener una oferta de empleo de dicha organización. Al igual que en la mayoría de las visas de no inmigrante, es menester demostrar que regresará a su país de origen al terminar la duración de su visa.

Los requisitos para la visa de inmigrante son más estrictos. A fin de que una organización religiosa efectúe una petición en su nombre, el extranjero deberá haber ejercido ininterrumpidamente su vocación, labor profesional u otra de las u otra de las funciones referidas más abajo, durante un mínimo de dos años, en una de las siguientes modalidades:

- como pastor de dicha denominación;
- en una función profesional dentro de una vocación u ocupación religiosa de la organización; o,
- en una vocación u ocupación religiosa de la organización o una entidad sin fines de lucro afiliada a la organización.

Como es de esperar, en lo que se refiere a inmigración, no se considera que todos los empleados de entidades religiosas estén dedicados a una ocupación religiosa. Las personas que integren dichas organizaciones deberán concluir los cursos de participación que prescriban sus autoridades y sus servicios deberán estar directamente relacionados con las creencias y prácticas de su religión. No se aceptan peticiones en favor de quienes cumplen funciones principalmente administrativas o seculares.

Las regulaciones no especifican mayormente cuáles ocupaciones se consideran religiosas. La única excepción son las secciones 203(b)(4), en las cuales se indican ejemplos de posibles ocupaciones de este tipo: trabajadores litúrgicos, maestros de religión, consejeros religiosos, cantores litúrgicos, catequistas, trabajadores de hospitales religiosos o entidades religiosas del sector salud, misioneros, traductores religiosos o locutores religiosos. Específicamente no se incluyen porteros o conserjes, trabajadores de mantenimiento o limpieza, empleados administrativos o recaudadores de fondos.

7 INVERSIONISTAS

Esta categoría corresponde, verdaderamente, a la categoría de quinta preferencia bajo las peticiones que se efectúan en base al empleo. Sin embargo, para los propósitos de este libro, merece que se la considere por separado porque los requisitos son distintos.

Requisitos

Un extranjero que invierta a riesgo un volumen de capital específico en una empresa comercial puede ser elegible dentro de esta categoría. La empresa del extranjero debe constituir una fuente de empleos de tiempo completo para trabajadores de EE.UU. y la residencia permanente en dicho concepto se otorga con carácter condicional.

Se deberán cumplir los siguientes criterios para una empresa comercial nueva:

- el inversionista deberá ejercer un cargo de gerencia o en el cual se decidan la política y las normas de la empresa;

- el inversionista deberá invertir o tomar parte directa en el proceso de inversión de 1 millón de dólares en la empresa, o $500.000 si la inversión se efectúa en un área rural o una zona de alto índice de desempleo;

- la empresa deberá reportar beneficios a la economía de EE.UU. y crear un mínimo de diez empleos para ciudadanos estadounidenses que no sean familiares del inversionista;

- el capital deberá haber sido obtenido a través de medios legales; y,

- la inversión deberá destinarse a una empresa comercial nueva (una tienda o negocio nuevo, por ejemplo), a la adquisición y reestructura de un negocio existente, o a la ampliación de un negocio, de manera tal que se logre aumentar en un 40% el patrimonio neto o el número de empleados.

Varios inversionistas pueden aportar fondos para una misma inversión siempre que cada uno reúna los requisitos estipulados. Los fondos para invertir pueden provenir de cualquier fuente legal, incluidas donaciones y sumas otorgadas a través de divorcios.

Aviso: La petición de visa para inversionistas es un trámite sumamente complejo y requiere significativos desembolsos de dinero. Considerando tales factores, no se recomienda presentar este tipo de petición sin contar sin el asesoramiento de expertos.

Para la petición inicial debe cumplimentarse el formulario I-526. (Véase la página 145 donde se incluyan las instrucciones para llenar dicho formulario.) Es importante tener en cuenta que al principio no es necesario efectuar la totalidad de la inversión. Sin embargo, deberá demostrar que tienen capacidad para hacerlo al finalizar el período condicional inicial de dos años.

La residencia permanente se otorga únicamente por un período condicional de dos años. Dentro de los tres meses anteriores a la finalización de dicho período, se deberá presentar el formulario I-829 a fin de eliminar las condiciones.

8 Lotería pro Diversidad de la Tarjeta de Residencia

Una vez al año, por lo regular en octubre, el Departamento de Estado lleva a cabo *una lotería pro diversidad de tarjetas de residencia* durante la cual se otorgan 50.000 tarjetas de residencia. Esta lotería ha constituido un alivio para cientos de miles de inmigrantes.

El objetivo de este programa es crear diversidad ofreciendo tarjetas de residencia a personas provenientes de países cuyos ciudadanos normalmente no emigran a los Estados Unidos en grandes cantidades. Por consiguiente, los países que hayan enviado a los Estados Unidos más de 50.000 emigrantes durante el año pasado no tendrán la opción de solicitar participación. En 2001, los países excluidos fueron México, Canadá, Reino Unido, India, Pakistán, Corea del Sur, Filipinas, Colombia, República Dominicana, El Salvador, Haití y Jamaica.

El problema de la lotería es que su popularidad ha crecido considerablemente durante años recientes. Se recibieron unos doce millones de solicitudes durante el año pasado. Considerando que se envían 100.000 cartas de aceptación y se descartan un par de millones de solicitudes por no seguir instrucciones, las posibilidades de ganar son aproximadamente de una en cien. Si una persona está casada y ambos cónyuges remiten una solicitud por separado, las posibilidades aumentan a una en cincuenta. Si una persona envía solicitudes durante un período de cinco años, las posibilidades podrían aumentarían aún más (1 en 20).

Debido a que no se cobra una cuota por la solicitud y la misma es fácil de completar, vale la pena remitirla cada año. Tal vez la parte más difícil del trámite es cumplir con los plazos establecidos. A veces hay cambios mínimos en el período otorgado de treinta días, sin embargo, recientemente ha comenzado a principios del mes de octubre de cada año. La solicitud debe completarse y enviarse dentro del período establecido de treinta días.

Requisitos

Si usted no es ciudadano de uno de los países excluidos, podría calificar fácilmente si cuenta con un diploma de escuela secundaria. Además, si usted tiene un mínimo de dos años de experiencia laboral en una ocupación que conlleva dos años de capacitación o experiencia para realizarse, también califica. También es preciso reunir todos los requisitos fundamentales para obtener una tarjeta de residencia, como poseer una garantía de mantenimiento válida. Ambos cónyuges pueden remitir una solicitud e incluir a sus hijos solteros menores de 21 años.

A partir de 2003, el Departamento de Estado reemplazó el antiguo sistema de envíos por correo postal por un sistema de solicitudes en línea y extendió el período de presentación de solicitudes. Entre el 1 de noviembre y el 30 de diciembre de 2003, se efectuaban las solicitudes en **www.dvlottery.state.gov.** La disponibilidad de este sistema en línea resulta positiva para quienes efectúan solicitudes desde fuera de EE.UU. y se veían obligados a utilizar el correo postal de su propio país y de EE.UU., debiendo recibirse las solicitudes dentro del período de 30 días.

Antes de efectuar la solicitud es necesario sacar una fotografía digital de cada integrante de la familia, en formato JPEG. Se requiere verificar en línea si sus fotografías cumplen las debidas especificaciones.

Aproximadamente de mayo a julio del próximo año, se empezará a notificar a los ganadores mediante una carta de aceptaceón. A pesar de que solo existen 50.000 visas disponibles cada año (incluidos los familiares a cargo), el Departamento de Estado envía anualmente aproximadamente 100.000 cartas de aceptación. El ciclo de tramitación de visas para los beneficiarios de visas pro diversidad coincide con el año fiscal gubernamental que comienza el 1 de octubre y finaliza el 30 de septiembre de cada año. Los números de visas comienzan a estar disponibles a partir del 1 de octubre y caducan el 30 de septiembre del siguiente año. Las personas que no hayan solicitado cambio de condición migratoria para el 30 de septiembre, simplemente no recibirán la residencia permanente, incluidos los familiares que se encuentran en el exterior. Se suspenderá el envío de números de visa a partir del 30 de septiembre, sin considerar excepciones.

Cada año hay personas que no concluyen su caso a más tardar del 30 de septiembre y quedan excluidas. Su única opción es entablar una demanda ante el USCIS en un tribunal federal, pero ganar estos casos es difícil. El USCIS tiene mucho más cuidado que antes en lo que se refiere a explicar los plazos para la tramitación.

Dado que la cantidad de ganadores de la visa pro diversidad es mayor que la cantidad de números para la visa, es normal que dichos números no sean suficientes, especialmente a finales del año fiscal gubernamental. En agosto y septiembre empiezan a escasear los números. En 2003 ya se habían agotado el 29 de septiembre. Aunque existan posibilidades remotas de obtener un número para una sola persona, sería poco probable obtenerlos para una familia de cinco.

9 Asilo

Es posible solicitar residencia permanente mediante un permiso de asilo. Se considera asilado a una persona cuya solicitud de asilo ha sido aceptada, ya sea por una oficina de asilo o por un juez de inmigración. Después de un año en condición de asilado, el individuo podrá solicitar una tarjeta de residente. De hecho, pasarán varios años antes de que se otorgue la tarjeta de residente, debido a la acumulación, durante cuatro años, de solicitudes pendientes de números de visa para asilados.

Refugiados

Es posible que haya escuchado antes el término *refugiado*. Este término es algo confuso. En su uso común, un refugiado es una persona que ha tenido que escapar de su país natal por razones usualmente vinculadas a la guerra o los desastres naturales. En el ámbito de la inmigración, un refugiado es una persona a la cual se le otorga una condición específica, permitiéndole entrar a los Estados Unidos y solicitar cambio de condición migratoria después de residir durante un año en EE.UU.

Según las Naciones Unidas, la definición legal de refugiado es *persona que tiene temor bien fundado de ser perseguida* y, por lo tanto, no puede regresar a su país natal. La persecución deberá ser en base a cinco posibles causas:

- opinión política;
- raza;
- religión;
- sexo; o,
- grupo social.

Un solicitante de asilo deberá cumplir los mismos requisitos legales. En la siguiente sección se explican más detalladamente estos conceptos.

Condición de Refugiado a Diferencia de Asilado

Si una persona se encuentra fuera de los Estados Unidos, entonces deberá solicitar condición de refugiado en uno de los varios centros de tramitación de solicitudes de refugiados. En cambio, el asilo es para una persona que puede entrar a los Estados Unidos con una visa, ya sea visa turística o de trabajo, entrando ilegalmente a través de Canadá o México o haciendo uso de un pasaporte falso.

Existen varias ventajas para los que solicitan asilo en EE.UU. La primera ventaja es que no existe un límite para el número de casos de asilo que se aprueban en los Estados Unidos. La limitación surge cuando el asilado solicita una tarjeta de residente. Sin embargo, a una persona se le permite residir y trabajar en EE.UU. durante este tiempo al igual que viajar al exterior, lo cual reduce los inconvenientes. El problema para las personas que solicitan condición de refugiados es que existe un número relativamente limitado de números de visa disponibles cada año (aproximadamente 50.000). Incluso estos números son menos significativos de lo que aparentan, debido a que existen restricciones por región. Esto significa que podrá darse una espera más larga para un número, incluso si el caso es aprobado.

La otra ventaja principal es que es más fácil conseguir la aprobación del caso en EE.UU. Los funcionarios consulares de una embajada no son necesariamente las personas más fáciles de convencer sobre la autenticidad de un caso. (Tampoco lo son los funcionarios de asilo en EE.UU.). Sin embargo, la ventaja está en que un caso que no es aprobado por la oficina de asilo, pero se remite al Tribunal de Inmigración ofrece una segunda (y mejor) oportunidad para que el solicitante defienda su caso. Las audiencias establecidas para estas situaciones constituyen un sistema justo para cualquier extranjero.

Las personas que solicitan asilo suelen expresar preocupación por el efecto que tendrá la vía de entrada a EE.UU. en el trámite de aprobación de la solicitud. A pesar que no se suelen ganar puntos por haber entrado al país de manera ilegal, es de conocimiento general que una persona que está siendo perseguida entrará a los Estados Unidos utilizando cualquier medio que se encuentre a su disposición si su vida o el bienestar propio se encuentran en riesgo.

En determinadas ocasiones, se sospecha más de las personas que entran a EE.UU. con visas de trabajo como la H1-B. Lo más importante será su capacidad para explicar el tipo de entrada que realizó y porqué fue necesario recurrir a esa vía en particular.

NOTA: *El ambiente general posterior al 11 de septiembre parece haber influido notoriamente en las Oficinas de Asilo. La Oficina de Asilo de Chicago informa que el promedio de solicitudes aprobadas antes del 11 de septiembre de 2001 era del 33%. Seis meses después, el porcentaje de casos aprobados descendió a un 18%. Desde entonces, se ha observado un aumento, colocando el promedio de aprobación en sus niveles normales.. También se han remitido menos solicitudes debido al plazo establecido de un año.*

Requisitos

¿A qué se refiere la frase *Temor de persecución fundado*? La Cámara de Apelaciones de Inmigración ha abordado esta pregunta en un sinnúmero de casos. Un temor de persecución fundado se analiza desde dos puntos de vista. La solicitud debe ser *subjetivamente sincera* y *objetivamente razonable*. En última instancia, la cámara ha establecido que si existe un 10% de probabilidad de persecución en el país natal, entonces debe otorgarse asilo.

Las condiciones de ciertos países colocan a sus ciudadanos en una situación más favorable para recibir asilo. Los países que formaban parte del antiguo bloque soviético dominaron las listas antes de la desarticulación de la Unión Soviética. En la actualidad, países como China, Irak, Irán y Etiopía constituyen el grupo de países cuyos ciudadanos cuentan con más posibilidades de recibir asilo. No obstante, existe una gran cantidad de países donde la represión y la persecución son parte de la vida diaria.

Es evidente que el porcentaje de aprobación en las oficinas de asilo (actualmente no sobrepasa el 33%) no es muy alentador. Sin embargo, las posibilidades de recibir aprobación en una corte de inmigración son considerablemente mayores en la mayoría de las ciudades. Chicago, en especial, cuenta con jueces de inmigración muy ecuánimes que se caracterizan por buscar razones para aprobar un caso. La diferencia con la oficina de asilo es marcada, dado que allí los funcionarios suelen buscar razones para denegar los casos presentados.

Si usted ha tenido problemas con las autoridades de su país o con grupos que el gobierno no es capaz de controlar en base a una de las cinco situaciones especificadas, sus posibilidades son buenas. Mientras más documentos tenga, mejores serán sus posibilidades.

Cualquier documento que pueda demostrar los motivos de su solicitud será de gran utilidad:

- fotografías;
- expedientes médicos;
- expedientes de la policía;
- artículos de periódico que lo mencionen a usted, a su familia o a sus parientes;
- un testigo pericial para declarar en su nombre; y,
- datos personales, incluidas fotos, registros escolares, participación en la agrupación política o religiosa pertinente, etc.

Cuanto más información le proporcione al funcionario de asilo o el juez de inmigración, más interés tendrá en su caso y mejores serán las posibilidades de que le otorguen asilo.

Será preciso que acuda a la sección de derechos humanos del Departamento de Estado e imprima el informe sobre el país (Country Report) de su nación de origen para familiarizarse con el mismo.

El Perfil de solicitudes de asilo (Profile of Asylum Claims) y *las Condiciones sobre países* (Country Conditions) también podrían ser útiles. Es mucho más difícil conseguir un ejemplar. Además, la última edición se publicó en 1997. Sin embargo, este documento ha sido autorizado por la corte de inmigración. Si no contribuye a su caso particular, no lo incluya en la evidencia. No obstante, si tiene la suerte de que este documento apoye su solicitud, el mismo podría ser presentado, destacando las secciones pertinentes.

Consulte los sitios web que figuran en el Apéndice C bajo organizaciones de derechos humanos. Busque informes y artículos que lo ayuden a presentar su caso. Investigue en la Internet a fin de encontrar otros documentos que puedan servirle de apoyo. La biblioteca pública de su comunidad podría facilitar una búsqueda en Lexis Nexis™, una base de datos que contiene todos los artículos legales de los principales periódicos, diarios y medios de difusión de todas partes del mundo. Utilizando este sistema, tendrá la opción de efectuar una búsqueda basada en palabras que puedan figurar en un artículo. La información está disponible, solamente hay que encontrarla.

Ventajas de la Solicitud de Asilo

Solicitar asilo reporta importantes ventajas al solicitante, dado que permite obtener autorización de empleo, postergar la deportación y detener la acumulación del tiempo de permanencia ilegal en el país.

Cómo Obtener Autorizacion de Empleo

Una de las mayores ventajas de un caso de asilo es que el solicitante es elegible para adquirir un permiso de trabajo cinco meses después de remitir la solicitud. Mientras la solicitud de asilo se encuentre pendiente, el candidato podrá solicitar una autorización de empleo. No es necesario pagar una cuota a fin de presentar la primera solicitud.

Sin embargo, la primera solicitud de permiso de trabajo solamente podrá remitirse 150 días después de la entrega de la solicitud de asilo. El objetivo de esta medida es desalentar la presentación de solicitudes de asilo por personas que solamente desean obtener permisos de trabajo.

El congreso ha establecido que el candidato deberá entrevistarse y presentarse en la audiencia de solicitud de asilo ante un juez de inmigración seis meses después de remitir la solicitud. Debido a las dificultades que presenta este proceso, se ha logrado disminuir el número de solicitudes fraudulentas.

Consulte el Capítulo 13, donde figura información respecto a las posibilidades de solicitar permiso de trabajo cinco meses después de presentar una solicitud de asilo.

Retraso de la Fecha de Deportación

De iniciarse el proceso, hasta un caso débil de asilo podría ser útil para retrasar la deportación. Podría tomar hasta un año obtener la fecha de una audiencia individual, dos o más años para efectuar una apelación una apelacion a la CAI y un año adicional para presentar una apelación ante una de las cortes del circuito federal.

Durante el período de cuatro años, el extranjero no residente podrá esperar que se apruebe una petición, ya sea familiar o de trabajo. Si el caso de asilo sigue pendiente en cualquier corte, entonces se podrá presentar una moción de remisión, lo cual llevará el caso nuevamente al juez de inmigración para que éste tome una decisión sobre la solicitud de cambio de condición migratoria. En última instancia, siempre cabe la posibilidad que, mientras se lleva a cabo el proceso, el congreso decrete una *amnistía* u otro tipo de beneficio migratorio.

Cómo Evitar Caer en Situación Ilegal

Un extranjero no residente se considera ilegal una vez expira su visa de no inmigrante o tan pronto entra a EE.UU. sin ser inspeccionado. Después de seis meses de permanencia ilegal, un extranjero no podrá entrar nuevamente a los Estados Unidos durante tres años. Un año de presencia ilegal equivaldrá a diez años de sanción. Estas sanciones solamente tendrán vigencia si la persona abandona los Estados Unidos y luego intenta regresar.

Una de las varias excepciones para estos casos podría darse si el extranjero no residente tiene pendiente una solicitud de asilo de buena fe. No importa si finalmente le deniegan la solicitud. El hecho de que se encuentre en trámite (*pendiente*) evita que el extranjero adquiera condición de ilegal.

Solicitudes para Familiares

Toda persona a la cual se le haya concedido asilo o que haya sido admitida a EE.UU. como refugiado podrá solicitar en nombre de un familiar. La solicitud de residencia para familiares deberá ser remitida solamente por el individuo cuya condición de refugiado o asilado haya sido aprobada.

Esta persona podrá presentar solicitudes en nombre de su cónyuge o hijos solteros menores de 21 años. Dicha persona deberá seguir las siguientes normas.

- Podrá presentarse una solicitud en nombre de un familiar, independientemente de si este vive dentro o fuera de EE.UU.
- La relación debe haber existido en la fecha de aprobación de la solicitud de asilo o en la fecha en que el solicitante haya sido admitido en los Estados Unidos en calidad de refugiado y continúa existiendo como tal en el momento de la presentación de la solicitud.
- Tanto la esposa como el esposo deben haber estado presentes físicamente en la ceremonia de matrimonio.
- Solamente podrá concebirse un niño en la fecha de la aprobación del asilo o en la fecha de admisión a los Estados Unidos como refugiado.
- Se podrán presentar solicitudes en nombre de hijastros.
- Se podrán presentar solicitudes en nombre de hijos adoptivos. (Remitir decreto de adopción y prueba de dos años de residencia con el hijo).
- Los beneficiarios indirectos no podrán solicitar residencia en favor de sus familiares.

Solicitud de Residencia Permanente

Después de un año de la concesión de asilo, un asilado podrá solicitar un cambio de condición migratoria. Todas las solicitudes de cambio en condición migratoria provenientes de asilados deberán presentarse en el Centro de Servicio de Nebraska en Lincoln, Nebraska.

Actualmente hay un largo período de espera para recibir números de visa. Debido a que el congreso ha ordenado que solamente 10.000 personas pueden solicitar cambio de condición migratoria cada año después de haber recibido asilo (incluidos los familiares a cargo) hay un largo período de espera. La fecha de prioridad de la visa es equivalente a la de remisión de la solicitud.

NOTA: *La aprobación del cambio de condición migratoria será antedatada a la fecha en que el caso sea tramitado.*

Solicitudes de Refugiados

El trámite de solicitud para un refugiado es muy similar al de un asilado. Los refugiados también podrán solicitar cambios en su condición migratoria un año después de haber ingresado en los EE.UU. No se cobran tasas de tramitación por la solicitud de cambio de condición migratoria ni por huellas digitales. Tampoco se requiere contar con un formulario de garantía de mantenimiento.

NOTA: *La fecha oficial de cambio en a condición migratoria será la fecha original de entrada del refugiado en los EE.UU.*

10 Amnistías

Las amnistías no se otorgan frecuentemente en EE.UU., pues las mismas conllevan un sinnúmero de problemas. Para empezar, constituyen una enorme carga para el sistema, pues se reciben una gran cantidad de solicitudes en un período de tiempo muy corto. En la actualidad, el sistema funciona a su capacidad máxima y siempre está sujeto a tramitar un amplio volumen de solicitudes pendientes.

Otro gran problema es el fraude. En principio, una amnistía implica que una persona puede cualificar probando residencia en EE.UU. durante el período previo a una fecha distante específica. Debido a la disponibilidad de computadoras e impresoras de alta tecnología, resulta demasiado fácil falsificar documentos.

Las amnistías también recompensan a personas que han violado leyes migratorias, en lugar de servir a las personas que esperan pacientemente en su país natal para obtener un número de visa.

Se solía pensar que las amnistías solucionarían el problema de los inmigrantes ilegales. Sin embargo, hoy se piensa que este proceso agrava la situación de la inmigración ilegal, pues alienta la llegada de *extranjeros* ilegales en el futuro.

Amnistía Reciente

La *ley LIFE*, establecida el 20 de diciembre de 2000, se conoce por muchos como una *mini amnistía*. La ley permite que los beneficiarios de una petición I-130 o las personas que solicitaron una certificación laboral en o antes del 30 de abril de 2001, sean elegibles para modificar su condición migratoria en el futuro, ya sea bajo esa petición o bajo cualquier otra para la cual sean elegibles. No importa si la petición no es aprobada, siempre y cuando la misma haya reunido los requisitos para recibir aprobación en el momento en que fue presentada. El solicitante deberá conservar pruebas que evidencien que se encontraba presente en EE.UU. el día en que se estableció la ley (20 de diciembre de 2000).

El congreso se encuentra en proceso de decretar una extensión de la artículo 245(i), lo cual no representará un beneficio para muchas personas. Dicha extensión requiere que, de haber una relación familiar, ésta se establezca antes del 15 de agosto de 2001. Para un caso de matrimonio, esto significa que el matrimonio debe haberse efectuado para esa fecha. Esto podría ser frustrante para muchas parejas que tal vez se hubiesen casado antes de haber sabido que existía un plazo determinado. Algunos estados reconocen las uniones de hecho (common law marriage). En dichos estados, es posible reclamar una fecha de matrimonio oficial anterior, si se cumple con los criterios de una unión de hecho.

NOTA: *Es preciso consultar a un abogado especializado en relaciones domésticas a fin de determinar si usted cualifica, según los criterios establecidos para las uniones de hecho.*

Amnistías de Tardanza, Miembros de esta Categoría

Aproximadamente 400.000 solicitantes de amnistías tardías tenían un plazo que vencía el 31 de mayo de 2002 para presentar sus solicitudes de cambio en la situación migratoria. Estos son personas que afirman haber residido en EE.UU. antes de 1982, pero el USCIS les denegó de manera improcedente la oportunidad de solicitar la amnistía anunciada por el presidente Reagan dentro del plazo fijado (1988) por haber viajado al exterior. Estos individuos se registraron más tarde a consecuencia de una de las tres demandas de acción popular presentadas contra el Departamento de Justicia. Muchos de los integrantes de este grupo habían estado viviendo en un *limbo migratorio*, con permiso de trabajo, desde 1990. La *ley LIFE* les brindó a estas personas la oportunidad de solicitar una tarjeta de residencia, siempre y cuando pueden probar que entraron a EE.UU. antes de 1982 y hubieran residido continuamente en los Estados Unidos hasta mayo de 1988.

La única categoría restante para la amnistía tardía es aquella en la cual los posibles beneficiarios pueden aún solicitar la condición de residente temporario en la categoría CSS/Newman (LULAC). Si usted está incluido en esta categoría, el plazo para presentar el formulario I-687 vence el 23 de mayo de 2005. Dado que dichos casos son difíciles de entender en cuanto a elegibilidad y documentación, no se recomienda iniciar trámites sin la ayuda de abogados u organizaciones competentes. Tenga en cuenta que sin presentar la debida documentación lo más probable es que la solicitud sea rechazada.

Futura Amnistía

En momentos de prepararse esta publicación, el Congreso estudia seriamente la posibilidad de proponer la legislación pertinente para proporcionar algún tipo de beneficio a aproximadamente 10 millones de extranjeros indocumentados que residen ilegalmente en EE.UU. Aparentemente, el Congreso proporcionaría suficiente apoyo a una ley que otorgaría autorización de trabajo temporaria durante un plazo de tres años, sin que tal medida conlleve la concesión de residencia permanente. Lo más probable es que la aprobación y puesta en vigencia de una ley de este tipo no se producirá antes de 2005. De una manera u otra, en este momento nadie sabe si se aprobará o no una ley ni qué tipo de ley sería. Sin embargo, todo parece indicar es que se aprobarán medidas que ofrezcan algún tipo de beneficio.

II La Suspensión del Procedimiento de Expulsión: Requiere 10 Años

Una persona puede reunir los requisitos para la residencia permanente si ha vivido en los EE.UU. durante los últimos 10 años y cumple con otras normas pertinentes. Este tipo de ayuda se ofrece solamente a aquellos afectados por el procedimiento de expulsión ante un Tribunal de Inmigración. Esto puede representar un motivo de frustración para la persona quien considera que dispone de una causa bien fundamentada y desea iniciar este tipo de procedimiento. Irónicamente, aquellos que solicitan este procedimiento no recibirán ayuda del Servicio de Ciudadanía y Inmigración (USCIS por sus siglas en inglés).

Como se describe anteriormente, el procedimiento de expulsión se inicia cuando el USCIS hace llegar un documento que se denomina *Citación de Comparecencia.* Este documento enumera ciertos alegatos fácticos que se conocen como *los fundamentos para la expulsión*, los cuales son artículos de la Ley de Inmigración y Naturalización que determinan si se puede expulsar a la persona. A menudo, el fundamento se basa en que la estadía de la persona en EE.UU. ha excedido el tiempo permitido por la visa de no inmigrante o ha entrado a los EE.UU. sin una inspección adecuada.

Requisitos

A fin de reunir los requisitos para la suspensión del procedimiento de expulsión, la persona debe probar los siguientes fundamentos ante un juez de inmigración:

- haber residido en los EE.UU. 10 años antes de recibir la *Citación de Comparecencia;*
- haber sido una persona de buena solvencia moral durante ese período de tiempo;
- no haber sido condenado por la comisión de delitos conforme a los artículos 212(a)(2); 237(a)(2); 237(a)(3); de la Ley de Inmigración y Naturalización (INA por sus siglas en inglés). Estos delitos conforman una larga lista que incluyen múltiples delitos menores como el hurto en tiendas, posesión de drogas, así como la mayoría de los delitos mayores, y;
- las consecuencias de la expulsión. Las mismas podrían constituir una penuria extrema poco común, tanto para un ciudadano estadounidense como para un residente permanente legal como por ejemplo: un cónyuge, un pariente o hijo.

Es muy difícil ganar estas causas. Algunos jueces de inmigración pueden otorgar solamente tres de cada cincuenta casos de expulsión. (En dichos casos existe, en algunas oportunidades, un niño estadounidense que tiene un defecto de nacimiento que requiere de un tipo de tratamiento o terapia que únicamente se ofrece en EE.UU.)

Estadía Ininterrupmida en los EE.UU.

La primera etapa de la causa consiste en comprobar que la persona entró a los EE.UU., por lo menos hace diez años, y ha residido, ininterrumpidamente, ese período de tiempo en el país. La persona puede haber salido del país por un período no mayor de tres meses en cada ocasión o seis meses en total. La comprobación de la presencia continua en EE.UU. puede ser difícil, si la persona no posee un número de seguro social y no puede abrir cuentas a su nombre. Asimismo, muchas personas no mantienen documentación por períodos de diez años, especialmente, cuando éstas se mudan frecuentemente.

La primera parte del caso consiste en demostrar que usted ingresó en EE.UU. al menos hace diez años y que ha vivido en este país de manera ininterrumpida. Se permiten solicitudes de quienes hayan salido de EE.UU. durante dicho período durante un período máximo de tres meses en cada viaje y seis meses en total. Demostrar la permanencia ininterrumpida en EE.UU. pude resultar difícil sin contar con un número de seguro social y sin tener cuentas en su nombre. Asimismo, mucha gente no conserva documentos de hace diez años, especialmente si han cambiado de domicilio con frecuencia o han compartido la vivienda con otras personas.

El cuarto motivo en especial, penurias extraordinarias y extremas poco comunes es el elemento que se disputará para la aprobación del caso. Como es de imaginarse, es difícil demostrar que ha experimentado penurias hasta tal extremo.

Varias opiniones recientes de la Cámara de Apelaciones de Inmigración sirven como comparación para evaluar su propio caso. Los casos que sustentan tales opiniones constituyen las directrices más importantes para determinar si debe o no otorgarse la cancelación de expulsión. Pueden consultarse a través de la Biblioteca Virtual de Derecho de EOIR en **www.usdoj.gov/eoir**, y después haga clic en *Virtual Law Library*. Los casos son los siguientes:

- Matter of Andazola, 23 I&N Dec. 319 (BIA 2002) (no otorgada);
- Matter of Monreal, 23 I&N Dec. 805 (BIA 2001) (no otorgada); y,
- Matter of Monreal, 23 I&N Dec. 467 (BIA 2002) (otorgada).

A fin de demostrar una penuria se presentan a continuación, los factores que los jueces consideran:

- la edad del familiar que cumple con los requisitos;
- los vínculos familiares en los EE.UU. y en el exterior;
- el tiempo de residencia en los EE.UU.;
- las condiciones de salud que requieren de tratamiento en los EE.UU.;
- la carga económica;
- la adaptación a la cultura nacional o local; y,
- el saldo de los bienes de su propiedad.

Las personas que establecen su vida en los EE.UU. ya sea al contraer matrimonio, tener hijos o comenzar un negocio son aquellas que tienen más probabilidades de ganar este tipo de caso. Las personas que fueron cautelosas y esperaron obtener su condición no dispondrán de muchos argumentos en su tentativa de sustentar una causa de suspensión del procedimiento de expulsión.

A fin de comprobar la presencia física se debe presentar:

- contratos de arrendamiento;
- hipotecas o títulos de propiedad;
- facturas de servicios;
- licencias;
- recibos de compras o cartas de compañías;
- correo;
- documentos expedidos por oficinas gubernamentales u otras;
- actas de nacimiento;
- expedientes del hospital o fichas médicas;
- documentos de la iglesia;
- expedientes escolares;
- documentación laboral;
- carta del empleador;
- formularios W-2;
- declaraciones de impuestos;
- documentos bancarios;

- cheques personales con un sello de cancelación;
- estados de cuenta de tarjetas de crédito;
- documentos expedidos por el USCIS, como permisos de trabajo, por ejemplo; o,
- pólizas de seguro.

A fin de demostrar buena solvencia moral se debe presentar lo siguiente:

- informe policial de cada jurisdicción donde se haya domiciliado la persona en el curso de los últimos diez años;
- declaraciones juradas por escrito de dos ciudadanos estadounidenses en las cuales se da fe de la buena solvencia moral de la persona;
- declaración jurada por escrito o carta de su actual empleador; o,
- documentos que demuestren el pago de impuestos.

A fin de probar la penuria se debe proveer de:

- declaración jurada por escrito de un perito (testigo experto);
- historiales médicos, cuando sean pertinentes;
- expedientes escolares de los hijos;
- documentos que comprueben la participación en organizaciones comunitarias o en la iglesia (o carta de un sacerdote, pastor o directivo de una organización comunitaria);
- informes de trabajo voluntario; o,
- documentos, en caso de trabajar de manera independiente, que muestren el número de empleados.

A fin de comprobar cuando la persona ingresó en los EE.UU.:

- pasaporte con un sello de entrada;
- formulario I-94 (documento de llegada y salida);
- visa de no inmigrante expedida;
- formulario I-20 (certificado que demuestra que se reúnen los requisitos para la condición migratoria de estudiante); o,
- formulario IAP-66 (certificado que demuestra que se reúnen los requisitos para la condición de estudiante en visita de intercambio).

Otros documentos útiles son los expedientes judiciales de condenas, así como los que demuestran el pago de la manutención infantil.

Quién Obtiene la Residencia

Es importante tener en cuenta que debido a lo difícil de este tipo de casos, la residencia permanente se le otorgará únicamente al solicitante. Asimismo, el juez no concederá la residencia al cónyuge o a los hijos extranjeros del solicitante, a menos que éstos hayan iniciado su propio trámite. La persona que sea residente permanente legal deberá solicitarlos, lo cual puede durar alrededor de cinco años, siempre y cuando los beneficiarios cumplan los requisitos para modificar su condición migratoria conforme al artículo 245(i).

Cónyuge o Hijos Víctimas de Agresión Física

Existe una norma especial que procede en los casos de cónyuges o hijos víctimas de golpes u otro tipo de agresión física. El juez de inmigración puede otorgar la suspensión del procedimiento de expulsión, si una persona ha sido golpeada o sometida a extrema crueldad en los EE.UU. por un cónyuge o pariente que es ciudadano estadounidense o residente permanente legal, además de haber residido en el país un mínimo de tres años y la demostrar *buena solvencia moral.*

12 Categorías Varias

Por lo general, las siguientes categorías incluyen características y circunstancias únicas. Este libro no abarca los detalles de cómo presentar la causa bajo estas categorías. Se debe consultar a un abogado para recibir asesoría.

Abuelos que Poseen la Ciudadanía Estadounidense: Cómo Obtener la Ciudadanía a Través de este Vínculo Familiar

Si una persona tiene un abuelo(a) que es ciudadano estadounidense podría obtener la ciudadanía a través de ese pariente, quien, quizás, no esté informado de su condición de ciudadano de los Estados Unidos. Estas leyes, las cuales se incluyen en el artículo 301 de la INA, son complejas y varían con la fecha de nacimiento del pariente.

NOTA: *Consulte con un abogado especializado en casos de inmigración a efectos de confirmar su situación particular.*

Proyecto de Ley Privado

Un proyecto de ley presentado por la persona interesada constituye un recurso de última instancia. Este requiere la participación de un miembro del Congreso que avale a una persona para que obtenga la residencia permanente. De manera más realista, se trata de revocar un impedimento a fin de otorgar la residencia permanente como por ejemplo: los antecedentes penales. Un proyecto de ley presentado por la persona interesada afectará, solamente, a una persona o a un reducido número de éstas. (Por lo general, *un proyecto de ley presentado por los poderes públicos* afecta al público en general.)

En una reciente sesión del Congreso se presentaron y aprobaron catorce proyectos de ley presentados por personas interesadas de las cuales y se aprobaron dos. En la mayoría de los casos no es una opción realista. Sin embargo, vale la pena intentarlo cuando se dispone de los contactos correctos, los hechos y la capacidad de promoción adecuada.

Un proyecto de ley presentado por la persona interesada al Subcomité de inmigración del Comité de la Cámara Judiciary, así como los reclamos ante el Subcomité de Inmigración para el Comité de la Cámara del Senado antes de ir a cada una de las cámaras respectivas para someterlo a votación. En el mejor de los casos, el proceso al que debe someterse un proyecto de ley presentado por la persona interesada es, claramente, largo y difícil.

Recientemente, el Subcomité de la Cámara compiló una guía muy útil acerca del proceso para un proyecto de ley presentado por la persona interesada que se puede consultar en:

www.house.gov/judiciary/privimm.pdf

Esta guía describe el criterio en el que se basa el subcomité al considerar un proyecto de ley presentado por la persona interesada. Asimismo, el Senado publicó, en 1993, un conjunto de normas que no están disponibles en la Internet, pero que se pueden ordenar en:

www.senate.gov

Los Cubanos

Cualquier persona originaria de Cuba a quien se le permitió el ingreso o se le admitió bajo palabra a los Estados Unidos después de 1958, puede solicitar la modificación de su condición migratoria. La persona deberá haber residido en los Estados Unidos durante un mínimo de un año.

Visa S de Chivato

La visa S (por la inicial de *snitch*, chivato [delator], en inglés) permite a aquellos que ayuden al USCIS en una investigación se les otorgue la condición de no inmigrante. Estas personas pueden solicitar luego la modificación de su condición migratoria. A pesar de que los agentes del USCIS prometen, a menudo, este tipo de visa, es pocas ocasiones se otorga. La visa S se conoce también como la visa de chivato.

NOTA: *Toda promesa de efectuar una petición por parte de un funcionario del DHS deberá formularse por escrito.*

Visas T y U

Las categorías de las nuevas visas de no inmigrante T y U se conceden a las víctimas del tráfico ilícito de extranjeros o a las personas que participen en dicho tráfico, así como a aquellos que puedan demostrar que sufrirán penurias extremas si son expulsadas de los Estados Unidos. Después de tres años en esta condición, dichas personas pueden solicitar la modificación de su condición migratoria.

El Registro

Hoy en día *el registro* procede en muy raras ocasiones. Sin embargo, las personas que hayan residido en los EE.UU. desde 1972, o anterior a esta fecha, pueden ser admitidas en calidad de residentes permanentes, si pueden demostrar que poseen buena solvencia moral. No obstante, esta disposición, al parecer, procede para aquellos que no fueron beneficiarios de la amnistía de 1986.

Tercio Sección

Tramitaceón de la Solicitud de Residencia Permanente

13 Forumularios Requeridos y Instrucciones

Para cada categoría de inmigrantes y (no immigrantes) se requieren sus propios documentos y formularios específicos. Lea detenidamente la sección de este capítulo que se relacione con su propia situación a fin de prepararse para efectuar debidamente los trámites correspondientes.

Familiares Directos

Si el familiar ya está en los EE.UU. y es elegible para solicitar cambio de condición migratoria, usted podrá efectuar la petición I-130 en favor del extranjero, a través de una oficina local del USCIS, junto con la solicitud I-485 de cambio de condición migratoria. Este tipo de solicitud conjunta se denomina *dos en uno*. Es importante comprender los propósitos diferentes de la petición I-130 y el formulario I-485. La petición I-130 establece el parentesco del peticionario con el familiar extranjero. No es en sí misma una solicitud de tarjeta de residente pero sí la primera etapa. Por otra parte, el formulario I-485, lo presenta el familiar extranjero en su propio nombre y se relaciona solamente con su propia elegibilidad para obtener la residencia permanente.

Estos familiares extranjeros, tales como los hijos casados, incluidos en una categoría preferencial sólo presentarán en primer lugar la petición I-130 a través de un centro de servicio. Tras recibir un número de visa presentarán la solicitud de cambio de condición migratoria (completando el formulario I-485) junto con la notificación de aprobación de la petición I-130 en la oficina local del USCIS. Estos procedimientos se explicarán más detalladamente en este capítulo.

El legajo de materiales para solicitar cambio de condición migratoria consiste en numerosos formularios y documentos que se utilizan como constancia. Sin embargo, los formularios y documentos requeridos varían ligeramente en cada caso. El esquema siguiente constituye una lista de comprobación útil de todos los posibles formularios y documentos. Después del esquema se añaden explicaciones más detalladas al respecto.

Cambio de Condición Migratoria Dos en Uno

Para efectuar una solicitud *dos en uno* para el cambio de condición migratoria se requiere lo siguiente:

- una petición I-130 en favor del familiar extranjero y los documentos que la avalen (constancias o acreditaciones) o la notificación de aprobación;
- tasa de tramitación de $185;
- solicitud de cambio de condición migratoria a través del formulario I-485 (si desea instrucciones para completarlo consulte la página 119);
- la tasa de tramitación depende de la edad (véase el cuadro en el Apéndice D);
- tasa de huellas digitales de $50;
- formulario G-325A con los datos biográficos del solicitante (para más información sobre este formulario consulte la página 96);
- dos fotografías tipo tarjeta de residente;
- formulario I-485 Supplement O comprobante de entrada legal como copias de la página de la visa en el pasaporte, formularios I-94 y notificaciones de aprobación pertinentes o copias de constancias de ciudadanía canadiense;

- una copia del certificado de nacimiento del solicitante, con su correspondiente traducción al inglés;
- formulario I-693 (formulario médico y hoja de vacunación) en un sobre lacrado;
- formulario I-864 (garantía de mantenimiento) con la documentación pertinente; y,
- carta de ofrecimiento de empleo.

En algunos casos se podrá requerir lo siguiente:

- constancia de elegibilidad bajo el artículo 245(i);
- constancia de su presencia física en los EE.UU. el día 20 de diciembre de 2000;
- formulario I-601, dispensa de inadmisibilidad, y los documentos que lo avalen;
- solicitud por cable para los familiares a su cargo que están en el extranjero;
- partida de matrimonio;
- testimonios de divorcio o constancia de la conclusión de los matrimonios anteriores;
- certificados de nacimiento de los hijos del beneficiario; y,
- documentos relacionados con condenas u otras circunstancias especiales.

Cómo Efectuar la Solicitud

A fin de efectuar debidamente la solicitud *dos en uno*, tenga en cuenta las siguientes sugerencias:

- haga una fotocopia de todos los documentos y consérvelas en un lugar seguro;

- escriba con lápiz el nombre y el número "A", o la fecha de nacimiento, en el reverso de las fotografías;
- adjunte un giro (money order) o un cheque de gerencia o bancario (cashier's check), a la orden de *USCIS*;
- asegúrese de escribir el nombre del solicitante en el cheque;
- si el caso requiere tramitación especial—trámite de *pronto despacho*, por ejemplo—coloque un papel de color encima de la solicitud e indique claramente el motivo;
- confirme que la dirección esté correcta. Recuerde que no hay que enviarla a la misma dirección de la oficina del USCIS. En general se utiliza un apartado postal (P.O. Box) específico para las solicitudes de cambio de condición migratoria. Aunque las solicitudes remitidas a la dirección local del USCIS puedan ser re-enviadas a la dirección correcta, se corre un riesgo considerable;
- si es necesario cumplir una fecha límite, remita su solicitud por correo expreso (express mail de los servicios de Correos de EE.UU.). A diferencia de *Federal Express* aceptan correspondencia dirigida a apartados postales. Si no hace falta cumplir un plazo, utilice el correo normal; y,
- todo cambio de dirección deberá ser notificado por correo certificado con aviso de recibo. Recuerde que es posible que tales solicitudes no sean tramitadas por el USCIS y se cierre el caso.

Petición I-130

Para una petición I-130 se requiere lo siguiente:

- formulario I-130 (véanse las instrucciones a continuación);
- tasa de tramitación de $185;
- constancia de ciudadanía del peticionario (certificado de nacimiento si nación en EE.UU.; certificado de naturalización; certificado de ciudadanía; o la página del pasaporte con los datos de identificación);
- constancia legal de la disolución de todo matrimonio anterior; y,

- documentación que avale los cambios de nombre en los documentos que se utilizan como constancia (partida de matrimonio, decreto de adopción u orden judicial).

Los documentos antedichos componen el legajo de materiales completos para la petición I-130, la cual puede efectuarse en una oficina local del USCIS. El formulario I-130 en sí debe completarse debidamente, de la manera siguiente.

- **Parte A. Parentesco.** Marque correctamente la categoría que le corresponde al familiar extranjero en nombre del cual se efectúa la petición. Si se marca la casilla que no corresponde, la notificación de aprobación se basará en un parentesco incorrecto.

- **Parte B. Datos personales.** Información sobre el peticionario. Ponga su nombre en la versión que se utiliza actualmente. Si se utiliza otro nombre en un documento oficial (certificado de naturalización o de nacimiento, por ejemplo), indique dicho nombre en la respuesta a la Pregunta 7. También incluya en la Pregunta 7 todos los demás nombres que usted haya utilizado, tales como nombre de casada, nombre de soltera, etc.

    - La Pregunta 10 requiere que se indique el número de registro de extranjero. Puede encontrarse en el certificado de naturalización, apenas debajo del número del certificado, o en la tarjeta de residente, si el peticionario es residente permanente.

    - La Pregunta 13 puede ser un poco confusa. Los peticionarios que hubieran obtenido la ciudadanía de EE.UU. mediante naturalización deberán marcar casilla donde dice *Naturalization* (naturalización), además de poner el número del certificado, y el lugar y fecha de su emisión. La casilla *Parents* (padres) se utiliza para aquellos solicitantes que tienen certificado de ciudadanía en vez de certificado de naturalización. Estas personas nunca han sido residentes permanentes, aunque su ciudadanía se decidió desde el momento en que nacieron.

- **Parte C. Datos sobre su familiar extranjero.** Deben incluirse el nombre y los datos de la persona en cuyo nombre se efectúa la petición. Si el familiar extranjero está fuera de EE.UU., ponga su dirección postal (no necesariamente el lugar donde vive sino donde recibe correspondencia).

- Las Preguntas 9 y 10 requieren el número de Seguro Social y el número de registro del extranjero. Algunos extranjeros no tienen ninguno de estos números, en cuyo caso la respuesta a estas preguntas deberá ser *N/A*.

- La Pregunta 13 requiere indicar si el familiar extranjero está en los EE.UU. en ese momento. En caso afirmativo, la pregunta 14 requiere indicar la condición migratoria del familiar en el momento de ingresar al país. En general suelen tener la visa B-2, de visitante, o la visa F-1, de estudiante. Si el familiar ingresó ilegalmente a través de la frontera, entonces la respuesta correcta sería *EWI*. El número I-94 se encuentra en la tarjeta blanca I-94 emitida en el punto de entrada al país. Si dicha tarjeta se ha perdido, sírvase indicarlo así.

- La Pregunta 15 solicita datos sobre empleo. Tenga cuidado. No olvide que trabajar sin autorización del USCIS puede impedirle cambiar su condición migratoria.

- La Pregunta 16 requiere indicar si el familiar está siendo sometido al *procedimiento* (de expulsión). Si la respuestas es afirmativa, el centro de servicio le solicitará los documentos relacionados con el tipo de procedimiento y el resultado del mismo.

- La Pregunta 16 requiere, asimismo, que se incluyan los nombres del cónyuge o los hijos del familiar extranjero. Es de importancia fundamental que se indiquen los hijos del familiar, especialmente si ellos también van a solicitar residencia permanente.

- La Pregunta 21 debe responderse con prudencia. Si una persona tiene intención de presentar su solicitud dentro de los EE.UU. marque la segunda casilla. Si se marca la primera casilla, el expediente será trasladado a una embajada o un consulado, donde continuará la tramitación del caso. Si dentro del plazo de un año el beneficiario no continúa los trámites solicitando residencia permanente, intentarán cancelarle la petición de visa. Si se marca la segunda casilla, en cambio, el beneficiario podrá esperar en los EE.UU. el tiempo que sea necesario antes de solicitar la residencia permanente. Por ejemplo, es posible que antes de solicitar la residencia permanente el extranjero tenga que esperar una extensión de conformidad con el artículo 245(i). (Se puede, también, presentar la solicitud más adelante en una embajada, completando el formulario I-824 en el centro de servicio correspondiente, aunque de esta manera pueden producirse demoras de varios meses.)

- **Parte D. Otros datos.** La Pregunta 1 requiere indicar si en ese momento se están iniciando peticiones I-130 en favor de otros familiares. Por ejemplo: cuando se presentan peticiones en favor del padre y de la madre, o de más de un hijo. Si es así, escriba los nombres y el parentesco de dichos familiares.

    - La Pregunta 2 requiere indicar si el peticionario ha presentado anteriormente una petición en favor de otros familiares. Por ejemplo, si se presentan solicitudes en favor de más de un hijo. Si es así, complete los datos pertinentes. Usted puede poner, por ejemplo, *Francisco Fernández; hijo; solicitud presentada en fecha 3/15/1990 en el Centro de Servicio de Nebraska; petición aprobada en fecha 10/15/1990.*

    - Finalmente, el familiar que efectúa la petición firma en el lugar indicado, al pie de la segunda página.

Después de completar la petición I-130 y se reúnen los documentos mencionados más arriba, consulte la página 94, donde se describe cuándo y de qué manera debe presentarse la petición I-130.

I-485 El otro formulario importante es el I-485. Dicho formulario es, verdaderamente, la solicitud de cambio de condición migratoria. Se deberá cumplimentar con suma atención, de la siguiente manera.

- **Parte 1. Datos sobre usted.** Esto significa poner el nombre del solicitante y sus datos personales. Complete toda la información requerida. Es posible que muchos de los solicitantes no tengan número de Seguro Social ni de registro de extranjero, en cuyo caso se deberá poner como respuesta *N/A* (no corresponde).

  El número del formulario I-94 se encuentra en la tarjeta blanca emitida en el punto de entrada a los EE.UU. Si se ha perdido dicha tarjeta, índíquelo específicamente. Si el extranjero cruzó la frontera ilegalmente, ponga como respuesta *N/A*.

Las últimas preguntas requieren saber cuál es la condición migratoria actual del solicitante. En general suelen tener la visa B-2, de visitante, o la visa F-1, de estudiante. Si el familiar ingresó ilegalmente a través de la frontera, entonces la respuesta correcta sería *EWI.* Si la persona se ha quedado en el país después de haber vencido su visa, escriba *B-2 overstay* (permanencia con visa vencida).

◈ **Parte 2. Tipo de solicitud.** Marque la casilla que corresponde al tipo de caso. Por ejemplo, si un familiar directo presenta la solicitud en su nombre, marque la casilla "a". Si el solicitante fue elegido mediante la lotería de visas, marque la casilla *h* y escriba *Diversity Visa Selection 2004.*

◈ **Parte 3. Información sobre los trámites.** Proporcione los datos sobre sus antecedentes que se solicitan. Si la entrada del solicitante en el país no ha sido legal, en todas las preguntas referentes al formulario I-94, la inspección en la frontera y la visa se deberá escribir *N/A* como respuesta.

La Sección B requiere los nombres de todos los familiares. El solicitante deberá indicar el nómbre de su cónyuge y de todos sus hijos, independientemente de su condición migratoria.

La Sección C requiera los nombres de las organizaciones de las cuales haya sido miembro el solicitante. El servicio militar en los EE.UU. o en otro países, seguramente, el dato más importante al respecto y debe mencionarse necesariamente. Por otra parte, quienes solicitan asilo deberán mencionar las mismas organizaciones que mencionan en su petición de asilo.

La página 3 contiene una lista de preguntas que deben responderse "sí"o "no". Si en alguna de las casillas se marca "sí", será necesario consultar con un abogado.

La más importante de dichas preguntas es la número 1, respecto a los antecedentes penales del solicitante. Si el solicitante ha sido arrestado (y mucho más aún si ha sido acusado o condenado), se deberá hacerlo constar en la respuesta. Marque la casilla "sí" y escriba algo por el estilo de *Arrestado en Chicago, Illinois, en fecha 2/20/02, acusado de robar en una tienda; la acusación fue rechazada por el Tribunal del Circuito del Condado de Cook en fecha 4/15/02.*

◈ **Parte 4. Firma.** El solicitante firma en el lugar indicado.

La tasa de tramitación es de $315 si el solicitante es mayor de 14 años de edad y $215 si es menor de dicha edad. De la misma manera a los mayores de 14 años se les requiere adjuntar sus huellas digitales y se les exige el pago de una tasa de $50 por toma de huellas digitales. A todos los solicitantes mayores de 14 años se les requiere completar y presentar el formulario G-325A.

Incluya dos fotos del mismo tipo de las que se utilizan en la tarjeta de residente, independientemente de la edad del solicitante.

I-485 Supplement A

Si un beneficiario que sea familiar directo ingresó en EE.UU. sin visa, deberá cumplimentar el formulario I-485 Supplement A y pagar la tasa de tramitación de $1.000. Se deberán tomar todas las precauciones del caso para asegurarse de que el solicitante es elegible para cumplimentar este formulario. Las personas elegibles a tales efectos son aquellas cuya solicitud I-130 haya sido presentada antes del 30 de abril de 2001 o que fueran beneficiarias de otra solicitud I-130 o certificación laboral presentada antes de tal fecha (más detalles en la página 165).

Cumplimente el *Supplement A* de la manera siguiente.

- **Parte A. Información sobre el solicitante.** Nombre del solicitante y datos personales. Incluya toda la información requerida, como en la solicitud I-485.

- **Parte B. Elegibilidad.** La Pregunta 1 se refiere a cuándo se presentó la primera petición I-130 o certificación laboral en su nombre. La Pregunta 2 se refiere a la manera en que usted ingresó en el país. Para muchos solicitantes corresponde marcar solamente una casilla "c".

- **Parte C.** Sse pregunta si al solicitante se lo debe incluir en una lista de categorías especiales para el cambio de condición migratoria. Quienes no solicitan dicho cambio en base a vínculos familiares no deberán marcar ninguna casilla.

- **Parte E. Firma.** El solicitante firma en el lugar indicado.

Esta lista indica los documentos que se requieren como mínimo para solicitar cambio de condición migratoria. El resto de la documentación puede llevarse a la entrevista en la cual se decide el cambio de condición migratoria o adjuntarlo al legajo de documentos que se presentan al iniciarse el trámite.

Dónde presentar la petición. Ahora que está completa la petición I-130 y se han obtenido los documentos que se utilizan como constancia (véase el Capítulo 14), ya puede ser presentada en el lugar correspondiente. La pregunta que surje ahora es dónde presentarla. Si el padre o el hijo que intenta inmigrar es elegible para cambiar su condición migratoria en los EE.UU., como se mencionó anteriormente, presente la petición I-130 junto con el formulario I-485 en la oficina local del USCIS.

Las siguientes personas deberán presentar la petición I-130 ante un centro de servicio y no en la oficina local del USCIS:

- familiares comprendidos en categorías de preferencia;
- familiares directos que residen fuera de los EE.UU.;
- familiares directos que están en los EE.UU. pero no son elegibles para solicitar cambio de condición migratoria; o,
- familiares inmediatos sujetos a procedimiento de deportación.

No olvide hacer una fotocopia de la petición y de los documentos que se utilizan como constancia, y consérvelos en un lugar seguro. Tampoco olvide adjuntar el importe de la tasa de tramitación un giro (money order) o cheque de gerencia (cashier's check) de $185 a la orden de *USCIS*. No olvide escribir en el cheque el nombre del peticionario y confirmar que la dirección del centro de servicio esté correcta.

NOTA: *Generalmente se utiliza un apartado postal específico para las peticiones I-130. Si falta poco para la fecha limite, envíela por correo expreso (express mail), a la dirección fisica del centro de servicio, anotando el número del apartado postal (P.O. Box) en la etiqueta.*

Una vez aprobada la petición, será enviada al Centro Nacional de Visas, donde se retendrá el expediente hasta que se disponga de un número de visa. Acto seguido, remitirán el expediente a la embajada o consulado correspondiente.

NOTA: *En gran número de casos, se presentan simultáneamente la I-130 y el formulario I-485 y a este tipo de solicitud se le conoce como* dos en uno.

Cónyuges

Un ciudadano de EE.UU. puede efectuar una petición en favor de un cónyuge extranjero para el cual no haya que esperar para obtener un número de visa. La primera etapa consiste en presentar la petición I-130, la cual de mediar ciertas circunstancias podrá o no presentarse con el legajo de documentos requeridos para el cambio de condición migratoria. Esta primera sección ofrece explicaciones para la preparación de la petición I-130.

La presentación de una petición I-130 requiere adjuntar los documentos enumerados en la página 88. La lista de documentos constituye el legajo completo para la petición I-130. El propio formulario I-130 debe completarse con toda la atención posible. En la página 88 se ofrecen las instrucciones al respecto.

G-325A

El otro formulario requerido es el formulario de datos biográficos, G-325A, el cual deben completarlo tanto el esposo como la esposa.

Si la petición I-130 se inicia a nivel local, no es necesario presentar los documentos indicados en el Capítulo 4 para demostrar la legitimidad del matrimonio (que se ha contraido de buena fe). Pueden prepararse mientras la solicitud está pendiente y llevarse a la entrevista. Sin embargo, si la petición I-130 se presenta en un centro de servicio, es de esperar que no haga falta una entrevista. Solamente en este tipo de casos, usted deberá reunir suficientes documentos donde conste la buena fe del matrimonio y adjuntarlos a la petición I-130.

Si ambos cónyuges no asisten a la entrevista la solicitud será rechazada. Si no pueden asistir es mejor pedir que la entrevista se efectúe otro día a efectos de tener tiempo para resolver el problema. Este pedido de postergación se debe efectuar con bastante tiempo antes de la entrevista y por escrito. Toda carta en la que se pida cambio de fecha deberá remitirse por correo certificado con aviso de recibo. De tal manera, si el USCIS cierra el caso, usted tendrá constancia de haberles enviado la carta.

Si el cónyuge ciudadano de EE.UU. muere antes de la entrevista, entonces será posible efectuar una autopetición. Se plantea el requisito de que los cónyuges deben haber estado casados durante más de dos años antes del fallecimiento. (El formulario I-360 deberá presentarse en primera instancia en el centro de servicio, pero tal procedimiento supera el alcance de este libro.) Para más información sobre la entrevista consulte los Capítulos 17 y 21.

Dónde presentar la petición. Presente la petición I-130 y el formulario G-325A en un centro de servicio o una oficina local del USCIS.

Los siguientes documentos deben presentarse si el cónyuge extranjero es residente condicional según se describe en el Capítulo 4:

- formulario I-751;
- tasa de tramitación de $200;
- dos fotografías tipo tarjeta de residente;
- fotocopia de la tarjeta de residente condicional;
- declaraciones de impuesto conjuntas.;
- contrato de arrendamiento de vivienda conjunto o título de propiedad de vivienda conjunto;
- constancia sustancial de que el matrimonio se ha contraido de buena fe; y,
- disposiciones judiciales, en caso de haber sido arrestado después de haber obtenido la residencia permanente condicional.

El residente condicional deberá completar y presentar el formulario I-751, a efectos de eliminar las condiciones dentro del período de 90 días anterior a la fecha de vencimiento de la tarjeta de residente condicional.

I-751

Para iniciar debidamente la tramitación del formulario I-751 es necesario presentar lo siguiente:

- formulario I-751;
- tasa de tramitación de $200;

- dos fotografías tipo tarjeta de residente;
- fotocopia de la tarjeta de residente condicional;
- declaraciones de impuesto conjuntas;
- contrato de arrendamiento de vivienda conjunto o título de propiedad de vivienda conjunto;
- constancia sustancial de que el matrimonio se ha contraido de buena fe; y,
- disposiciones judiciales, en caso de haber sido arrestado después de haber obtenido la residencia permanente condicional.

La tasa de tramitación, un money order de $200, deberá adjuntarse al formulario I-751 con los datos completos, junto con dos fotografías tipo tarjeta de residente. En el reverso de las fotos se deberá poner el nombre de la persona y su número de registro, con lápiz o pluma de fieltro. Se deberá presentar también una fotocopia de la tarjeta de residente. La parte más importante del inicio del trámite es la constancia de que el matrimonio se contrajo de buena fe. Al igual que muchos de los documentos indicados en la página 18, dicha constancia se deberá adjuntar para establecer más allá de toda duda que el matrimonio es real.

Si se presentan suficientes documentos para demostrar que el matrimonio se ha contraido de buena fe, el centro de servicio aprobará la petición. De lo contrario la petición se transferirá a la oficina local del USCIS, donde deberá presentarse a una entrevista.

Dónde presentar la petición. El formulario I-751 y los documentos que lo acompañan se deben presentar en el centro de servicio responsable de su jurisdicción. Recibirá una notificación de recepción dentro de varias semanas, lo cual le servirá para extender su condición de residente permanente y proporcionar constancia de contar con autorización de empleo.

Aunque es posible que haya vencido el sello en el pasaporte correspondiente a la tarjeta de residente condicional, no hace falta que le estampen un sello de renovación de la residencia en dicho pasaporte. Para viajar basta con la tarjeta de residente condicional ahora vencida, el pasaporte, y el comprobante de recepción original.

NOTA: *Si usted se divorcia después de que le aprueben el cambio de condición migratoria pero antes de presentar el formulario I-751, no hay fecha límite para la presentación de dicho formulario. Sin embargo, con toda certeza el formulario lo transferirán a la oficina local del USCIS, donde deberá usted presentarse a una entrevista.*

Motivos para presentar la solicitud. Existen dos motivos para iniciar el trámite del formulario I-751. El primero es que el matrimonio se contrajo de buena fe y el segundo es penuria extrema. Sin embargo, es bastante raro que pueda iniciarse un trámite sobre la base del segundo motivo únicamente. Es posible que el funcionario del USCIS ni siquiera sepa cómo proceder. Si desea basar su solicitud en tal motivo prepárese para explicarles que dicho motivo existe.

En este caso, es importante prepararse detenidamente para la entrevista. Le hará falta contar con documentación bastante amplia que demuestre que el matrimonio se contrajo de buena fe. El USCIS inspecciona estos casos con todo detenimiento. No sería extraño que el funcionario llame a un ex cónyuge para que él (o ella) le dé su propia versión sobre el matrimonio. Este asunto resulta problemático porque el ex esposo o la ex esposa pueden sentirse resentidos porque al extranjero se le otorgó residencia en base al vínculo matrimonial.

NOTA: *Si su solicitud I-751 está pendiente y han transcurrido por lo menos dos años y nueve meses desde que usted adquirió la condición de residente permanente, es posible presentar una solicitud de ciudadanía. El USCIS concertará su entrevista con funcionario que esté familiarizado con el otorgamiento tanto de la ciudadanía como la petición I-130. En el momento de la entrevista en base al formulario N-400, preséntese acompañado por su cónyuge de EE.UU. y todos los documentos necesarios, a fin de completar la entrevista para la aprobación de la solicitud I-751.*

Si rechazan la solicitud I-751, podrá ser objeto de una revisión por parte del Tribunal de Inmigración y un juez de inmigración. Se podrá producir una demora sustancial antes de que se inicie el trámite. Numerosas oficinas del USCIS tienen una enorme sala llena de expedientes que deben tramitarse a través de los tribunales de inmigración. Sin embargo, una vez en el tribunal, el juez examinará la solicitud en su totalidad y les tomará declaraciones al extranjero y sus testigos. En gran medida, el procedimiento resulta mucho más justo que el del USCIS. Como en todo trámite ante el Tribunal de Inmigración se requiere contratar los servicios de un abogado de inmigración.

Categorías Preferenciales en Base a los Vínculos Familiares

Si el familiar en favor del cual se presenta la petición se encuentra en una categoría de visa preferencial, se presenta primero la petición I-130 ante el centro de servicio apropiado, se espera durante el período de tiempo indicado (véase más abajo), y a continuación se presenta el formulario I-485 en la oficina local del USCIS. Al iniciarse la tramitación del formulario I-485 se deberá incluir una copia de la notificación de aprobación de la petición I-130.

Primera Preferencia

Los siguientes documentos para los extranjeros comprendidos dentro de la primera preferencia son similares a los que se les requiere a los familiares directos:

- formulario I-130 en favor del familiar extranjero;
- tasa de tramitación de $185;
- constancia de ciudadanía del peticionario (certificado de nacimiento, si nació fuera de EE.UU.; certificado de naturalización; certificado de ciudadanía; o la página con los datos de identificación del pasaporte de EE.UU.);
- certificado de nacimiento del hijo adulto en el cual aparezca el nombre del peticionario y el del hijo. Si el peticionario es el padre deberá incluir también la partida de matrimonio;
- constancia de la disolución de todos los matrimonios anteriores del padre (si el peticionario es el padre); y,
- constancia que acredite el cambio de nombre legal, si es necesario (partida de matrimonio, decreto de adopción u orden judicial).

La lista anterior constituye el legajo completo de documentos que debe presentarse al iniciar la petición I-130. Se deberá completar el formulario I-130 (véase la página 88), la cual deberá avalarse con varios documentos. En primer lugar, el ciudadano de los EE.UU. deberá demostrar que posee dicha ciudadanía por medio de uno de los documentos que se indican más arriba. El certificado de nacimiento del hijo adulto se deberá presentar para establecer el vínculo familiar reglamentario. En dicho certificado de nacimiento deberá constar el nombre del padre o la madre que efectúe la petición. Si el peticionario es el padre se deberá incluir también la partida de matrimonio. Para finalizar, si ha cambiado alguno de los nombres que figura en los documentos que se utilizan como constancia, se se requerirá adjuntar también un documento legal donde conste el cambio de nombre.

En las páginas 88–91 se incluyen instrucciones detalladas para completar la petición I-130. El correspondiente formulario se deberá llenar con toda atención y firmar. Después de presentar la petición I-130 y reunir todos los documentos, consulte la página 88, donde figuran indicaciones sobre dónde y cómo tramitar la petición I-130 y los documentos adjuntos.

Segunda Preferncia

Los documentos que se requieren para la segunda preferencia incluyen la petición I-130. La petición I-130 se prepara, en este caso, de manera similar a la descrita privamente para un cónyuge de ciudadano de los EE.UU. (Véase la página 95).

La petición I-130 se presenta en un centro de servicio, como es usual para las peticiones comprendidas en las categorías preferenciales. Véase las páginas 88–91 donde figuran instrucciones detalladas para cumplimentar la petición I-130. Este formulario deberá llenarse con toda atención y después firmarse.

Después de completar la petición I-130 y reunir los documentos citados anteriormente, consulte la página 88, en la cual se indica dónde y cómo presentar la petición I-130 y los documentos que la acompañan. Cerciórese de incluir todos los documentos enumerados en el Capítulo 4.

Tercera Preferncia

Los documentos que se requieren para la tercera preferencia figuran en la página 99.

También en la misma página se incluyen instrucciones detalladas para completar la petición I-130. Dicho formulario se deberá cumplimentar con toda atención y firmarse.

Después de completar la petición I-130 y reunir los documentos citados anteriormente, consulte la página 88, en la cual se indica dónde y cómo presentar la petición I-130 y los documentos que la acompañan.

Cuarta Preferencia

Para la cuarta preferencia se deberá presentar un legajo de materiales similar al de las otras tres categorías preferenciales:

- formulario I-130 en favor del familiar extranjero;
- tasa de tramitación de $185;
- constancia de ciudadanía del peticionario (certificado de nacimiento, si nació fuera de EE.UU.; certificado de naturalización; certificado de ciudadanía; o la página con los datos de identificación del pasaporte de EE.UU.);
- certificado de nacimiento del peticionario y del hermano o la hermana, en los cuales aparezcan el nombre del padre y el de la madre;
- certificado de nacimiento del hermano o la hermana en el cual figuren el nombre de la madre y el del padre. Si tienen diferentes madres se deberá proporcionar la partida de matrimonio del padre con ambas madres y también una constancia de disolución legal de cualquiera de los matrimonios anteriores del padre; y,
- constancia de cambio de nombre legal, si es necesario (partida de matrimonio, decreto de adopción u orden judicial).

Se deberá completar la petición I-130 (véase la página 88), la cual deberá ser avalada por varios documentos, descritos en el resumen anterior. En primer lugar, el hermano (o la hermana) que es ciudadano(a) de EE.UU. debe demostrar su condición de ciudadano por medio de uno de los documentos indicados. Se deberán presentar el certificado de nacimiento del peticionario que sea ciudadano de los EE.UU. y el certificado de nacimiento del hermano (o hermana), a fin de establecer el vínculo común con el padre o la madre. Estos certificados de nacimiento deberán demostrar que los hermanos son hijos del mismo padre o de la misma madre. Si sólo son hijos del mismo padre, se requerirá la presentación de la partida de matrimonio del padre con las madres de ambos hermanos. Finalmente, si ha cambiado alguno de los nombres en uno de los documentos que se utilizan como constancia, se requerirá presentar un documento legal en el cual quede constancia del cambio de nombre. Véase la página 89, donde se incluyen instrucciones detalladas sobre el inicio del trámite de la petición I-130.

Después de presentar la petición I-130 y reunir todos los documentos referidos anteriormente, consulte la siguiente sección donde se incluye una explicación sobre dónde y cómo presentar los materiales correspondientes a la petición I-130.

Dónde presentar la petición. Las personas que inician trámites en las categorías preferenciales deben presentar la petición I-130 en el centro de servicio. Adjunte un money order de $185 en concepto de tasa de tramitación. No olvide incluir los documentos de constancia citados anteriormente, dependiendo de la categoría preferencial que corresponda al parentesco entre el peticionario y el beneficiario.

Proporcione solamente fotocopias de todos los documentos. Los originales se deberán llevar a la entrevista, como se indica en el Capítulo 17. Todos los certificados o partidas de nacimiento y matrimonio deberán haber sido expedidos por las correspondientes autoridades civiles del país extranjero pertinente. Si un documento no está escrito en inglés se deberá presentar junto con una traducción al inglés (véase la página 154). (En la página 155 se incluye más información respecto a los casos en los cuales no se disponga de alguno de los documentos.)

Otras medidas que deben tomarse al presentar la petición I-130:

- haga una fotocopia de la petición y de todos los documentos y consérvelas en un lugar seguro;
- adjunte un giro (money order) o un cheque de gerencia o bancario (cashier's check) de $185 a la orden de *USCIS*;
- asegúrese de escribir el nombre del solicitante en el cheque; y,
- confirme que la dirección del centro de servicio esté correcta. En general se utiliza un apartado postal (P.O. Box) específico para la petición I-130. (Si es necesario cumplir una fecha límite, remita su solicitud por correo expreso [express mail] de los servicios de Correos de EE.UU.) a la dirección física del centro servicial y anote el apartado postal en la etiqueta.

Consulte el Apéndice B, donde figura el centro de servicio que corresponde a su estado.

La decisión respecto a estas peticiones pueden extenderse durante un período de tiempo prolongado, debido a la larga espera para obtener números de visa en la mayor parte de las categorías preferenciales. El centro de servicio enviará una una solicitud de constancia (RFE, por sus siglas en inglés) si hace falta más información para aprobar el caso. Una vez aprobada la petición, será enviada al

Centro Nacional de Visas, donde se retendrá el expediente hasta que se disponga de un número de visa. Acto seguido, remitirán el expediente a la embajada o consulado correspondiente.

Viudas y Viudos

Las peticiones que se efectúen en favor de una viuda o un viudo requieren la presentación de los siguientes documentos:

- formulario I-360;
- tasa de tramitación de $185;
- constancia de la condición de ciudadano(a) del cónyuge;
- partida de matrimonio;
- certificado de defunción del cónyuge ciudadano de EE.UU.;
- testimonios de divorcio u otro tipo de comprobante de la disolución del matrimonio, según resulte aplicable a uno u otro cónyuge;
- certificado de nacimiento de los hijos del extranjero; y,
- constancia de la validez del vínculo matrimonial es posible que la requieran).

Estas peticiones se presentan en el centro de servicio apropiado. Véase la lista de documentos incluida en el Capítulo 4 y comience a reunir los documentos que le sirvan como constancia de que el vínculo era de buena fe. Este tipo de constancia se podrá exigir si se efectúa una entrevista en relación con el caso. El formulario I-360 puede obtenerse a través del sitio web en:

www.ins.gov/forms

Las instrucciones para completar dicho formulario también en dicho sitio. Una vez aprobado el formulario I-360, se podrá presentar una solicitud de cambio de condición migratoria en la oficina local del USCIS.

Cónyuges Víctimas de Agresíon Física

Las autopeticiones de los cónyuges víctimas de agresión física deben remitirse al Centro de Servicio de Vermont e incluyen:

- formulario I-360;
- tasa de tramitación de $185;
- constancia de la condición de ciudadano(a) o de residente permanente legal del cónyuge;
- partida de matrimonio;
- constancia de que el extranjero residió con el cónyuge;
- constancia de que el matrimonio fue contraido de buena fe;
- constancia de que el cónyuge extranjero fue victima de golpes y maltrato:
    - informes médicos;
    - informes policiales;
    - declaraciones juradas;
    - orden de protección; y,
    - fotografías.
- constancia de solvencia moral;
- declaraciones juradas, certificados policiales;
- testimonios de divorcio u otro tipo de comprobante de la disolución del matrimonio, según resulte aplicable a uno u otro cónyuge; y,
- certificado de nacimiento de los hijos del extranjero.

Una vez que el Centro de Servicio de Vermont apruebe la petición I-360, la persona debe presentar una solicitud de cambio de condición migratoria en la oficina local. (Véase el próximo capítulo.) En los casos de solicitudes presentadas por cónyuges o hijos víctimas de agresión física (golpeados) no se requiere adjuntar un formulario de garantía de mantenimiento.

NOTA: *Deberá leer detenidamente la sección de la página 150 denominada* Tramitación de la solicitud de cambio de condición migratoria, *donde se explica el resto del procedimiento para inmigrar a los EE.UU.*

Visas de No Inmigrante

Véase el Capítulo 5, donde figura una explicación detallada sobre qué tipo de visa podría usted obtener.

Procedimiento

Los procedimientos para la obtención de visas de no inmigrante varían según el tipo de visa. Si la persona está en EE.UU., a efectos de prolongar o cambiar su condición migratoria, deberá tener algún tipo de condición migratoria válida, con una visa válida y vigente. En el formulario I-94 aparecerá la fecha de vencimiento de la visa, independientemente de la fecha de vencimiento de la visa estampada en el pasaporte. Entonces, en el formulario I-539 se efectúa una solicitud ya sea para extender o cambiar la condición migratoria.

Una de las situaciones más comunes consiste en entrar en los EE.UU. como turista y después intentar cambiar la condición migratoria a estudiante. Esta solicitud no es fácil y por tal motivo no basta con inscribirse en una escuela o centro de estudios y estudiar a tiempo completo. El problema se centra en la intención. El USCIS querrá asegurarse de que la persona verdaderamente ingresó en los EE.UU. como visitante temporario con la intención de regresar a su país de origen, y no que vino a los EE.UU. decidida a inscribirse en calidad de estudiante. Por consiguiente, será necesario explicar por qué la persona vino a EE.UU. estrictamente en calidad de visitante y por qué cambió de idea y decidió cursar estudios en los EE.UU. El procedimiento para entrar en EE.UU. como no inmigrante puede requerir dos o tres etapas, dependiendo del tipo de visa.

Para algunas peticiones es posible que sea necesario presentar primero la petición en el centro de servicio de EE.UU. que tiene jurisdición sobre el peticionario o la empresa que lo patrocina. Por ejemplo, las visas H, L, y E requieren que se apruebe una petición en el centro de servicio. El centro de servicio remitirá el expediente al consulado designado una vez que se apruebe dicha petición.

A continuación, el solicitante procederá a tramitar la obtención de la visa a través del consulado o de la embajada. En algunos casos la solicitud se envía directamente al consulado. Por ejemplo: las solicitudes de visas de turista, de estudiante y de trabajadores de organizaciones religiosas se tramitan a través del consulado.

En tercer lugar, se procede a efectuar una revisión final de la visa por parte del funcionario de inspecciones en el punto de entrada en los EE.UU. Estos funcionarios tienen derecho a denegar la entrada al país al titular de la visa, si sospechan que se han infringido las condiciones bajo las cuales se otorgó la visa. Este tipo de situación es mucho menos probable que ocurra si la petición fue aprobada primero por un centro de servicio y después por una embajada. (La visa B suele ser objeto de inspección exhaustiva en el punto de entrada.)

Documentos para la Visa V Cónyuge e Hijos Menores de Residentes Permanentes

Para conseguir una visa V se requiere lo siguiente:

- la solicitud de cambio de condición migratoria, mediante el formulario I-539 con los datos completos;
- tasa de tramitación de $195;
- tasa de huellas digitales de $50 por cada persona mayor de 14 años de edad;
- formulario I-539 Supplement A para los hijos a su cargo (dependent children);
- una fotocopia del comprobante de recepción o notificación de aprobación de la petición I-130, o, si en el caso de una petición iniciada antes del 20 de diciembre de 2000, fotocopias de la correspondencia dirigida al centro de servicio y desde el centro de servicio;
- partida de matrimonio (si la petición I-130 está pendiente);
- certificados de nacimiento con traducción al inglés de los hijos a su cargo, debiendo figurar los nombres de los padres, si corresponde;

- el formulario de examen médico, I-693 (no se requiere el suplemento relacionado con la vacunación) para el solicitante y cada uno de los familiares a su cargo (dependents) que figuren en el formulario I-539, Supplement A;
- formulario I-765, de permiso de trabajo;
- tasa de tramitación de $175;
- tarjeta para la firma;
- dos fotografías tipo tarjeta de residente; y,
- formulario I-601, de dispensa (si es necesario).

Formulario I-539. La lista anterior consiste en el legajo de documentos completo que deberá presentarse. En primer lugar, el formulario I-539 deberá llenarse con mucho cuidado, de la manera siguiente.

- **Parte 1. Datos sobre usted.** Esto significa poner el nombre del solicitante y sus datos personales. Complete toda la información requerida. Es posible que muchos de los solicitantes no tengan número de Seguro Social ni de registro de extranjero, en cuyo caso se deberá poner como respuesta "N/A" (no corresponde).

  El número del formulario I-94 se encuentra en la tarjeta blanca emitida en el punto de entrada a los EE.UU. Si se ha perdido dicha tarjeta, índíquelo específicamente. Si el extranjero cruzó la frontera ilegalmente, ponga como respuesta "N/A".

  Las últimas preguntas requieren saber cuál es la condición migratoria actual del solicitante. En general suelen tener la visa B-2, de visitante, o la visa F-1, de estudiante. Si el familiar ingresó ilegalmente a través de la frontera, entonces la respuesta correcta sería *EWI*. Si la persona se ha quedado en el país después de haber vencido su visa, escriba "B-2 overstay" (permanencia con visa vencida).

- **Parte 2. Tipo de solicitud:** Marque la casilla que corresponde al tipo de caso. Por ejemplo, si un familiar directo presenta la solicitud en su nombre, marque la casilla "a". Si el solicitante fue elegido mediante la lotería de visas, marque la casilla "h" y escriba *Diversity Visa Selection 2005*.

- **Parte 3. Información sobre los trámites:** Proporcione los datos sobre sus antecedentes que se solicitan. Si la entrada del solicitante en el país no ha sido legal, en todas las preguntas referentes al formulario I-94, la inspección en la frontera y la visa se deberá escribir "N/A" como respuesta.

- **Parte 4. Firma.** El solicitante firma en el lugar indicado.

El formulario I-539 deberá presentarse acompañado de varios de los documentos indicados en la lista anterior. Si el beneficiario tiene hijos menores de edad no casados, se deberá completar el Supplement A con los nombres de los hijos. Se deberá remitir la notificación de la aprobación o el comprobante de recepción, a fin de demostrar que se inició la petición I-130 antes del 20 de diciembre de 2000. Si la petición I-130 todavía no ha sido aprobada se requerirá presentar también la partida de matrimonio. Finalmente, se deberán proporcionar el certificado de nacimiento de los hijos a su cargo y el formulario del examen médico por cada familiar a su cargo.

Autorización de empleo. La mayor parte de los solicitantes de la visa V también querrán solicitar la autorización de empleo. Esta solicitud se deberá efectuar con la solicitud inicial o en cualquiera de las situaciones en que se intente conseguir trabajo. A fin de solicitar una autorización de empleo, complete el formulario de solicitud I-765. Complete los datos personales requeridos en dicho formulario. Como respuesta a la Pregunta 16, sencillamente marque "V visa applicant" (solicitante de visa V). Se requerirá pagar una tasa de tramitación aparte de $175, junto con dos fotografías tipo tarjeta de residente.

Antecedentes penales. Si existen antecedentes penales que sean causa de inadmisibilidad (véase el Capítulo 15), se deberá solicitar una dispensa mediante el formulario I-601. Es posible que sea necesario contar con el asesoramiento de un abogado.

Inicio del trámite. La solicitud se remite a:

United States Citizenship & Immigration Services
P.O. Box 7216
Chicago, IL 60680-7216

Estas peticiones se enviarán al Centro de Servicio de Missouri, donde se tramitarán.

NOTA: *Los hijos a su cargo se incluyen en la solicitud I-539 principal, pero usted deberá pagar una tasa de huellas digitales por cada uno si son mayores de 14 años de edad.*

Permiso de trabajo y cambio de condición migratoria. Aquellas personas que entran en los EE.UU. con una visa V podrán solicitar una tarjeta de permiso de trabajo por correo a través del Centro de Servicio de Missouri. A tales efectos proporcione lo siguiente:

- formulario I-765;
- tasa de tramitación de $175;
- una copia de la visa V en el pasaporte o una copia del formulario I-94;
- tarjeta para la firma; y,
- dos fotografías tipo tarjeta de residente.

El titular de la visa V solicitará el cambio de condición migratoria en la oficina local del USCIS una vez que la petición I-130 esté vigente.

Documentos para la Visa K-1 Prometidos

El primer paso consiste en la aprobación de la petición de visa de prometido (fiancé), en el centro de servicio que corresponda a la jurisdicción del peticionario. Es menester presentar los siguientes documentos:

- formulario I-129F;
- una foto del beneficiario y una del beneficiario (tipo tarjeta de residente);
- tasa de tramitación de $165;
- formulario G-325A para el peticionario;
- formulario G-325A a para el beneficiario;
- certificado de naturalización o certificado de nacimiento del peticionario;
- declaración del peticionario en cuanto a la historia de la relación;

- constancia de la relación;
- cuentas de teléfono en las cuales figuren las llamadas al beneficiario;
- fotografías de vacaciones que pasaron juntos;
- copia de pasajes aéreos que sirvan como constancia de encuentros recientes;
- copias de cartas, tarjetas o correos electrónicos intercambiados entre ambos miembros de la pareja;
- constancia de haber hecho regalos;
- cualquier otro documento que verifique la validez de la relación; y,
- fotografía en la que aparezcan juntos el peticionario y el beneficiario.

La lista anterior incluye la totalidad de los documentos que deben presentarse. En todos los casos se requiere cada uno de los mismos. El formulario I-129F deberá completarse con todo detenimiento. Este formulario es similar al formulario I-130. Consulte las instrucciones para completar el formulario I-130, en la página 88.

El otro formulario requerido es el formulario G-325 de datos biográficos. Este formulario deberá ser cumplimentado tanto por el ciudadano de EE.UU. como por su prometido(a).

Entonces, la petición I-129 deberá ser acompañada por varios documentos.

Requisitos de la embajada. Después de la aprobación del formulario I-129F, el centro de servicio remitirá el expediente a la oficina o consulado designado. Podrá llevar un mes o más para que el expediente sea remitido. El consulado emitirá una notificación para la entrevista.

Los documentos que requiere la embajada a efectos de completar la tramitación son los siguientes:

- formulario de solicitud D-156;
- pasaporte con una validez que se extienda por lo menos seis meses después de la fecha en que piensa viajar a los EE.UU. (los titulares de la visa K-4 podrían ser incluidos en el pasaporte del beneficiario de la visa K-3);
- los documentos que demuestren que la relación es de buena fe;
- certificados de nacimiento;
- certificados de la policía local;
- registros de tribunales;
- testimonios de divorcio o certificados de defunción para que conste la disolución de todos los matrimonios anteriores;
- examen médico IV, menos las vacunaciones en el formulario DS-2053; y,
- tres fotografías tipo tarjeta de residente, en colores.

NOTA: *No se requiere presentar una declaración jurada pero lo podrán interrogar para asegurarse de que no se convertirá en una carga para las autoridades gubernamentales.*

Visas K-3 y K-4: Cónyuges y Hijos Menores de Ciudadanos de EE.UU.

El primer paso para obtener una visa K-3 consiste en asegurarse de que todos los documentos correspondientes a la petición I-130 (los que se indican en la página 88) hayan sido presentados previamente en el centro de servicio que tiene jurisdicción sobre el ciudadano de EE.UU. que oficia de peticionario. Sin embargo, basta con que la petición I-130 esté pendiente (en trámite). Todo hijo menor de edad del cónyuge ciudadano de EE.UU. podrá ser incluido bajo la petición I-130. (Véase la página 88 donde figura información para presentar una petición I-130 en favor de un familiar directo.)

A continuación el ciudadano de EE.UU. que efectúa la petición deberá también remitir una segunda petición, la I-129F, al Centro de Servicio de Missouri. Antes de que el extranjero pueda continuar los trámites de la visa K en una embajada, el USCIS deberá aprobar dicha petición. La petición I-129F nuevamente incluirá a los hijastros del peticionario.

Documentos para iniciar la petición I-29F. Se deberán presentar los siguientes documentos:

- ✪ formulario I-129F;
- ✪ tasa de tramitación de $165;
- ✪ formulario G-325A para el beneficiario;
- ✪ dos fotografías tipo tarjeta de residente;
- ✪ una fotocopia del comprobante de recepción o notificación de aprobación de la petición I-130, u otra constancia de que la petición esté pendiente o aprobada;
- ✪ certificado de naturalización o certificado de nacimiento del peticionario; y,
- ✪ fotocopia de la partida de matrimonio (si la petición I-130 está aún pendiente).

La lista anterior abarca todos los documentos que deben presentarse. El propio formulario I-129F debe completarse con mucha atención. Este formulario es similar al formulario de la petición I-130. Consulte las instrucciones para completar la petición I-130, en la página 88. El otro formulario requerido es el formulario de datos biográficos G-325A.

El beneficiario debe completar este formulario. Deben incluirse también dos fotografías tipo tarjeta de residente.

Se deberá adjuntar al formulario I-129F el comprobante de recepción o la notificación de la petición I-130. El ciudadano de EE.UU. deberá demostrar su condición de ciudadano por medio de uno de los documentos indicados en la página 88. Si la petición I-130 está pendiente, se requerirá una partida de matrimonio.

Todos los documentos que se adjuntan al formulario I-129F deberán remitirse a:

United States Citizenship and Immigration Services
P.O. Box 7218
Chicago, IL 60680-7218

Estas peticiones deberán remitirse al Centro de Servicio de Missouri donde se efectuará la tramitación. Una vez aprobada la petición el Servicio de Missouri enviará el expediente al Centro Nacional de Visas. Dicho centro examinará la petición I-129F y efectuará un chequeo de antecedentes penales. A continuación, el Centro Nacional de Visas enviará el caso por correo electrónico a la embajada del país en el cual se contrajo enlace, o al país donde reside el cónyuge, si el casamiento tuvo lugar en los EE.UU.

La embajada remitirá al beneficiario una carta describiendo los documentos requeridos para la emición de las visas K-3 y K-4:

- formulario de solicitud DS-156;
- pasaporte con una validez que se extienda por lo menos seis meses después de la fecha en que piensa viajar a los EE.UU. (los titulares de la visa K-4 podrían ser incluidos en el pasaporte del beneficiario de la visa K-3);
- los documentos que demuestren que la relación es de buena fe;
- certificados de nacimiento;
- certificados de la policía local;
- registros de tribunales;
- testimonios de divorcio o certificados de defunción para que conste la disolución de todos los matrimonios anteriores;
- examen médico IV, menos las vacunaciones en el formulario DS-2053; y,
- tres fotografías tipo tarjeta de residente, en colores.

NOTA: *No se requiere presentar una garantía de mantenimiento pero se le interrogará para asegurarse de que usted no se convierta en una carga pública.*

Una vez en los EE.UU., la persona amparada por la visa K-3 o K-4 podrá solicitar un permiso de trabajo ante el Servicio de Missouri, remitiendo los siguientes documentos:

- formulario I-765, de permiso de trabajo;
- tasa de tramitación de $175;
- copia de la visa K estampada en el pasaporte o una copia del formulario I-94;
- tarjeta para la firma; y,
- dos fotografías tipo tarjeta de residente.

El beneficiario de la visa K-3 o K-4 podrá, entonces, presentar una solicitud de cambio de condición migratoria ante la oficina local del USCIS. Si todavía no está aprobada la petición I-130, se podrá esperar la aprobación o efectuar una petición por duplicado. Adjunte el comprobante de recepción de la petición I-130 como constancia de pago.

Solicitud de Certificación Laboral

Consulte el Capítulo 6, donde figuran detalladamente la información necesaria sobre la Reducción del Plazo de Oferta de Empleo (RIR, por sus siglas en inglés) y la Agencia Estatal de Seguridad en el Empleo (SESA, por sus siglas en inglés). Esta sección explica los trámites relacionados con ambas.

Solicitud de RIR

Para solicitar la RIR hacen falta los siguientes documentos:

- ETA 750A—dos originales por duplicado;
- ETA 750B—dos originales por duplicado;
- Una carta en la cual se indique de manera resumida:
  - el tipo de compañía;
  - el cargo que le ofrecen;
  - las cualificaciones del extranjero;

- las gestiones de búsqueda de personal;
- los resultados de la búsqueda de personal;
- una copia de los anuncios de empleo;
- un anuncio de convocatoria para ocupar la vacante; y,
- constancia del sueldo o salario ofrecido.

No hay que pagar tasa de tramitación. Los documentos citados son todos los que se requieren para solicitar la RIR ante la oficina local estatal de seguridad en el empleo. En primer lugar, complete los formularios ETA 750A y ETA 750B.

Consulte la próxima sección donde figura información para completar estos formularios. Se llenan y se presentan en originales por duplicado, o sea dos ejemplares de cada formulario, con una firma original en cada uno. También se requiere una carta detallada, en papel con membrete de la compañía, resumiendo los puntos que se indican más arriba. Deben incluirse también otros documentos tales como una copia de todos los anuncios colocados, otras constancias de búsqueda de personal, una oferta de empleo y constancia del sueldo o salario ofrecido. El salario deberá ser equivalente, como mínimo, al 95% del salario predominante en dicha jurisdicción específica.

Si se dictamina que la búsqueda de personal ha sido inadecuada, la solicitud vuelve al trámite normal lento, con una fecha prioritaria acorde con la fecha en la cual se inició la solicitud. A continuación, se dará curso a un proceso de búsqueda supervisada, con el mismo plazo que el que se hubiera fijado si originalmente se hubiera iniciado mediante trámite normal lento.

Si se aprueba la solicitud, se remite al Departamento de Trabajo para su posterior revisión y aprobación. En la mayoría de los casos, las solicitudes aprobadas por la SESA son aprobadas por el Departamento de Trabajo.

Certificación Laboral Mediante Tramite Normal

En un caso en el que la certificación laboral sigue el trámite normal, no se ha efectuado ninguna búsqueda anterior. Se efectúa la solicitud con el formulario ETA 750A y el formulario ETA 750B. No hay que pagar tasa de tramitación.

Cómo completar los formularios ETA. El empleador, la compañía, completa el formulario ETA 750A, de la manera siguiente.

- Escribe el nombre y la dirección del extranjero y el empleado donde se indica en la página 1 del formulario.

- Indica el tipo de actividad comercial o industrial, el nombre del puesto y el horario de trabajo.

- El salario, como respuesta a la Pregunta 12, deberá ser equivalente al 95% del salario predominante para el puesto de trabajo ofrecido. El salario predominante puede hallarse en el sitio web del Departamento de Trabajo. (Véase el Apéndice C.)

- Respecto a las Preguntas 13, 14, y 15 describa el cargo y los estudios, capacitación y experiencia necesarios para desempeñarlo. Ésta es la parte fundamental de la solicitud de certificación laboral y deberá responderse con sumo cuidado. Se deberá proporcionar una descripción detallada del trabajo. Indique todos los aspectos del empleo propuesto. A continuación incluya las cualificaciones que se exigen es decir especifique si se requiere título universitario y si es así indique la especialidad.

- Los requisitos especiales que se pide mencionar en la Pregunta 16 podrían incluir conocimientos de un idioma específico o cierta formación especial, conocimientos de un lenguaje de programación, por ejemplo.

- El empleador firma a continuación en el sitio indicado de la página 2.

(El candidato a empleado completa el formulario ETA 750B, llenando la información tipo currículum vítae que se solicita. Mediante sus estudios, capacitación y experiencia debe cumplir los criterios para una solicitud ante la SESA.)

Solicitud a través de la SESA. Estos formularios se llenan y presentan por duplicado ante la oficina local de la SESA. Los formularios ETA deberán imprimirse en ambos lados del papel y ambos ejemplares deberán llevar la firma original.

Después de iniciar la solicitud, se le enviará un comprobante de recepción. A partir de ese momento se abre un período de espera. Desafortunadamente, en muchos estados se producen demoras sustanciales en la tramitación una vez que se llega a la etapa de la SESA. Una solicitud puede estar pendiente durante un año o más sin que se tome ninguna medida al respecto. A fin de verificar las demoras en determinada área visite:

http://workforcesecurity.doleta.gov/foreign/times.asp.

Tramitación. La SESA comenzará la tramitación de la solicitud con dos tipos de medidas. Si hay errores en la solicitud, le devolverán ambos ejemplares de la solicitud y le indicarán dónde es necesario efectuar revisiones. Es frecuente que opinen que el salario predominante es demasiado bajo con respecto al puesto que se busca ocupar y la experiencia requerida.

A continuación, la SESA remitirá un aviso de búsqueda de personal, indicando que debe dar comienzo el período de reclutamiento supervisado. Se deberá poner un anuncio tan pronto como sea posible. Algunas veces, el aviso sugerirá en qué periódico debe publicarse dicho anuncio. De lo contrario, se deberá publicar en un periódico de circulación general. En la mayoría de los casos, el anuncio deberá salir durante tres días consecutivos.

Debe tenerse en cuenta que, en muchos casos, la sección de avisos de empleo de los domingos es el medio de más aceptación para quienes buscan trabajo. A fin de publicar un anuncio para ese día no hay requisito alguno. Cada día se deberá guardar la página con el anuncio y la fecha de publicación, a efectos de adjuntarla más tarde al informe sobre la búsqueda de personal.

A todo aspirante a ocupar el puesto que parezca reunir los requisitos, se le deberá enviar una carta certificada en la cual se le pida que se presente a una entrevista personal. Al final de la búsqueda de personal se deberá presentar un informe definitivo sobre la búsqueda de personal. En este informe se deberán incluir copias de los anuncios, convocatorias internas para solicitar el puesto y los currículums (historiales profesionales) de los candidatos. Será necesario especificar un motivo justificado desde el punto de vista de la gestión de la empresa, a fin de explicar por qué cada uno de los demás candidatos al puesto no reúne las cualificaciones requeridas.

La SESA tomará una decisión respecto a la solicitud. Si es aprobada, la solicitud se remite al Departamento de Trabajo para su posterior revisión y certificación. Al igual que respecto a la RIR, en la gran mayoría de los casos, el Departamento de Trabajo aprobará directamente las solicitudes aprobadas por la SESA.

Tramitación de la Petición I-140

Tras la aprobación de la certificación laboral, el formulario podrá presentarse ante el centro de servicio apropiado, adjuntando al formulario los siguientes elementos:

- tasa de tramitación de $190;
- certificación laboral aprobada (o el formulario ETA 750, Parte A y Parte B, con constancia de que la vacante se ocupa de acuerdo con la disposición Schedule A, como ocupación con escasez de candidatos o con la dispensa aprobada en base al interés nacional);
- carta del empleador (la empresa que ofrece el empleo);
- constancia de que el empleador posee la solvencia necesaria para pagar el salario;
- documentación para demostrar la elegibilidad par una categoría preferencial; y,
- documentación para demostrar que el extranjero cumple los requisitos educativos, de capacitación y experiencia estipulados en el formulario ETA 750, Parte A.

El propósito de la petición I-140 consite en demostrar la elegibilidad para una categoría determinada; que el extranjero satisface todos los requisitos y que la empresa que ofrece el puesto posee la solvencia necesaria para pagarle al empleado el sueldo o salario requerido.

Varios documentos deben adjuntarse al formulario I-140. Se trata de los documentos originales para la aprobación de la certificación laboral, según datos obtenidos del Departamento de Trabajo. Se deberá preparar una carta del empleador, en papel con el membrete de la empresa, renovándole la oferta de trabajo al empleado con el salario requerido. Finalmente, se deberá incluir la documentación donde consten los estudios y demás cualificaciones del extranjero, a fin de demostrar que reúne los requisitos estipulados en cuanto a estudios, capacitación y experiencia para el cargo. (Por ejemplo, se deberán adjuntar diplomas y certificados de estudios o certificados de capacitación.)

El legajo de documentos antedicho podrá presentarse ante el centro de servicio correspondiente. (Véase el Apéndice B, donde figura la dirección correcta.)

En general, en la actualidad las decisiones respecto a la petición I-140 se toman el centro de servicio dentro de un plazo de de varios meses. El centro de servicio enviará una solicitud de constancia si hace falta más información para aprobar el caso. Una vez aprobada la petición I-140, el beneficiario podrá solicitar el cambio de condición migratoria.

Tramitaceón Conjunta

El USCIS ahora permite que la solicitud I-140 y los documentos para el cambio de condición migratoria sean presentados al mismo tiempo si así se desea. La tramitación conjunta se aconseja en circunstancias en las que se tiene la certeza de que la solicitud I-140 será aprobada o cuando se procura obtener cuanto antes la autorización de empleo. De lo contrario, la solicitud I-140 puede presentarse primero y, tras su aprobación, puede presentarse la solicitud de cambio de condición migratoria.

Despues de Cambio de Condición Migratoria

Después de aprobada la petición I-140, el solicitante podrá pedir cambio de condición migratoria. A diferencia de las solicitudes de cambio de condición migratoria que se presentan ante la oficina local del USCIS, donde al iniciarse el trámite sólo se requieren ciertos formularios y documentos, en el centro de servicio se requiere la presentación de todos los documentos para el cambio de condición migratoria basado en el empleo. De esta manera disminuye el riesgo de que vuelvan a remitir el caso a la oficina local del USCIS y que desde allí lo citen para una entrevista personal.

NOTA: *El traslado del expediente a la oficina local del USCIS puede ocasionar demoras y complicaciones considerables.*

La solicitud de cambio de condición migratoria requiere presentar numerosos formularios y documentos de constancia. A continuación se proporciona una lista de verificación útil sobre todos los posibles formularios y documentos. Dicha lista no es más que un resumen. Después de dicha lista se incluye información más detallada.

Los siguientes documentos se deberán presentar ante el centro de servicio:

- formulario I-485, solicitud de cambio de condición migratoria;
- tasa de tramitación de $315;
- tasa de huellas digitales de $50;

- notificación de aprobación de la petición I-140;
- dos fotografías tipo tarjeta de residente;
- formulario G-325A con los datos biográficos del solicitante;
- formulario I-485 Supplement o comprobante de entrada legal y mantenimiento de la condición migratoria:
  - copias de la página de la visa en el pasaporte;
  - formularios I-94 y notificaciones de aprobación pertinentes; y,
  - copias de constancia de ciudadanía canadiense (si es el caso).
- formulario I-693 (formulario médico y hoja de vacunación), llenado por un médico, en un sobre lacrado;
- carta de la empresa en la que se confirme la oferta de empleo;
- certificado de nacimiento del solicitante;
- partida de matrimonio;
- solicitud por cable para familiares a cargo que vivan en el exterior;
- documentos relacionados con condenas;
- formulario I-601, dispensa de inadmisibilidad (si se requiere) y los documentos que lo avalen;
- formulario I-864 garantía de mantenimiento con la documentación pertinente, sólo si el familiar es propietario(a) de más del 5% de la compañía peticionaria; y,
- formulario I-824 para familiares en el exterior.

Si usted inicia el trámite bajo la *ley LIFE*, tendrá que presentar, además, constancia de su presencia física el 20 de diciembre de 2000. (Este requisito no es necesario para los familiares a su cargo.) Asimismo, si esta certificación laboral se solicitó después del 30 de abril de 2001, se deberá presentar constancia de haber iniciado anteriormente la petición I-130 o la solicitud de certificación laboral.

Autorización de Empleo

Si usted desea trabajar tan pronto como sea posible, deberá presentar los siguientes documentos a efectos de obtener una autorización de empleo:

- formulario I-765, de permiso de trabajo;
- tasa de tramitación de $175;
- dos fotografías tipo tarjeta de residente; y,
- una copia de un documento de identidad emitido por el estado.

Permiso de Viaje

A efectos de viajar durante dicho lapso es menester presentar:

- formulario I-131, de permiso de viaje (si sea elegible);
- tasa de tramitación de $165;
- dos fotografías tipo tarjeta de residente; y,
- una copia clara y nítida de un documento de identidad.

El principal formulario es el I-485, la solicitud de cambio de condición migratoria. Se deberá completar con sumo detenimiento. Véase la página 119, donde se incluyen instrucciones detalladas al respecto. La tasa de tramitación es de $315 si el solicitante es mayor de 14 años de edad y $215 si es menor de dicha edad. De la misma manera a los mayores de 14 años se les requiere adjuntar sus huellas digitales y se les exige el pago de la tasa de $50 por toma de huellas digitales. A todos los solicitantes mayores de 14 años se les requiere completar y presentar el formulario G-325A. Se requieren también dos fotografías tipo tarjeta de residente por cada solicitante.

Elegibilidad. El siguiente aspecto, fundamental para la tramitación de la residencia permanente, es *la elegibilidad.* Si el solicitante posee una condición de no inmigrante válida en el momento de presentar la solicitud, será elegible para solicitar el cambio de condición migratoria. Si el solicitante carece de una condición migratoria válida, deberá ser elegible de acuerdo con el artículo 245(i) (Véase el Capítulo 3, donde se proporcionan explicaciones más detalladas al respecto.) Fundamentalmente, si se solicitó la certificación laboral antes del 30 de abril de 2001, el solicitante es elegible para solicitar el cambio de condición migratoria. Sin embargo, tendrán que presentar el formulario I-485 Supplement y pagar la tasa de $1000.

Deberá completarse el formulario del examen médico (Capítulo 14). Los solicitantes de cambio de condición migratoria basada en el empleo en general no tienen que presentar la garantía de mantenimiento (Capítulo 14) dado que la oferta de empleo está pendiente. La garantía de mantenimiento solamente se requiere si el familiar es propietario(a) de más del 5% de la compañía peticionaria. No obstante, se deberá presentar una carta de la empresa en la cual se declare que al extranjero se le ofrece el puesto de trabajo y con el nivel de salario requerido.

Si se presenta una *circunstancia de inadmisibilidad* (véase el Capítulo 15), como antecedentes penales o entrada al país con pasaporte falso, por ejemplo (se deberá tramitar la dispensa I-601 y pagar la tasa). En caso de antecedentes penales, se deberán obtener las disposiciones originales del funcionario judicial a cargo (clerk of the court) y adjuntarlas al presentar la solicitud.

Dado que usted no se presentará a una entrevista para completar los datos que hagan falta y proporcionar documentos, estas solicitudes y los documentos correspondientes deberán efectuarse de la manera más completa posible. Si usted desea facilitar la tarea de los funcionarios que examinan los papeles, prepare una carta suplementaria en la cual se traten los siguientes puntos.

- Si no se efectúa la petición I-485 suplementaria (supplement), documente todo su historial de no inmigrante. Describa detalladamente todos los períodos de tiempo en que usted vivió en los EE.UU., no sólo desde la entrada más reciente. Incluya toda la documentación disponible, tales como copias del formulario I-94, visas estampadas en el pasaporte, notificaciones de aprobación de la petición I-797, copias de los formularios I-20, IAP-66, etc.

- Ponga en claro que usted no ha trabajado sin autorización (en ningún momento, ni siquiera durante su estadía como no inmigrante) y utilice como constancias las copias de permisos de trabajo, las notificaciones de aprobación de la petición I-797, visas estampadas en el pasaporte y otros documentos similares.

- Proporcione la documentación completa para las solicitudes de los familiares a su cargo a efectos de establecer una relación con el extranjero principal (un certificado de nacimiento y, si el solicitante principal es el padre, una copia de la partida de matrimonio. Si corresponde, proporcione constancia de la disolución de los matrimonios anteriores).

- Remita una copia de la lista de los médicos autorizados por la oficina local del USCIS y subraye el nombre del médico que lo examinó. Deberá recordarle a dicho médico que el formulario será revisado para determinar su elegibilidad. Por consiguiente, el doctor deberá escribir su nombre con letra de imprenta clara y asegurarse de que el examen sea completo e incluya la prueba de la tuberculosis (TB) y las vacunas pertinentes.

- Presente toda información posible sobre su comparecencia en tribunales de inmigración, incluidos documentos tales como una orden final.

- Si los documentos son muchos, puede colocar lenguetas o etiquetas (al presentar documentos ante los centros de servicio ponga las lenguetas al pie de la página no a los costados).

Comprobante de recepción. Varias semanas después de efectuar la solicitud se recibirá un comprobante de recepción. Dicho comprobante contiene su número de caso y deberá conservarse en un lugar seguro. Dependiendo de la cantidad de solicitudes y el tiempo que tarde despacharlas, su solicitud se decidirá dentro del debido plazo. Si falta cualquier dato o la documentación está incompleta, le podrán dirigir una Solicitud de Constancia (RFE, por sus siglas en inglés). A continuación dispondrá de un plazo de 84 días para proporcionar los datos requeridos.

NOTA: *Este plazo es muy estricto. Toda respuesta deberá remitirse al USCIS por medio de un servicio de correo o mensajería que le garantice que llegue al día siguiente y con una constancia de haberla enviado (proof of mailing), para que los funcionarios del USCIS no puedan decir que nunca recibieron su respuesta.*

Generalmente sólo le darán una oportunidad de cumplir con la RFE. Por tal motivo, asegúrese de incluir toda la información. Si no se dispone de algunos datos, proporcione una explicación detallada para explicar las razones pertinentes.

El trámite de cambio de condición migratoria varía según cada centro de servicio. A fin de confirmar el tiempo que lleva la tramitación se aconseja visitar el sitio web del centro de servicio, antes de tomar cualquier medida adicional.

Si el tiempo de tramitación se extiende más allá del plazo indicado en el comprobante de recepción, espere una o dos semanas más y si aún así no recibe noticias, deberá llamar al número de teléfono que figura al pie del comprobante de recepción. Es posible llamar al centro de servicio tarde por la noche, cuando las líneas telefónicas están libres. En algún momento le pedirán que marque el número de su caso en el teclado del teléfono, incluidas las tres letras de la designación de su centro de servicio (como número). Por ejemplo, la designación "LIN" del Centro de Servicio de Lincoln debe marcarse "546" en el teclado del teléfono.

Es posible que pueda escuchar información grabada útil sobre su caso. Por ejemplo, es posible que en la grabación le digan que ya le enviarion la notificación de aprobación o una solicitud de constancia.

Problemas de tramitación y rechazo. A efectos de aclarar los problemas de tramitación, es posible llamar al centro de servicio y hablar con un funcionario de inmigración. No se trata del funcionario que aprobará o no la solicitud. El funcionario encargado de brindarle información no tendrá acceso a su expediente y es posible que solamente disponga de la misma información que la del sistema de respuesta automática.

Un caso no será denegado (rechazado) sin darle oportunidad de remediar el problema que se plantee. Usted podrá, quizás, volver a presentar la solicitud si puede rebatirse la causa del rechazo. No obstante, usted deberá tener algún tipo de condición migratoria legal para solicitar que le readmitan la solicitud, a menos que la petición se base en el vínculo con un abuelo, bajo el artículo 245(i).

Si el caso se aprueba, le remitirán al solicitante la notificación de aprobación. El solicitante deberá comparecer ante la oficina local del USCIS a efectos de efectuar la tramitación ADIT (siglas en inglés del Sistema de Documentación, Identificación y Telecomunicaciones respecto a Extranjeros).

Entrevista

La mayoría de las solicitudes que se presentan ante un centro de servicio no requerirán que el solicitante sea entrevistado. Se les podrá citar a una entrevista si se presentan las siguientes circunstancias:

- la identidad, la condición legal, la admisibilidad o las cualificaciones del solicitante son dudosas;
- el matrimonio reciente con una persona a su cargo puede dar la impresión de que se trata de un engaño (especialmente cuando no se adjuntan a la solicitud documentos que prueben que el matrimonio es legítimo y se ha celebrado de buena fe);
- el solicitante no declara que ha sido arrestado o condenado anteriormente y los funcionarios del centro de servicio se enteran al examinar sus huellas digitales;
- el solicitante admite haber sido condenado por uno o más delitos cometidos con conducta infame (CIMT, por sus siglas en inglés) y se requiere presentar una dispensa I-601;
- el solicitante ingresó en los EE.UU. sin inspección;
- en el momento el solicitante no es empleado del peticionario (contrariamente a lo declarado); o,
- la solicitud fue seleccionada al azar, en el marco de un operativo de control de calidad.

Si el caso requiere una entrevista, el solicitante recibirá una notificación de traslado, indicándole que el expecdiente ha sido transferido a la oficina local del USCIS. La entrevista se deberá concertar de conformidad con la fecha de solicitud ante el centro de servicio y no la fecha del traslado a la oficina local del USCIS. Todas las demás consultas se deberán plantear ante la oficina local.

Ese momento sería ideal para contratar a un abogado especializado en asuntos de inmigración para que examine el expediente (si todavía no lo ha hecho). A esas alturas es fundamental detectar el problema y proporcionar la documentación necesaria para resolverlo. Para más información sobre la entrevista, véase el Capítulo 17.

Si se fija una entrevista tendrá usted que llevar una carta del trabajo y una fotocopia de la declaración de impuestos más reciente a fin de verificar su condición de empleado de la empresa peticionaria.

Lotería

Los favorecidos en la lotería pro diversidad, pueden efectuar su solicitud en los EE.UU. o en una embajada de EE.UU. en el exterior. Independientemente de si la carta de selección se recibe en una dirección de los EE.UU. o en el exterior, se puede solicitar la tarjeta de residente dondequiera que uno sea elegible o donde resulte más conveniente.

Si uno efectúa la solicitud mediante la embajada, siga cuidadosamente las instrucciones del legajo de materiales de aceptación. Recientemente, han cambiado los trámites y los formularios para la tramitación de las visas obtenidas a través de la lotería pro diversidad. Deben leerse detenidamente las instrucciones del legajo de materiales y cumplirse debidamente. Uno de los formularios deberá completarse y remitirse inmediatamente al nuevo centro de tramitación en Kentucky. Desde allí el Departamento de Estado enviará el legajo de materiales para la tramitación de la visa a la dirección indicada. El procedimiento varía según cada embajada.

Si el beneficiario de la lotería pro diversidad está en los EE.UU. tendrá que gozar de una condición migratoria de no inmigrante válida (con ciertas excepciones). Si una persona carece de condición migratoria válida y desea efectuar la solicitud en los EE.UU., deberá ser elegible de acuerdo con las leyes de inmigración (el artículo 245(i)). Los criterios de elegibilidad en los EE.UU. son los mismos que se aplican en casi todos los demás casos en que una persona solicita el cambio de condición migratoria.

A continuación se indica la documentación necesaria que deberá presentarse para solicitar cambio de condición migratoria en la oficina local del USCIS:

- solicitud de cambio de condición migratoria a través del formulario I-485 (si desea instrucciones para completarlo consulte la página 119);
- la tasa de tramitación depende de la edad (véase el cuadro en el Apéndice D);
- tasa de huellas digitales de $50;
- fotocopia de la carta de aceptación para la visa pro diversidad, remitida por el Departamento de Estado;

- formulario G-325A con los datos biográficos del solicitante; y,
- dos fotografías tipo tarjeta de residente.

Los siguientes documentos son también obligatorios. Usted puede presentarlos al iniciar el trámite, lo cual es preferible, o llevarlos directamente a la entrevista:

- formulario I-485 Supplement O; comprobante de entrada legal como copias de la página de la visa en el pasaporte, formularios I-94 y notificaciones de aprobación pertinentes o copias de constancias de ciudadanía canadiense;
- una copia del certificado de nacimiento del solicitante, con su correspondiente traducción al inglés;
- constancia de haber cursado y aprobado la escuela secundaria completa o de contar con un mínimo de dos años de experiencia de trabajo en un oficio que requiera un mínimo de dos años de experiencia;
- formulario I-693 (formulario médico y hoja de vacunación) en un sobre lacrado;
- formulario I-134 (garantía de mantenimiento) con la documentación pertinente; y,
- carta de ofrecimiento de empleo.

En algunos casos se podrá requerir lo siguiente:

- constancia de elegibilidad bajo el artículo 245(i);
- constancia de su presencia física en los EE.UU. el día 20 de diciembre de 2000;
- formulario I-601, dispensa de inadmisibilidad, y los documentos que lo avalen;
- solicitud por cable para los familiares a su cargo que están en el extranjero;

- partida de matrimonio;
- testimonios de divorcio o constancia de la conclusión de los matrimonios anteriores;
- certificados de nacimiento de los hijos del beneficiario; y,
- documentos relacionados con condenas u otras circunstancias especiales.

Elegibilidad

El formulario principal es el I-485. Se trata de la verdadera solicitud de cambio de condición migratoria. Se deberá completar con todo detenimiento. Las instrucciones detalladas figuran en la página 91. La tasa de tramitación es de $315 si el solicitante es mayor de 14 años de edad y $215 si es menor de dicha edad. De la misma manera a los mayores de 14 años se les requiere adjuntar sus huellas digitales y se les exige el pago de una tasa de $50 por toma de huellas digitales.

A todos los solicitantes mayores de 14 años se les requiere completar y presentar el formulario G-325A. A todo solicitante se le requiere incluir también dos fotografías tipo tarjeta de residente.

Esta lista indica los documentos que se requieren como mínimo para solicitar cambio de condición migratoria. El resto de la documentación puede llevarse a la entrevista en la cual se decide el cambio de condición migratoria o presentarse al iniciarse el trámite.

Deberá completarse el formulario del examen médico (véase el Capítulo 14) y la garantía de mantenimiento (véase el Capítulo 14). Se trata de la versión corta del formulario I-134, para el cual se requieren las declaraciones de impuestos de sólo un año o una oferta de trabajo. Si se presenta una circunstancia de inadmisibilidad, como antecedentes penales o entrada al país con pasaporte falso, por ejemplo (se deberá tramitar la dispensa I-601 y pagar la tasa). En caso de antecedentes penales, se deberán obtener las disposiciones originales del funcionario judicial a cargo (clerk of the court) y adjuntarlas al presentar la solicitud.

A fin de efectuar debidamente la solicitud de cambio de condición migratoria, tenga en cuenta las siguientes sugerencias.

- Haga una fotocopia de todos los documentos y consérvelas en un lugar seguro.

- Escriba con lápiz el nombre y el número *A*, o la fecha de nacimiento, en el reverso de las fotografías.

- Adjunte un giro (money order) o un cheque de gerencia o bancario (cashier's check), a la orden de *USCIS*.

- Asegúrese de escribir el nombre del solicitante en el cheque.

- Confirme que la dirección esté correcta. Recuerde que no hay que enviarla a la misma dirección de la oficina del USCIS. En general se utiliza un apartado postal (P.O. Box) específico para las solicitudes de cambio de condición migratoria. Aunque las solicitudes remitidas a la dirección local del USCIS puedan ser re-enviadas a la dirección correcta, se corre un riesgo considerable.

- Todo cambio de dirección deberá ser notificado por correo certificado con aviso de recibo. Recuerde que es posible que tales solicitudes no sean tramitadas por el USCIS y se cierre el caso.

En el caso de las visas obtenidas por medio de la lotería pro diversidad el momento en que se efectúa la solicitud es muy importante. Si el solicitante intenta modificar su condición migratoria estando dentro de los EE.UU., es esencial que espere a después del 1 de octubre para presentar la solicitud de cambio de condición migratoria. Es posible que resulte difícil esperar seis meses desde el momento en que recibe la carta de aceptación, especialmente cuando se plantea una verdadera carrera contra reloj para finalizar los trámites y obtener un número para obtener visa (se otorgan por orden de presentación de la solicitud). No obstante, las solicitudes iniciadas antes del 1 de octubre deben ser denegadas porque no hay números para las visas. Si el USCIS no tiene la consideración suficiente como para devolverle la solicitud, le podrían rechazar la solicitud y remitir el expediente al Tribunal de Inmigración.

Es también sumamente importante escribir en el exterior del sobre: "Urgent—Diversity visa filing" (Urgente—Solicitud de visa mediante la Lotería pro Diversidad). Lo mismo se deberá anotar en un papel de color y colocarlo encima de los demás papeles del legajo de documentos para la solicitud. Dado que la tardanza en muchas de las oficinas del USCIS es de aproximadamente un año, no hay tiempo para tramitar la solicitud a través de los carriles normales. Se le deberá otorgar consideración de solicitud de pronto despacho a fin de que los trámites concluyan a tiempo.

¿Que Se Puede Esperar?

Al igual que respecto a la presentación de una solicitud de cambio de condición migratoria, en un lapso de varias semanas se deberá recibir por correo un comprobante de recepción. A partir de ese momento recibirá una citación para una entrevista. En algunas jurisdicciones la entrevista podrá postergarse hasta que se cuente con números de visa. Es posible que resulte bastante confuso que sea necesario esperar para obtener un número de visa obtenido mediante la lotería pro diversidad, porque el solicitante ya ganó la lotería y debe darse prisa para concluir los trámites para finales del año fiscal gubernamental.

Aunque cada año se otorgan 50.000 visas pro diversidad, existe un período de espera, dependiendo de su número de selección. Si alguien tiene un número de selección de menos de cinco unidades de mil, seguramente su caso se transmitirá en breve. Por otra parte, un número mayor de 5000 para Europa o África podrá demorar varios meses. Aquellas personas con un número de selección mayor de 10.000 es posible que tengan que esperar a los meses de verano (de EE.UU.) a fin de obtener un número de visa. Consulte el boletín de visas del sitio web del Departamento de Estado, donde figura el número límite. Anteriormente presentar una solicitud de cambio de condición migratoria para la cual no se disponía de un número de visa solía conllevar riesgos. Actualmente, en dichos casos reciben la solicitud y la retienen hasta que se disponga de un número de visa.

La Entrevista

En numerosas jurisdicciones, la entrevista para el cambio de condición migratoria se concerta para enero, se disponga o no de un número de visa. Es fundamental llevar a la entrevista todos los documentos y solicitudes restantes. Si no ha concluido el caso, resultará sumamente difícil proseguir el trámite contactando con el funcionario más adelante. Pregúntele al funcionario cómo se debe proseguir la tramitación del caso. En circunstancias ideales el funcionario conservará su expediente y asumirá responsabilidad por el mismo. No olvide preguntarle al funcionario su nombre y número de teléfono a fin de poder comunicarse con él (o ella). Pregúntele también cuándo sería apropiado llamar para efectuar el seguimiento del trámite.

Sello I-551

Al solicitante que efectúe la solicitud de cambio de condición migratoria desde dentro de los EE.UU. le convendrá que le estampen el sello I-551 en el pasaporte como comprobante de la aprobación del caso. Aunque el funcionario y su supervisor le digan que el caso fue aprobado, implica bastante riesgo.

NOTA: *Si tiene familiares a cargo esperando la tramitación de la visa en el exterior, tenga encuenta que, además de completar los trámites en la embajada de EE.UU. en su país deberán entrar en los EE.UU. antes del 30 de septiembre.*

Asilo

En la actualidad, para solicitar asilo se concede un plazo de un año desde su última llegada a EE.UU. Si usted estuvo en los EE.UU. durante más de un año, después se fue y posteriormente reingresó, dicho plazo comienza desde la fecha de su reingreso. Asimsimo, si usted tiene una condición migratoria válida, visa de estudiante, por ejemplo, podrá solicitar asilo siempre que siga teniendo una condición migratoria válida, incluso si el plazo es de más de un año. Existen ciertas excepciones a dicha regla, como es el caso de los hijos menores o si las condiciones en su país de origen experimentan cambios.

La solicitud de asilo se efectúa en dos etapas. En primer lugar se inicia ante el centro de servicio apropiado, en el formulario I-589, con toda la documentación necesaria:

- formulario I-589 con todos los datos completos;
- dos fotografías tipo tarjeta de residente para cada uno de los familiares;
- declaración suplementaria respecto a los problemas pertinentes;
- fotocopias de todos los documentos de identificación, partida de matrimonio y certificados de nacimiento de todos los solicitantes;
- toda documentación sobre el problema, artículos de prensa, por ejemplo; y,
- declaraciones juradas de testigos.

NOTA: *No se cobra tasa de tramitación.*

A continuación, el centro de servicio envía el expediente a una de las nueve oficinas de asilo, desde dónde lo convocarán a una entrevista. Considerando que el número de solicitudes de asilo ha disminuido, la entrevista tendrá lugar dentro de seis semanas después de presentada la solicitud.

Cuestionario de la Oficina de Asilo

En estas pautas que se proporcionan a los funcionarios de asilo, se indica el tipo de preguntas que le formularán en la entrevista para la solicitud de asilo.

Esquema de las Preguntas para Tomar una Decisión Respecto a la Solicitud de Asilo

I. ¿Quién es el solicitante?

- ¿Nombre? ¿Fecha de nacimiento? ¿Lugar de nacimient? ¿Último domicilio habitual conocido?
- ¿En qué fecha y de qué manera entró el solicitante en los EE.UU.?
- ¿Durante cuánto tiempo permaneció en tránsito en otros países en el curso de su desplazamiento a los EE.UU.?
- ¿Familiares en los EE.UU.? ¿Familiares en el país de origen?

II. ¿Por qué el se fue de su país de origen? (Motivo que declara el solicitante)

- ¿Solicitante siente temor de regresar a su país de origen? (Motivo que declara el solicitante)
- ¿De qué tiene miedo el solicitante específicamente (resuma en la evaluación)?
- ¿Respecto a quiénes tiene el solicitante miedo de que le causen dichos daños?
- ¿Por qué le han causado daños o siente temor de que en el futuro le puedan causar daños?
- ¿Le han hecho algo específicamente (resuma en la evaluación) a una persona que el solicitante conozca (amenazas, daños, golpes, arresto, detención)? En caso afirmativo indique el tipo de acciones, además de cuándo, dónde y cómo se produjeron.
- ¿Existe un "nexo" razonable entre los daños experimentados por esa persona y los que experimentó el solicitante?

III. ¿Es creíble el testimonio del solicitante?

- ¿Son las evidencias (directas o circunstanciales) o el testimonio detallados y específicos?
- ¿Son coherentes las evidencias o el testimonio?
- ¿Son factibles las evidencias o el testimonio según las Condiciones sobre países?
- ¿Alguna información contenida en las Condiciones sobre países se contradice con los motivos del solicitante?

IV. ¿Es el solicitante un refugiado? (Análisis)

- ¿Los daños experimentados o temidos por el solicitante constituyen "persecución" o "llegan a un nivel de persecución" con el paso del tiempo (acumulativamente, en la totalidad de las circunstancias)?
- ¿Lo persiguen al solicitante individualmente o de manera similar?
- ¿La solicitud de asilo se basa en la persecución sufrida anteriormente o en el temor de futuras persecuciones?
- ¿Si se basa en las persecuciones sufridas anteriormente, las evidencias preponderantes establecen que las condiciones del país han cambiado de manera tal que el temor de sufrir futuros daños no constituye una posibilidad razonable?
- Análisis de Chen. Si tales condiciones han cambiado, ¿el solicitante ha argumentado razones de peso para justificar que no debería regresar a su país debido a la gravedad y la atrocidad de la persecución que sufrió anteriormente?
- Si los temores son de sufrir daños y perjuicios futuros, ¿son éstos bien fundados? (recurra a Mogharrabi/Acosta)
- ¿Existe una base razonable para los temores, a nivel de todo el país o solamente en algunas regiones o localidades?
- ¿El factor (temido) causante de la persecución es el gobierno o personas o entidades que el gobierno no puede o no desea controlar?
- ¿Los daños temidos están comprendidos en una de las cinco causas justificables que indica la ley? En caso afirmativo, indique cuál (o cuáles).
- ¿Está dispuesto el solicitante a regresar a su país?

V. ¿Se aplican exclusiones o prohibiciones?

- Obligatorias. ¿Persecución a los demás? ¿Traslado de su empresa?
- ¿Múltiple nacionalidad? ¿Condena por haber cometido delitos graves contra la seguridad nacional de los EE.UU.?
- Discrecional: ¿Comisión de delitos fuera de los EE.UU.? ¿Está evitando tramitar la solicitud de refugio desde el exterior? ¿Ingreso fraudulento en los EE.UU. [en relación con su necesidad de huír de los daños que sufría en su país o por temor a sufrir daños en su país]? ¿Presentó la solicitud dentro del plazo de un año a partir de su entrada en EE.UU.?

VI. Decisión. (Conclusiones sobre su elegibilidad)

Tribunal de Inmigración y Apelaciones

El procedimiento ante el Juez de Inmigración es, verdaderamente, un procedimiento de deportación. En la primera audiencia, una vez que el extranjero admite que es deportable, el Juez le preguntará qué es lo que le solicita al Tribunal. El extranjero deberá declarar que procura renovar la solicitud de asilo. En la audiencia principal el solicitante de asilo deberá abstenerse de designar un país al cual lo deportarían.

A continuación el Juez de Inmigración fijará una fecha en la cual el solicitante podrá intentar, nuevamente, demostrar la veracidad de su petición de asilo. Se trata de una nueva audiencia, con la oportunida de presentar pruebas, testimonios y testigos ante el Tribunal.

Testigo experto. Se recomienda decididamente para todos los casos, excepto los más obvios, llevar al Tribunal a un testigo pericial (testigo experto en la especialidad) para ayudarlo a demostrar la veracidad de su solicitud. Considerando la importancia de un caso de asilo ante el Juez de Inmigración, es necesario echar mano a todos los recursos posibles. En términos realistas, es la última oportunidad para ganar el caso.

Los casos de asilo se deciden sobre la base de la capacidad de convencer al Juez de Inmigración respecto a las condiciones que se viven el país del solicitante. Un testigo experto sitúa a la parte contraria en una postura defensiva, en procura de rebatir su testimonio, lo cual le resulta bastante difícil. Si el abogado litigante intenta enfrentarse al experto estará corriendo cierto riesgo. Le estará dando otra oportunidad de exponer su punto de vista y analizar los fundamentos de tal opinión adversa. De una manera u otra, contar con un experto nunca está de más. En casos dudosos su intervención puede lograr volcar el caso en favor del extranjero.

Debe indicarse además que uno nunca sabe hasta qué punto un Juez de Inmigración se puede *atascar* respecto a su caso. Un experto puede colaborar con el Tribunal con cualquier pregunta específica sobre el caso y ofrecer información fundamental. El experto también puede ser útil para proporcionar informes y artículos destinados a corroborar lo planteado en el caso.

(Para más detalles respecto a la comparecencia ante el Tribunal de Inmigración véase el Capítulo 19.)

El Otorgamiento de Asilo

Si la Oficina de Asilo aprueba la solicitud, la carta de aprobación inicial indicará que se trata de un otorgamiento temporario condicionado a un chequeo de antecedentes. Casi siempre es solamente una formalidad. La aprobación definitiva deberá tener lugar aproximadamente un mes después si no se producen sorpresas en cuanto a las huellas digitales y la tramitación burocrática. El otorgamiento de asilo por parte del Juez de Inmigración constituye la aprobación definitiva (final).

La condición de asilado es indefinida, no tiene fecha de caducidad. Sin embargo, la Oficina de Asilo puede dictaminar que los asilados de cierto país ya no requieren asilo si las condiciones de dicho país mejoran radicalmente. Por ejemplo, los miles de iraquíes a los cuales se les concedió asilo en este país es posible que dejen de tener derecho a asilo si Saddam Hussein y el Partido Baath son depuestos del gobierno de dicho país. (A mi leal saber y entender, en épocas recientes no ha habido ningún intento de revocar la condición de asilado de las personas de ninguna nacionalidad. De todos modos, par un asilado sería conveniente solicitar cambio de condición migratoria en cuanto se le presente una oportunidad, generalmente al transcurrir un año desde la fecha de otorgamiento de la condición de asilado.)

Un asilado podrá solicitar una autorización de empleo cada año, a través del Centro de Servicio de Nebraska. Se recomienda efectuar la solicitud dos meses antes de que se cumpla el año.

Viajes

A fin de reingresar en los EE.UU., el solicitante deberá obtener un permiso de viaje para refugiados, el cual deberá solicitarse al USCIS. Este permiso de viaje podrá adoptar dos formas. En el primer caso, se trata del permiso de viaje para refugiado (refugee travel permit), también conocido como *documento de viaje para refugiado*. Este permiso es un librillo blanco que puede utilizarse en vez del pasaporte y permite también el reingreso en los EE.UU. dentro de un año. Generalmente, lograr que el USCIS le extienda dicho permiso de viaje lleva de dos a tres meses.

Si uno tiene que viajar con poco tiempo de aviso, es necesario solicitar en la oficina local el permiso de regreso anticipado (advance parole), utilizando el formulario I-131. El procedimiento para obtener dicho permiso varía de oficina en oficina. Se hace esta peticion en el formulario I-131. A tales efectos es necesario presentar:

- formulario I-131;
- tasa de tramitación de $165;

- dos fotografías tipo tarjeta de residente;
- una carta en la cual se declaren los motivos del viaje;
- constancia que acredite la identidad del solicitante (licencia de conducir o la aprobación de la condición de asilado estampada en el pasaporte, etc.); y,
- una fotocopia del formulario I-94.

A fin de obtener el permiso de regreso anticipado uno debe hacerse a la idea de tener que pasar muchas horas en las oficinas del USCIS. A diferencia del documento o permiso de viaje, al desplazarse con el permiso de regreso anticipado se requiere la presentación del pasaporte a efectos de viajar. El otorgamiento del permiso de regreso anticipado parece limitarse a 60 días cuando se lo otorgan en la oficina local del USCIS. Por tal motivo, si uno tiene tiempo resulta mucho más fácil solicitarlo ante el Centro de Servicio de Nebraska.

Un asilado no podrá regresar a su país de origen bajo ninguna circunstancia. (Generalmente los titulares de tarjeta de residente tampoco pueden regresar a su país.)

Los asilados y refugiados tienen dercho a recibir ciertos beneficios a través de la Oficina de Reasentamiento de Refugiados (Office of Refugee Resettlement), que administra diversos programas federales y estatales. Estos programas incluyen asistencia monetaria y médica, preparación para obtener trabajo, búsqueda de empleo y clases de inglés. Para más información al respecto llame al 800-354-0365 o visite este sitio web:

www.acf.dhhs.gov/programs/orr

A fin de obtener asistencia en cuanto a capacitación laboral y búsqueda de trabajo, calle al 877-US2-JOBS o visite este sitio web:

www.servicelocator.org

Familiares

Una persona a la cual le otorguen asilo podrá efectuar solicitudes en favor de sus familiares directos después de transcurridos dos años desde la fecha en que le concedieron la condición de asilado(a). A efectos de presentar este tipo de solicitud hacen falta los siguientes documentos:

- formulario I-730;
- constancia acreditativa de la condición de asilado o refugiado;
- una fotografía clara y nítida del familiar; y,
- una copia de la solicitud I-194 si el beneficiario está en EE.UU. bajo otra condición migratoria.

NOTA: *No se cobra tasa de tramitación.*

Si la petición se efectúa en favor del cónyuge incluya también los siguientes documentos:

- partida de matrimonio y
- constancia de la disolución legal de todos los matrimonios anteriores.

Si la madre presenta una petición en favor de un hijo, incluya también el certificado de nacimiento de dicho hijo, en el cual aparezcan tanto el nombre del hijo como el de la madre. Si el padre efectúa una petición en favor de un hijo, incluya también el certificado de nacimiento del hijo, en el cual figuren el nombre del hijo y del padre.

Si está casado con la madre del hijo, incluya también la partida de matrimonio y la constancia de disolución legal de los matrimonios anteriores del padre y de la madre.

Si no está casado con la madre del hijo, incluya también constancia de que la paternidad del hijo ha sido refrendada (validada) por las autoridades civiles.

Si la paternidad no ha sido refrendada, incluya también constancias a través de las cuales se acredite que existe una relación de buena fe entre el padre y el hijo, de que posee vínculos afectivos y cumple responsabilidades económicas en lo que se refiere a dicho hijo y de que ha demostrado preocupación e interés sincero en cuanto a su manutención, educación y su bienestar general. Este tipo de constancias podrá incluir las siguientes:

- recibos de money orders o cheques cancelados mediante los cuales se demuestre haber costeado la manutención del hijo;
- declaraciones de impuestos ante el IRS en las cuales figure el hijo como familiar a cargo (dependent);
- registros médicos o de otro tipo en los cuales el hijo conste como familiar a cargo;
- registros de la escuela o centro de estudios donde asiste el hijo;
- correspondencia con el hijo;
- declaraciones juradas de personas que conozcan la relación entre padre e hijo; o,
- constancia de cambio de nombre legal del beneficiario (si hace falta).

La solicitud antedicha se remite al Centro de Servicio de Nebraska. Si la persona está en los EE.UU., una vez aprobada podrá pedir un permiso de trabajo. Un año después de la aprobación, el beneficiario podrá solicitar residencia permanente. Las personas que se encuentren en el exterior podrán acudir a una embajada o consulado de EE.UU.

Los siguientes documentos deberán presentar los asilados que soliciten cambio de condición migratoria:

- formulario I-485, solicitud de cambio de condición migratoria (consulte las instrucciones en la página 91);
- tasa de tramitación de $315;
- tasa de huellas digitales de $50;
- formulario G-325A información biográfica del solicitante;
- formulario I-693 (formulario médico y hoja de vacunación), llenado por un médico, en un sobre lacrado;

- constancia acreditativa de la condición de asilado (carta de aprobación de la solicitud de asilo u orden judicial con el mismo fin);
- copia de todas las páginas del pasaporte y de los formularios I-94;
- certificado de nacimiento del solicitante;
- dos fotografías tipo tarjeta de residente para solicitar el cambio de condición migratoria;
- documentos relacionados con condenas (si procede); y,
- el formulario I-602, dispensa de inadmisibilidad (si procede), con los documentos acreditativos.

NOTA: *No hace falta examen médico para las solicitudes de cambio de condición migratoria en base a una petición de asilo. Se puede solicitar simultáneamente beneficios tales como permiso de trabajo o autorización para viajar (véase el Capítulo 9). Si una persona ingresó al país ilegalmente antes de solicitar asilo, no sería mala idea obtener el permiso de regreso anticipado y entrar en EE.UU. legalmente. No olvide pedir que le sellen el pasaporte al ingresar para que le sirva de constancia.*

Para obtener el permiso de trabajo, formulario I-765, es necesario presentar:

- tasa de tramitación de $175;
- dos fotografías tipo tarjeta de residente;
- una fotocopia de un documento de identidad emitido por el estado; y,
- carta de aprobación o decisión del tribunal aprobando su solicitud de asilo.

A efectos de obtener el permiso de viaje, formulario I-131, de permiso de viaje o el permiso de regreso anticipado (si es elegible) es menester cumplir los siguientes requisitos:

- tasa de tramitación de $165;
- dos fotografías tipo tarjeta de residente;

- una fotocopia de un documento de identidad emitido por el estado, y,
- carta de aprobación o decisión del Tribunal aprobando su solicitud de asilo.

Formulario I-485

El principal formulario es el I-485, la solicitud de cambio de condición migratoria propiamente dicha. Se deberá completar con sumo detenimiento. Véase la página 91, donde se incluyen instrucciones detalladas al respecto. La tasa de tramitación es de $315 si el solicitante es mayor de 14 años de edad y $215 si es menor de dicha edad. De la misma manera a los mayores de 14 años se les requiere adjuntar sus huellas digitales y se les exige el pago de la tasa de $50 por toma de huellas digitales.

Formulario G-325A

A todos los solicitantes mayores de 14 años se les requiere completar y presentar el formulario G-325A. Se requieren también dos fotografías tipo tarjeta de residente por cada solicitante. Debe obtenerse también el formulario del examen médico y vacunación (Capítulo 14).

Formulario I-864

No se requiere la garantía de mantenimiento (formulario I-864), la cual normalmente acompaña las solicitudes de cambio de condición migratoria. El USCIS ha indicado además, que los refugiados y asilados pueden usufructuar todo tipo de prestaciones (beneficios) públicas, incluidas la ayuda pública monetaria, la asistencia médica, los programas de ayuda para alimentos y otros programas de beneficios en especie sin que ello afecte sus derechos de obtener la residencia permanente.

Formulario I-602

Únicamente si existe alguna condición de inadmisibilidad en lo que se refiere a antecedentes penales, se deberá presentar el formulario I-602 y pagar la correspondiente tasa (véase el Capítulo 15). Respecto a todo antecedente penal, incluidos arrestos, las certificaciones originales de las disposiciones deberán solicitarse al empleado del Tribunal (clerk of the court) e incluirse en el legajo de documentos que se presenta para solicitar el cambio de condición migratoria.

A fin de tramitar debidamente la solicitud de cambio de condición migratoria se recomienda seguir las siguientes sugerencias.

- Haga una fotocopia de todos los documentos y consérvelas en un lugar seguro.
- Escriba con lápiz el nombre y el número "A", o la fecha de nacimiento, en el reverso de las fotografías.

- Adjunte un giro (money order) o un cheque de gerencia o bancario (cashier's check), a la orden de *USCIS*.
- Asegúrese de escribir el nombre del solicitante en el cheque.
- Confirme que la dirección del centro de servicio esté correcta.
- Todo cambio de dirección deberá ser notificado por correo certificado con aviso de recibo. Recuerde que es posible que tales solicitudes no sean tramitadas por el USCIS y se cierre el caso.

Unas pocas semanas después presentar la solicitud, se le enviará al solicitante un comprobante de recepción. Aunque en dicho comprobante se indique que el plazo de espera es razonablemente breve, el período de espera actual se prolonga durante varios años. Considerando que durante varios años no dispondrán de números de visa, el Centro de Servicio de Nebraska no tiene ninguna urgencia en aprobar la solicitud.

Antes de completar la tramitación del caso, el solicitante tendrá que tomarse las huellas digitales. Dado que la validez de las huellas digitales caduca a los 15 meses, el solicitante se ve obligado a embarcarse en una carrera contra reloj para que le aprueben el caso antes de que caduque la validez de sus huellas digitales.

NOTA: *La fecha oficial del cambio de condición migratoria será de un año anterior a la fecha de la aprobación del cambio de condición migratoria.*

Trabajodores de Organizaciones Religiosas

A continuación se proporciona una reseña del legajo de documentos completo que los trabajadores de organizaciones religiosas deben presentar ante el centro de servicio apropiado:

- formulario I-360;
- tasa de tramitación de $185;

- una carta detallada de un funcionario autorizado de la organización religiosa, en la cual se establezca que los servicios propuestos y el extranjero reúnen los debidos requisitos para que se le otorguen los beneficios solicitados;

- carta detallada del funcionario autorizado de la organización religiosa atestiguando la pertenencia del extranjero a dicha denominación religiosa y explicando detalladamente la labor religiosa de dicha persona, todos sus antecedentes de trabajo en los últimos dos años y la propuesta de empleo;

- fotocopia del diploma o certificado de formación religiosa u ordenación sacerdotal del solicitante;

- constancia acreditativa de que la organización religiosa y toda entidad afiliada que contrate al solicitante son organizaciones religiosas, de buena fe, sin fines de lucro, establecidas en los EE.UU. y exentas de impuestos de conformidad con el artículo 501(c)(3) del Código de Impuestos Internos (Internal Revenue Code) de los EE.UU.;

- declaración financiera de la iglesia;

- documentos de la iglesia que acrediten su condición de entidad religiosa;

- constancia de empleo en calidad de trabajador religioso durante los dos últimos años emitida por un funcionario de la iglesia; e,

- información general sobre la iglesia.

Petición I-360

El propósito de la petición I-360 consiste en demostrar la elegibilidad de un trabajador de una organización religiosa. Junto con la petición I-360, deben adjuntarse los diversos documentos que acaban de mencionarse. Específicamente, un funcionario autorizado de la iglesia o entidad religiosa correspondiente deberá explicar detalladamente la necesidad de los servicios del extranjero y las cualificaciones que éste posee. Se deberá proporcionar una copia de los documentos donde figure su formación u ordenación religiosa. Finalmente, se deberá adjuntar una carta, en cumplimiento del artículo 501(c)(3) a efectos de demostrar que la organización religiosa es una entidad sin fines de lucro y está exenta del pago de impuestos.(El legajo de documentos indicado anteriormente puede presentarse en el centro de servicio apropiado. Consulte la dirección correcta en el Apéndice B.)

Cambio de Condición Migratoria

Una vez aprobada la petición I-360, deberá presentarse una solicitud de cambio de condición migratoria ante la oficina local del USCIS. Esta solicitud podrá iniciarse de la misma manera que las solicitudes basadas en vínculos familiares, excepto en que se presenta la petición I-360 en vez de la petición I-130. Otra de las diferencias es que en el caso particular de este tipo de solicitudes, no se requiere presentar una garantía de mantenimiento.

Aunque en esta modalida de trámite no se requiere una garantía de mantenimiento, puede plantearse el problema del posible riesgo de que el extranjero se convierta en una carga pública debido a los bajos salarios que se les pagan a los trabajadores de organizaciones religiosas. Por tal motivo, el trabajador de este tipo de entidades deberá demostrar que su organización lo contrata para trabajar a tiempo completo y, por lo tanto, no necesitará que se le brinde apoyo económico.

Un trabajador de una organización religiosa cuya solicitud de cambio de condición migratoria esté en trámite (pendiente) podrá solicitar autorización de empleo. Sin embargo, el funcionario del USCIS podrá interpretar tal solicitud como una señal de alerta si el solicitante trabaja o pretende trabajar en una organización no religiosa.

Inversionistas

Todas las peticiones efectuadas por inversionistas se tramitan a través de los Centros de Servicio de Texas o de California. Quienes están bajo la jurisdicción del Centro de Servicio de Nebraska tendrán que presentar su petición ante el Centro de Servicio de California,mientras que aquellos que normalmente presentarían su solicitud ante el Centro de Servicio de Vermont deberán presentarla ante el Centro de Servicio de Texas.

La solicitud de visa en calidad de inversionista es, normalmente, un trámite muy complejo y requiere la asistencia de un abogado especialista en asuntos de inmigración. De todos modos, es útil saber qué tipo de documentación se requiere. Para solicitar una visa de inversionista hace falta presentar los siguientes documentos.

- formulario I-526, Petición de Visa de Inmigrante para Empresario Extranjero;
- tasa de tramitación de $465;
- una carta donde se resuman los motivos de su elegibilidad;
- documentación acreditativa:
  - formación de una empresa o negocio (artículos del acta de constitución en sociedad anónima (corporación);
  - acuerdo de sociedad, acuerdo de empresa conjunta (joint venture), contrato de arrendamiento o constancia de propiedad del inmueble;
  - establecimiento en un área rural o de elevado índice de desempleo;
  - constancia para demostrar la inversión (por ejemplo: extractos bancarios, transferencias patrimoniales o de bienes, préstamos, hipotecas u otras operaciones para las cuales se utilicen como garantía los bienes del inversionista, informes financieros certificados);
  - capital obtenido a través de medios legales (por ejemplo, constancias tales como: declaraciones de impuestos, constancia del origen del capital);
  - creación de puestos de trabajo (por ejemplo: registros de impuestos, formulario I-9);
  - participación directa del inversionista en la gestión de la empresa (por ejemplo: nombramiento donde figure el cargo, descripción de sus funciones);
  - certificado donde conste su autoridad para gestionar negocios en un estado o término municipal; y,
  - plan de negocios donde conste la creación de puestos de trabajo.

Los requisitos anteriores constituyen el trámite inicial para la visa de inversionista. El principal formulario es la petición I-526. Este formulario solicita datos biográficos e información sobre la condición migratoria en relación con el inversionista, e información básica sobre la empresa. La mayor parte de la solicitud consiste en preparar una carta de presentación detallada en la cual se declare el tipo de negocio y se trate específicamente cada uno de los criterios establecidos más arriba. Se deberá incluir la documentación que acredite el cumplimiento de cada uno de los criterios antedichos.

A fin de disminuir el riesgo de que le denieguen una visa a una persona que efectúa una inversión considerable, se podrá utilizar una cuenta de garantía (escrow account), de manera que los fondos se aporten a la empresa únicamente si aprueban la visa y se le devuelvan al inversionista en caso de que le rechacen la solicitud. El acuerdo o convenio de garantía deberá estipular que la aportación de capital inicial se dedicará efectivamente a la nueva empresa comercial con carácter inmediato e irrevocable una vez que sea aprobada la petición de visa del inversionista. El acuerdo o convenio de garantía deberá autorizar de manera inequívoca la aportación de los fondos a las operaciones de la empresa una vez que sea aprobada la petición. Tales documentos se deberán preparar con todo detenimiento a fin de cumplir los requisitos técnicos del USCIS.

Si el centro de servicio requiere más información, le enviarán una solicitud de constancia acreditativa. Es posible, también, que remitan el expediente a la oficina del distrito local, desde donde lo llamarán para una entrevista.

Una vez aprobada la petición I-526, la persona y su cónyuge e hijos podrán solicitar residencia permanente condicional (véase el Capítulo 4). El trámite para el cambio de condición migratoria es igual que el de las solicitudes basadas en vínculos familiares, con la excepción de que en este caso se requiere la aprobación previa de la petición I-526 en vez de la petición I-130. Esta solicitud de cambio de condición migratoria se tramita ante la oficina local del USCIS.

Otorgamiento Condicional

Inicialmente la visa se concede con carácter condicional, de manera similar a la residencia condicional que se les otorga a quienes solicitan visa por haberse casado con un ciudadano de EE.UU. Después de dos años, el inversionista podrá solicitar la eliminación de las condiciones demostrando que la inversión se hizo efectiva y que la empresa ha estado funcionado de manera ininterrumpida durante el referido lapso de dos años. La solicitud para la eliminación de las condiciones de la visa se tramita dentro del período de 90 días anterior a la fecha de caducidad de la tarjeta de residente condicional.

A efectos de solicitar la eliminación de condiciones deben presentarse los siguientes documentos:

- formulario I-829;
- tasa de tramitación de $455;
- una fotocopia de la tarjeta de residente condicional; y,
- la siguiente documentación acreditativa de la solicitud:
  - formación de una empresa o negocio (declaraciones de impuestos, por ejemplo);
  - cantidad de dinero requerida para la inversión (estados financieros auditados);
  - constancia de que el inversionista mantuvo su inversión durante el período condicional;
  - extractos bancarios;
  - facturas;
  - contratos;
  - licencias de negocios;
  - declaraciones de impuestos anuales o trimestrales de la empresa;
  - nóminas de pago de sueldos y salarios; y,
  - formularios I-9.

Se deberá completar el formulario I-829, adjuntándose todos los documentos acreditativos que sea posible. Es necesario demostrar los tres puntos estipulados en la lista anterior, concretamente, que la empresa fue establecida, que se hizo efectiva la aportación del monto estipulado para la inversión y que la inversión se mantuvo durante los dos años del período condicional.La solicitud referida se tramita a través del mismo centro de servicio de la petición I-526 presentada originalmente.

Una vez aprobado el formulario I-829 y se eliminan las condiciones, la inversión puede ser vendida. No obstante, es aconsejable esperar hasta que la tarjeta de residente llegue por correo antes de intentar ninguna operación de ese tipo.

Diez Años en los EE.UU.

En la audiencia principal, el Juez de Inmigración le preguntará qué le solicitará usted al Tribunal si ya ha estado en los EE.UU. durante diez años. Una vez que usted o su abogado mencionen que solicitan la cancelación de expulsión, el Juez de Inmigración le indicará cuál es el plazo y el procedimiento preciso para tramitar la solicitud. Deberá escuchar atentamente al Juez de Inmigración y tomar nota de todo lo que le diga. En las etapas iniciales, normalmente se requiere la siguiente documentación:

- formulario EOIR-42B;
- constancia del pago de la tasa de tramitación de $100;
- tasa de huellas digitales de $50;
- formulario G325A (el original para el abogado del USCIS y una fotocopia para el Tribunal);
- certificado de notificación;
- comprobante de la condición migratoria del familiar cuyo parentesco lo ampara; y,
- fotografía tipo tarjeta de residente.

La lista de documentos del Capítulo 11 constituye una relación completa que puede utilizarse para avalar la cancelación de expulsión de un extranjero. El formulario principal que debe completarse es el EOIR-42B. Se trata de un formulario detallado de siete páginas a través del cual se solicita todo posible elemento del historial personal. Antes de que dicho formulario se presente ante el Tribunal se deberá pagar el importe correspondiente en la oficina local del USCIS. El Tribunal de Inmigración no acepta el pago de tasas de tramitación de visas. A fin de pagar los derechos al cajero del USCIS y recibir de nuevo la solic-

itud, tendrá que llenar una hoja de tramitación (routing slip) y colocarla encima de la solicitud. Después de iniciar el trámite de la solicitud, los documentos acreditativos deberán llegar al Tribunal catorce días antes de la fecha de la audiencia. Revise la lista de documentos y junte tantos como le sea posible a efectos de añadirlos a la solicitud.

Normas del Tribunal Tenga en cuenta que existen normas locales que deben cumplirse, especialmente en lo que se refiere a la presentación de documentos. El Tribunal de Inmigración lo informará sobre dichas normas. Si usted cuenta con los servicios de un abogado, lo cual siempre se aconseja en un Tribunal de Inmigración, éste (o ésta) deberá conocer dichas normas también. Si usted no cuenta con un abogado tendrá que leer y comprender las normas del Tribunal.

Ejemplo: Todos los documentos deberán perforarse con dos agujeros en la parte superior e incluir un sumario (table of contents). La mayor parte de los tribunales tienen una regla de diez a catorce días, o sea que requieren que todos los documentos se presenten de diez a catorce días antes de la audiencia en el Tribunal. Si no se cumple dicho plazo el juez puede negarse a admitirlos.

La solicitud original y los documentos acreditativos se presentan ante el Tribunal después de pagar la tasa de tramitación.

Se deberá remitir una copia de todo documento adjunto al formulario EOIR al despacho de los abogados litigantes, una oficina a la cual se denomina Oficina de Asesoría Legal del Distrito. Todos los documentos que se remiten al Tribunal de Inmigración deberán incluir un certificado de notificación. El funcionario del Tribunal de Inmigración encargado de tales menesteres (Immigration Court clerk) puede proporcionarle la dirección de los abogados. Es fundamental que el funcionario del Tribunal le estampe un sello a la copia que usted conserva como constancia de haber presentado la documentación puntualmente.

Evidencia Dado que los casos de expulsión son tan difíciles de ganar, es fundamental compilar tantas pruebas como sea posible y presentarlas ante el Tribunal de Inmigración. Sin embargo, procure incluir solamente aquellos documentos que le resulten verdaderamente ventajosos para ganar el caso. No acumule documentos nada más que para aumentar el tamaño del expediente. Los documentos se deberán organizar de manera tal que contribuyan a que el caso se comprenda y su punto de vista influya favorablemente.

Recurrir a un testigo experto resulta ventajoso para ayudarle a ganar el caso. En el curso del procedimiento se hace referencia a las condiciones que se viven el país de origen del extranjero y el experto puede resultar describir tales condiciones de manera convincente ante el Juez de Inmigración. La función del abogado litigante se dificulta porque resulta dificil rebatir los argumentos de un experto en el tema. Si el abogado litigante intenta enfrentarse al experto estará corriendo cierto riesgo. Le estará dando otra oportunidad de exponer su punto de vista y analizar los fundamentos de tal opinión adversa. De una manera u otra, contar con un experto nunca está de más. En casos dudosos su intervención puede lograr volcar el caso en favor del extranjero.

Qué se Puede Esperar

Estos casos son difíciles de ganar. El criterio legal de penurias extraordinarias y extremas poco comunes es sumamente difícil de probar. Un abogado especializado en asuntos de inmigración tendrá que ayudarlo a compilar pruebas y proceder debidamente durante la audiencia. El Capítulo 19 explica detalladamente cómo debe manejarse un caso ante el Tribunal de Inmigración.

Si le aprueban el caso, a fin de recibir la tarjeta de residente usted deberá completar la tramitación ADIT a través de la oficina local del USCIS. La tramitación ADIT requiere que completen la ficha que convertirán en su tarjeta de residente en el centro de servicio. Hasta que no se cumpla dicho trámite el solicitante no es todavía residente permanente.

Tramitación de la Solicitud de Cambio de Condición Migratoria

Después de presentar la solicitud, recibirá un comprobante de recepción con un recibo de caja original engrapado. El comprobante y el recibo se deberán guardar en un lugar seguro. Le hará falta el recibo original cuando obtenga un permiso de trabajo o un permiso de regreso anticipado, o en la entrevista para el cambio de condición migratoria a efectos de demostrar que ha pagado la tasa de tramitación.

Si no recibe el comprobante de recepción después de transcurrido un lapso prolongado (seis semanas o más, por ejemplo) investigue si el cheque fue cobrado por el USCIS. Si es así y han transcurrido más de 45 días desde la fecha de cobro del cheque, haga una fotocopia clara y nítida de ambos lados del cheque cancelado y remítala por correo al USCIS junto con una carta en las que usted le pida que lo informen al respecto. Si el cheque no fue cobrado, espere un lapso de tiempo prudencial y vuelva a presentar la solicitud con todo el legajo de documentos. Aunque le sea posible efectuar una consulta al USCIS le llevará mucho menos tiempo volver a efectuar la solicitud, especialmente si usted ha guardado una copia de la solicitud. No obstante, no deje de colocar un papel encima, notificando al USCIS que una solicitud fue presentada previamente en cierta fecha y que usted no ha recibido respuesta.

En circunstancias normales, si la solicitud I-765 fue iniciada como *dos en uno*, dentro de un mes o dos usted recibirá una carta del USCIS notificándole que se ha fijado una cita para la concesión de un permiso de trabajo. Como lo indica la carta de recepción usted necesitará el original de la carta de recepción y el recibo de la tasa de tramitación al presentarse a la cita previa al otorgamiento del permiso de trabajo. No se requiere una entrevista para el trámite de permiso de trabajo. El funcionario del USCIS deberá asegurarse de que su caso está en trámite (pendiente) y que usted es la persona que presentó la solicitud. En el lapso de una hora, en el mejor de los casos, usted saldrá de la oficina con la tarjeta de permiso de trabajo.

Si usted todavía no tiene un número de Seguro Social, podrá solicitarlo con el permiso de trabajo. Sencillamente, acuda a la oficina más cercana de la Administración del Seguro Social y solicite un número. Transcurrida una semana recibirá por correo la tarjeta con el nuevo número.

A medida que la fecha de su entrevista se acerca, usted recibirá un anuncio para que le tomen las huellas digitales en un centro de tramitación. El propósito de la toma de huellas digitales consiste en comprobar si coinciden con los registros de las computadoras del FBI. Este procedimiento se efectúa electrónicamente.

Si usted no está seguro de la información que figura en sus registros, puede obtener una copia solicitándola al FBI en Washington D.C. Para cada arresto le hará falta una copia de las disposiciones para cada arresto.

A continuación usted tendrá que esperar a que le cambien de fecha la entrevista. La demora en la tramitación de las solicitudes varía ampliamente de oficina en oficina.

NOTA: *Ahora es el momento de asegurarse de contar con todos los documentos necesarios para la entrevista. (Véase el Capítulo 17, respecto a la preparación para la entrevista.)*

14 Documentos Acreditativos

Los capítulos anteriores explican lo *requisitos de elegibilidad* específicos para cada una de *las categorías de elegibilidad.* En este capítulo se explicarán asuntos comunes para todos los tipos de cambios de condición migratoria, especialmente aquellos para los cuales se requiera la presentación de documentos acreditativos (aquellos que se utilizan como constancia).

Fotografías Tipo Tarjeta de Residente

Tendrá que presentar dos fotografías. Una de ellas se utilizará para la tarjeta de residente. La otra se conservará en su expediente y se utilizará con fines de identificación. Aunque a estas fotos se las denomina fotografías tipo tarjeta de residente, se utilizan para todo tipo de documento de inmigración que usted procure obtener, incluido el certificado de naturalización.

Existen ciertos requisitos para tales fotografías. Si en el estudio no saben en qué consisten las *fotografías tipo tarjeta de residente,* seguramente le convendrá que le tomen las fotos en otro sitio. Ese tipo de fotografías se toman en numerosos establecimientos, incluidos imprentas y cadenas de droguerías.

NOTA: *Evite a toda costa los estudios situados muy cerca de las oficinas del USCIS. A menudo cobran $30 por dos fotografías que en otro lugar se las harían por $7.*

Siempre que entregue fotografías al USCIS, escriba su nombre y el número *A* en el reverso de cada foto, con lápiz o pluma de fieltro. El número *A* es el número de ocho cifras que le asigna el USCIS y aparece en el permiso de trabajo, las huellas digitales y las notificaciones para las entrevistas.

Huellas Digitales

Antes de que el solicitante pueda cambiar su condición migratoria, le deberán tomar las huellas digitales para que las autoridades migratorias puedan tener acceso a sus antecedentes penales en los archivos del USCIS. Para la gran mayoría de solicitantes, este trámite no constituye ningún problema

Además de tomarle las huellas digitales, éstas deberán ser válidas en el momento en que tenga lugar la entrevista. Tal cosa significa que en el momento de hacerse efectivo el cambio de condición migratoria, las huellas digitales deberán haber sido tomadas dentro de los quince meses anteriores.

Si usted se da cuenta de que la validez de sus huellas digitales ha caducado o todavía está esperando que se tramite una entrevista respecto a su caso, será conveniente que le escriba a la oficina local del USCIS, pidiéndoles que le proporcionen una carta de citación para la toma de huellas digitales (notificación para comparecer en un lugar específico a fin de que le tomen las huellas digitales).

En dicha carta le pedirán que acuda a que le tomen las huellas digitales en el Centro de Huellas Digitales (Application Support Center [ASC]) más cercano a su domicilio. Si usted se muda y se entera de un centro que le quede más cerca, preséntese allí con el original de la notificación.

Traducciones

Todo documento en un idioma que no sea el inglés requerirá ser presentado con una traducción al inglés. Si usted vive en una zona en la cual exista una población elevada de personas nacidas en el extranjero, le será más fácil encontrar un lugar donde puedan traducirle documentos a un costo razonable. Por traducir un certificado de nacimiento, por ejemplo, no deberían cobrarle más de $10 o $15. Si usted paga para que le hagan una traducción, conserve el original de dicha traducción a fin de utilizarlo más adelante. El USCIS solamente requiere una copia de la traducción.

También puede traducir los documentos usted mismo. En el Apéndice E se proporciona un ejemplo sobre la manera de formatear la traducción, y un formulario para traducciones. Uno de los formatos adecuados consiste en colocar la traducción en la parte superior, seguida del formulario de certificación, y a continuación una copia del documento en el idioma original.

Hacer una traducción no es tan difícil como parece. No se preocupe demasiado por traducir las frases con fórmulas jurídicas que aparecen en los certificados de nacimiento y otros documentos similares. La parte más importante de la traducción consiste en el lugar y fecha de nacimiento y el nombre del padre y de la madre.

Todos los documentos requeridos (certificado de nacimiento, por ejemplo) deberán ser emitidos por la autoridad oficial del país que corresponda. Si tiene dudas sobre qué tipo de documento es válido para determinado país, consulte el *Manual de asuntos del extranjero* (*Foreign Affairs Manual*), donde figura la lista oficial de las autoridades emisoras de cada nación. Para los nacidos en EE.UU. se requieren certificados de nacimiento emitidos por el condado correspondiente (los certificados que otorga el hospital no son suficientes).

Documentos No Disponibles

Si no se dispone de una partida de matrimonio, certificado de nacimiento o certificado de defunción, se podrán utilizar como reemplazo los siguientes:

- registro de una iglesia o partida de bautismo (certificado emitido por una iglesia en el cual se da fe del nacimiento o de la ceremonia religiosa pertinente);
- registro escolar (cualquier registro de una escuela en el cual aparezca la fecha de nacimiento del hijo y el nombre del padre y de la madre);
- registros del censo en los que aparezcan el nombre, y el lugar y la fecha de nacimiento; y,
- declaraciones juradas (declaraciones juradas de dos personas que N estado vivas en la fecha de su nacimiento o matrimonio). La declaración deberá contener el nombre del declarante, su dirección, lugar y fecha de nacimiento, su relación con el solicitante del cambio de condición migratoria, información completa respecto al evento (matrimonio o nacimiento) y de qué manera se enteró sobre el particular.

A fin de reemplazar los citados documentos, se podrá requerir un certificado de no disponibilidad expedido por las debidas autoridades gubernamentales del país de origen. Algunas veces es posible obtener dichos documentos a través de la embajada de dicho país en los EE.UU. Sin embargo, la oficina del USCIS no siempre acepta certificados de este tipo, a diferencia del Tribunal de Inmigración donde suelen utilizar documentos sustitutivos.

Examen Médico

El *examen médico* es un *chequeo* para verificar que el solicitante no padece de enfermedades infecto-contagiosas. Se efectúan pruebas para detectar el VIH y el SIDA, la tuberculosis, la lepra y las enfermedades de transmisión sexual. No se permite ingresar en los EE.UU. estando afectado por enfermedades activas y contagiosas excepto con una dispensa (cuando es posible obtenerla), como en el caso de la tuberculosis y el VIH, por ejemplo.

El examen médico deberá practicarse en un dispensario médico certificado. Cada ciudad cuenta con su propia lista de clinicas médicas. Dicha lista no figura en el sitio web del USCIS. La manera más fácil de obtenerla es llamando a la línea de formularios, o a través de la oficina local del USCIS. También se puede llamar al 800-375-5283, y, marcando su código postal, podrá obtener el nombre del médico más cercano.

Llame para que le digan cuánto dinero le cobrarán. El examen médico para asuntos de inmigración deberá costar aproximadamente $70, sin incluir las vacunas. Es posible que obtener los resultados del laboratorio lleve hasta una semana. Si tiene prisa, pregunte en distints clínicas; algunas son más rápidas que las demás.

Vacunas

En la actualidad se requiere que al solicitante le hayan administrado todas las vacunas necesarias. Si posee cualquier tipo de ficha o registro de vacunación, llévelo al examen. De tal manera se ahorraría vacunas bastante costosas y, quizá, innecesarias. El costo de una batería completa de vacunas puede ascender a varios cientos de dólares.

Completar el Formulario en su Totalidad

El mayor problema que puede surgir respecto al examen médico es que el médico no marque completamente los datos que debe llenar. Recuérdele al médico que debe marcar todas las casillas del formulario I-693 y el formulario de vacunaciones. El solicitante deberá también verificar que no falten datos en su copia verde del formulario del examen. Los rayos-X recibidos junto con el sobre sellado no se remiten al USCIS.

El examen médico es válido por solamente un año. Si los resultados del examen médico se adjuntan a la solicitud de cambio de condición migratoria, serán válidos independientemente de la fecha para la cual se concierte la entrevista. Si se lleva el formulario del examen médico a la entrevista, el examen deberá haber sido practicado dentro del último año transcurrido. Por tal motivo, no se debe esperar hasta que se fije una fecha para la entrevista a fin de que le efectúen el examen médico.

Garantía de Mantenimiento

Mediante la *garantía de mantenimiento* (I-864), el USCIS procura asegurarse de que el posible inmigrante cuente con suficientes recursos económicos y que no se convierta en una carga pública. Este aspecto suele motivar que las solicitudes de cambio de condición migratoria experimenten tardanzas o sean denegadas.

De más está decir que el formulario I-864 es sumamente importante para el trámite de solicitud de la tarjeta de residente y que, por lo tanto, se deberá preparar y documentar con sumo detenimiento.

El USCIS vigila el cumplimiento de las normas respecto a las garantías de mantenimiento. Los dos aspectos importantes a los cuales conviene prestar atención especial son el requisito de los ingresos y que toda la documentación acreditativa se remita junto con los formularios.

Al firmar el formulario de la garantía de mantenimiento el garante está aceptando la obligación de hacerse cargo del mantenimiento del inmigrante si es necesario, y declara que en caso de que el inmigrante patrocinado por él recurra a prestaciones públicas (ayuda pública) en el ámbito federal, estatal o local, garantiza que le devolverá a la corespondiente agencia pública o privada el dinero empleado en dichas prestaciones con cargo al erario público.

El USCIS procura que ningún inmigrante se convierta en una carga pública. El artículo 212(a)(4) estipula que será inadmisible todo extranjero sospechoso de poder convertirse en una carga pública. Por si fuera poco, el artículo 237(a)(5) establece que se considerará deportable a todo extranjero que se convierta en una carga pública dentro de los primeros cinco años a partir de su ingreso en el país.

Es posible que los requisitos en materia de ingresos del patrocinador del extranjero se cuenten entre los más difíciles de satisfacer al tramitar un caso de cambio de condición migratoria. A fin de obtener una tarjeta de residente se deberá demostrar que el extranjero cuenta con suficientes ingresos como para evitar convertirse en una carga pública.

Es necesario establecer cierto límite concreto para asegurar el cumplimiento de dicha disposición. Se ha estipulado que a efectos de acceder al cambio de condición migratoria es suficiente contar con un ingreso equivalente al 125% por encima del límite de pobreza (poverty line). Para 2004, las cifras que establecidas para determinar los niveles de pobreza son las siguientes:

125 POR SOBRE EL LÍMITE DE PROBREZA PARA LOS PATROCINADORES

No. personas en el hogar	48 estados	Alaska	Hawaii
2	$15,612	$19,512	$17,950
3	19,587	24,487	22,525
4	23,562	29,462	27,100
5	27,537	34,437	31,675
6	31,512	39,412	36,250
7	35,487	44,387	40,825
8	39,462	49,362	45,400
personas adicionales	+3,975 por persona	+4,975 per person	+4,575 per person

(Estas cifras se revisan aproximadamente en abril de cada año.)

NOTA: *A los integrantes de las Fuerzas Armadas que patrocinen a su cónyuge o a un(a) hijo(a) sólo se les exige contar con ingresos equivalentes al 100% por encima del límite de pobreza. A fin de obtener las cifras correspondientes al nivel del 100%, multiplique por 7,5 las cifras que figuran en el cuadro anterior.*

Se exigen otros requisitos, tales como que el patrocinador sea mayor de 18 años de edad, tenga su domicilio en los EE.UU., y sea ciudadano de EE.UU. o residente permanente legal.

Ingresos Insuficientes

En primer lugar, recurra a su patrimonio a efectos de compensar su insuficiencia de ingresos. Usted deberá tener recursos en efectivo valorados en cinco veces más que la diferencia entre los ingresos requeridos y sus propios ingresos. Adjunte una copia de su extracto de cuenta de ahorros, propiedad de acciones, bonos o certificados de depósito, valor en efectivo de su póliza de seguro de vida o bienes raíces (propiedad inmobiliaria). Deberá, asimismo, incluir constancias acreditativas de gravámenes, hipotecas y otras obligaciones pendientes respecto a cada uno de los bienes declarados. También es posible añadir los ingresos y el patrimonio del inmigrante que usted patrocine.

Usted podrá agregar los ingresos de un familiar que viva con usted o conste como familiar a cargo (dependiente) en su declaración de impuesto a la renta más reciente. Ese integrante de la familia deberá también firmar el formulario I-864A. Añada dichos ingresos a la cifra que figura en en la tercera página del formulario I-864.

Patrocinador Conjunto

También puede recurrir al concurso de un patrocinador conjunto. Se considera patrocinador conjunto a aquel patrocinador que no sea el propio peticionario. Es mejor que el patrocinador conjunto sea un familiar, pero puede serlo cualquier persona. En dicho caso, tanto el peticionario como el patrocinador conjunto deberán presentar el formulario I-864 original, debidamente documentado y notarizado. El patrocinador conjunto deberá presentar constancia de que posee la ciudadanía de EE.UU. o de que es residente permanente legal.

Documentos Acreditativos

Se requiere que la garantía de mantenimiento sea presentada acompañada de los siguientes documentos:

- formulario I-864 (firmado y notarizado dentro de los últimos seis meses);
- formulario I-864A Supplement, con las firmas notarizadas (para los integrantes del núcleo familiar que viven en la misma casa, cuando proceda);
- las declaraciones de impuestos de los tres últimos años incluidos todos los adjuntos (schedules) y todos los formularios W-2 de cada año;
- una carta de oferta de trabajo, remitida por el empleador;
- constancia del patrimonio (si se requiere para cumplir los requisitos en materia de ingresos); y,
- constancia de que el patrocinador conjunto posee la ciudadanía estadounidense o es residente permanente legal en los EE.UU.

Declaraciones de impuestos. Las declaraciones de impuesto a la renta de cada año deberán ser presentadas en orden correcto y grapadas. Los formularios W-2 son fundamentales y el funcionario del USCIS insistirá en verlos.

NOTA: *Se deberán remitir los formularios I-864 y I-864A (si se requiere) y un legajo completo de documentos acreditativos por cada uno de los solicitantes principales. A los demás familiares sólo se les requerirá únicamente una fotocopia de la solicitud y no se les exigirá presentar fotocopias de los documentos acreditativos.*

Si no cuenta con las declaraciones de impuesto a la renta, podrá presentar en su lugar la Carta 1722 (Letter 1722, transcripción de impuestos). A fin de obtener la transcripción tendrá que acudir personalmente a la oficina del USCIS.

Si usted no tenía que presentar la declaración de impuestos, deberá adjuntar una explicación por escrito y una copia de las instrucciones de la versión en Internet de la publicación de la Dirección de Impuestos Internos (Internal Revenue Service [IRS]), donde se indique que usted no estaba obligado a presentar una declaración. Consulte las primeras páginas del folleto de instrucciones para completar el formulario 1040 del IRS, donde indican quiénes no están obligados a presentar declaraciones de impuestos:

www.irs.gov

Si usted no presentó la declaración de impuestos aunque debiera haberla presentado, deberá remitirla aunque sea tardíamente y pagar la correspondiente multa. Aquellos contribuyentes que viven fuera de los EE.UU. deberán también presentar su declaración anual de impuesto a la renta. Si es necesario, a menudo resulta fácil rectificar la omisión limitándose a presentar las correspondientes declaraciones tardíamente. La multa no es tan elevada como suele suponerse.

NOTA: *No se puede utilizar declaraciones de impuestos estatales en vez de las federales. Por otra parte, no se requiere la presentación de fotocopias de las declaraciones de impuestos estatales.*

Carta de Oferta de Empleo

A la entrevista para el cambio de condición migratoria se deberá llevar una carta reciente del trabajo. Se considera válida una carta en papel con membrete de la empresa en la cual se indique el cargo, el sueldo (o el salario o jornal por hora y la cantidad de horas de trabajo por semana) y la fecha de contratación. Asegúrese de que figuren en la carta el nombre y el número de teléfono de la empresa. Dicha carta puede presentarse firmada por el supervisor o la oficina de personal. En vez de una carta del trabajo puede presentarse la nómina de pago.

Si usted trabaja por cuenta propia, sencillamente escriba una carta en una hoja con su propio membrete. De la misma manera, el contador de la compañía puede verificar que se le pagó cierto importe de dinero en concepto de sueldo o salario.

Excepciones

Una excepción al requisito de la garantía de mantenimiento se aplica para quienes pueden acreditar que tienen cuartos de cobertura, de conformidad con la *Ley de Seguro Social.*

El Patrocinador

El patrocinador tiene que comprender cabalmente que él (o ella) es legalmente responsable del mantenimiento económico del inmigrante patrocinado hasta que adquiera la ciudadanía de EE.UU. o se le acrediten cuartos horas de trabajo.

NOTA: *Un divorcio no concluye las obligaciones financieras del peticionario respecto al USCIS.*

Al patrocinador no se le pedirá que reembolse al gobierno los gastos que se produzcan si el nuevo residente permanente legal recibe *prestaciones con cargo al erario público*. Dentro de estos beneficios se incluye la mayor parte de los programas de ayuda pública como SSI, sellos para alimentos y Medicare. Si no está seguro, se puede preguntar directamente a la entidad proveedora, si los servicios que brindan se consideran *prestaciones con cargo al erario público*.

Cambio de Dirección

Se requiere que los cambios de dirección se reporten en el formulario I-865 dentro de los treintas días posteriores a la mudanza. Se aplican severas multas a quienes incumplen la obligación de notificar los cambios de dirección al USCIS. Sin embargo, es difícil que le exijan el pago de la multa.

Carga Pública y el Uso de los Beneficios Publicos

Se considera inadmisible para el cambio de condición migratoria a todo extranjero respecto al quien se considera probable que se convierta en una carga pública. El USCIS recurre a una prueba de la *totalidad de las circunstancias* a fin de tomar una decisión al respecto. El personal de la correspondiente oficina deberá tener en cuenta la edad, el estado de salud, la situación familiar, el patrimonio, los recursos, la situación económica-financiera, la educación y los conocimientos y experiencia.

A un extranjero a quien le hayan otorgado ciertas prestaciones con cargo al erario público es posible que se lo considere una carga pública. Tal persona es inadmisible como residente permanente. Puede ser difícil determinar cuáles de los tantos programas de asistencia pondrían a sus beneficiarios en la categoría de inadmisibles.

En 1999 el Departamento de Estado y el USCIS emitieron las pautas pertinentes respecto a esta área que anteriormente era bastante confusa. Se trata de regulaciones a través de las cuales se aclara cuáles programas afectan negativamente a quienes presentan solicitudes de cambio de condición migratoria.

Los beneficiarios de los siguientes programas corren el riesgo de que se los considere una carga pública:

- Ayuda pública monetaria como ser los Ingresos de Seguro Social Suplementarios (SSI, por sus siglas en inglés);
- Ayuda Temporaria para Personas necesitadas (TANF, por sus siglas en inglés);
- asistencia estatal general (el USCIS no tendrá en cuenta la ayuda monetaria recibida por los hijos u otros familiares de un extranjero a menos que dicha ayuda sea su único medio de manutención); e,
- institucionalización para tratamiento de largo plazo. Incluye la estadía en un hogar de reposo o en un centro psiquiátrico con cargo al erario público.

Los siguientes programas no tendrán una influencia negativa.

- *Prestaciones de atención médica.* Se incluye el Medicaid, el Programa de Seguro de Salud para Niños, o cualquier otro servicio de salud, a menos que se utilice Medicaid para la permanencia en una clínica durante un plazo prolongado.
- *Programa de alimentos.* Se incluyen en esta categoría los sellos para alimentos, el Programa de Nutrición Suplementaria para Mujeres, Lactantes y Niños (WIC, por sus siglas en inglés), comidas escolares y otras modalidades de ayuda alimentaria.
- *Programas de ayuda en especie.* Vivienda pública, guarderías infantiles y cuidado infantil, asistencia para el pago de servicios básicos, ayuda para casos de desastre, Head Start, capacitación y asesoramiento laboral.
- *Prestaciones beneficios de desempleo.*

15 Elegibilidad para el Cambio de Condición Migratoria y Motivos para Rechazarlo

A fin de solicitar cambio de condición migratoria en los EE.UU., el extranjero solicitante deberá poseer una condición de no inmigrante válida, aunque existen varias importantes excepciones a esta regla:

1. Si una persona es la beneficiaria de cualquier petición *I-130* o certificación laboral presentada antes del 18 de enero de 1998, podrá solicitar cambio de condición migratoria en los EE.UU. sobre la base de cualquiera de las modalidades disponibles, a pesar de carecer de condición migratoria válida o, incluso, haber entrado ilegalmente en el país.

2. Si una persona es la beneficiaria de cualquier petición *I-130* o certificación laboral presentada antes del 30 de abril de 2001 y hubiera estado físicamente presente en los EE.UU. el 20 de diciembre de 2000, podría solicitar cambio de condición migratoria sobre la base de cualquiera de las modalidades disponibles, a pesar de carecer de condición migratoria válida o, incluso, haber entrado ilegalmente en el país.

3. Si una persona hubiera ingresado legalmente en los EE.UU. con una visa de no inmigrante (que no fuera una *visa K-1*), podrá solicitar cambio de condición migratoria amparándose en una petición presentada por un familiar directo, a pesar de haber permanecido en el país después de caducada la visa, siempre que no hubiera trabajado sin autorización del USCIS.

Fundamentalmente, las excepciones 1 y 2 le dan derecho a una persona a solicitar cambio de condición migratoria de conformidad con el artículo 245(i). Dicho artículo permite que una persona que carezca de condición migratoria o hubiera infringido las limitaciones de su condición migratoria y pagara una multa de $1000, pueda solicitar cambio de condición migratoria. En otras palabras, una persona puede contar con una visa de turista válida y vigente, pero encontrarse trabajando sin permiso del USCIS. Si esta irregularidad fuese descubierta y las autoridades decidiesen tomar medidas para corregirla, a dicha persona se le prohibiría solicitar cambio de condición migratoria, excepto en el caso de que pudiera hacerlo a través de esta nueva ley.

Por ejemplo, un extranjero puede haber entrado al país sin documentos. Tal persona no tendría derecho al cambio de condición migratoria excepto en base al parentesco con un abuelo (bajo la ley anterior), según se indica más arriba en los párrafos 1 o 2. Tenga en cuenta que el recurso del parentesco con un abuelo es válido para un solo intento de cambio de condición migratoria. Si le deniegan la solicitud no podrá volver a intentarlo a menos que cambien las leyes.

Aunque una persona inelegible para el cambio de condición migratoria en los EE.UU. pueda, teóricamente, retornar a su país de origen y solicitar el cambio en una embajada, dicho recurso es ahora mucho más difícil que antes. Bajo las leyes que entraron en vigencia en 1996, si a partir del 1 de abril de 1997 un extranjero carece de condición migratoria legal en los EE.UU. durante más de 180 días y sale de los EE.UU., no se le permitirá solicitar beneficios de inmigración durante tres años. De manera similar, si a partir del 1 de abril de 1997 un extranjero registra un total de un año de permanencia ilegal y se ausenta de EE.UU., no se le permitirá cambiar su condición migratoria durante diez años. Existen dos importantes excepciones a esta disposición legal. La primera es que al extranjero no se le considerará carente de condición migratoria si fuera menor de 18 años de edad o si hubiera presentado de buena fe una solicitud de asilo ante el USCIS y dicha solicitud estuviera pendiente.

Existe la posibilidad de obtener una dispensa respecto a la permanencia ilegal anterior, pero es muy difícil de conseguir. A fin de tener derecho a esta dispensa, el cónyuge o uno de los padres del extranjero deberá ser ciudadano de EE.UU. o residente legal permanente. Se exigirá también demostrar que si se aplican las mencionadas sanciones al extranjero, el familiar estadounidense o residente permanente se vería afectado por penurias extremas. Demostrar el riesgo de penurias extremas es muy difícil, especialmente en una embajada. NO BASTA con demostrar las dificultades emocionales que se suscitarían por estar separado de su familia. Hará falta presentar constancias que acrediten que su cónyuge, padre o madre requieren su asistencia en relación con una enfermedad u otro problema de salud, ayuda económica u otro motivo de importancia. Necesitará documentar dichas circunstancias mediante una declaración jurada detallada o una carta o certificado médico.

Todas esas causas de inadmisibilidad figuran en el artículo 212(a) de La Ley de Inmigración y Nacionalidad. Respecto a algunas de dichas causas existe la posibilidad de solicitar una dispensa, sólo una posibilidad, lo cual no significa que se le otorgará. Es fundamental consultar con una abogado especialista en asuntos de inmigración a efectos de determinar el proceder adecuado.

Condenas Penales

El artículo 212 de *Ley de Inmigración y Nacionalidad* establece las restricciones respecto a quiénes pueden obtener la tarjeta de residente. Se recomienda a aquellas personas que han cometido cierto tipo de delitos a verificar su elegibilidad consultando con un abogado especialista en casos de inmigración.

Si le rechazan la solicitud de cambio de condición migratoria por tener antecedentes penales, el solicitante podrá verse sometido al procedimiento de expulsión sin posibilidades de que el Tribunal de Inmigración atienda sus riesgos con clemencia. En tales circunstancias presentarle una solicitud al Tribunal no tiene ningún sentido.

Las siguientes contravenciones le impiden a una persona obtener la tarjeta de residente:

- condena por un delito cometido con conducta infame sobre el cual recaiga pena de más de seis meses de privación de libertad;

- dos o más condenas por delitos cometidos con conducta infame, independientemente de la sentencia (por robo en una tienda minorista, por ejemplo), condena por un delito mayor con agravantes (como se define en el artículo 101(a)(43). Se incluyen numerosos delitos menores como:

- Condena por violación de las leyes que regulan el uso de las substancias reguladas (excepto por posesión de menos de 28 gramos de marihuana).

- Delito con violencia para el cual la sentencia fuera de más de un año de cárcel.

- Delito de robo par el cual la sentencia fuera de más de un año.

- Delito que implique para la víctima la pérdida de más de 10.000 dólares, etc.

✪ condenas por múltiples delitos con una sentencia total de más de cinco años; otros delitos varios tales como uso ilegal de un arma de fuego; y,

✪ todo extranjero que constituya una amenaza para la seguridad de EE.UU. o participe en actos terroristas.

Respecto a algunos de los delitos se ofrece la posibilidad de obtener una dispensa bajo el artículo 212(h). Para la ser elegible en primera instancia se requiere tener un cónyuge, padre o hijo que fuera ciudadano de EE.UU. o LPR. Se deberá demostrar también que si el solicitante fuera deportado, el familiar en cuestión sufriría penurias extremas, lo cual es bastante difícil de demostrar, especialmente en esta época.

Problemas de Salud

Padecer ciertas enfermedades puede impedir que le otorguen la residencia permanente. Tales enfermedades serán detectadas a través del examen médico obligatorio. Si usted ha contraído una de dichas enfermedades, quizá pueda solicitarse una dispensa. Consulte con un abogado especializado en asuntos de inmigración.

Carga Pública

Es sumamente importante completar con mucha atención el formulario I-864, la garantía de mantenimiento y tomar todas las medidas necesarias para cumplir sus responsabilidades económicas y financieras. De tal manera se garantiza que uno no se convertirá en una carga pública y no le obligará al gobierno a mantenerlo. Consulte el Capítulo 14, donde se incluyen instrucciones y más información al respecto.

Orden Pendiente de Deportación o Expulsión

Además de los casos mencionados más arriba, se considera inadmisible toda persona contra quien exista una orden pendiente de deportación o expulsión. No se permite solicitar cambio de condición migratoria hasta transcurridos cinco años desde la fecha de una orden de deportación definitiva o diez años desde la fecha de una orden de expulsión definitiva.

Es posible recibir una orden *de deportación* incluso si uno jamás ha recibido un aviso de la audiencia en el Tribunal. Si existe alguna duda respecto a la existencia de dicha orden, se deberá llamar por teléfono a la línea del Tribunal de Inmigración a través de la cual se brinda información sobre condiciones migratorias y, posiblemente, proseguir la averiguación a través del Tribunal de Inmigración específicamente encargado del caso. Es mejor recibir los datos precisos antes de la entrevista y no esperar a que sea el propio funcionario del USCIS quien se lo diga durante la propia entrevista, con el riesgo de ser detenido por el USCIS.

En algunos casos, es posible reiniciar los trámites de inmigración. La otra opción es solicitar una dispensa a través del formulario I-212, si el solicitante es elegible para ello. No obstante, incluso si le aprueban la dispensa, se requerirá que el extranjero efectúe el trámite de cambio de condición migratoria en una embajada situada fuera de EE.UU., lo cual podría poner al extranjero en la posición de vivir ilegalmente en los EE.UU. Antes de decidirse por una u otra opción, el extranjero verdaderamente tendrá que consultar con un abogado.

Permancencia Ilegal

De conformidad con el artículo 212(a)(9), no es posible obtener cambio de condición migratoria si se ha acumulado cierto tiempo viviendo en condiciones de ilegalidad. Especialmente en estos momentos, el USCIS está decidido a garantizar que ninguno de los solicitantes ha sido integrante de una organización terrorista ni ha sido condenado por haber cometido delitos relacionados con el terrorismo.

Si un extranjero careció de condición migratoria legal en los EE.UU. durante más de seis meses a partir del 1 de abril de 1997 y sale de los EE.UU., no podrá cambiar su condición migratoria durante tres años. De manera similar, si un extranjero registra un total acumulado de un año de permanencia ilegal, no podrá cambiar su condición migratoria durante diez años. Aunque el extranjero pueda reingresar en los EE.UU. después de su permanencia ilegal, podría ser excluido en la entrevista.

Existe la posibilidad de obtener una *dispensa* respecto a la permanencia ilegal anterior, pero es muy difícil de obtener. A fin de tener derecho a esta dispensa, el cónyuge o uno de los padres del extranjero deberá ser ciudadano de EE.UU. o residente permanente legal. Se exigirá también demostrar que si se aplican las mencionadas sanciones al extranjero, el familiar estadounidense o residente permanente se vería afectado por penurias extremas. Tales dispensas son muy difíciles de obtener en una embajada. Son un poco más fáciles de conseguir en los EE.UU., dado que los funcionarios de inmigración pueden entrevistar cara a cara al solicitante y al familiar que los ampara. Asimismo, en EE.UU., los casos que se deniegan podrían replantearse ante un Juez de Inmigración.

NOTA: *Si la persona posee una visa de estudiante identificada como* lapso de la condición *(en inglés* duration of status D/S*), solamente un funcionario del USCIS o un juez de inmigración podrán determinar si dicha persona ha residido ilegalmente infringiendo su condición. Por lo tanto, para esas personas, el riesgo de haber incurrido en permanencia ilegal es mucho menos probable.*

Otras Infracciones a las Leyes de Inmigración

Los solicitantes que cometan las siguientes contravenciones se considerarán inadmisibles de conformidad con el artículo 212(a)(6):

- permanecer en los EE.UU. sin haber sido admitido o admitido bajo palabra (a menos que sea elegible bajo el artículo 245(i));
- no asistir a las sesiones del procedimiento de expulsión;
- incurrir en declaraciones premeditadamente fraudulentas;
- viajar como polizón (ingresando en el país ilegalmente viajando en un tren, autobús, barco u otro medio de transporte comercial en el cual debiera haberse pagado un pasaje);
- haber incurrido en el contrabando de extranjeros ilegales;
- falsificación o uso fraudulento de documentos de inmigración; o,
- infringir las disposiciones relativas a la visa de estudiante.

NOTA: *Si el extranjero ha cometido alguna de estas infracciones se le recomienda consultar con un abogado.*

En otoño de 2002, se anunció la implementación de un programa de inscripción obligatoria para los varones de 18 países, principalmente del Medio Oriente. Se trataba del *Sistema de Seguridad Nacional de Registros de Entrada y Salida* (NSEERS, por sus siglas en inglés), a través del cual se requería que estas personas se inscribieran en la oficina local del USCIS a más tardar en abril de 2003 y de no hacerlo así correrían el riesgo de que se les prohibiera cambiar su condición migratoria en el futuro. Aquellos que carecían de condición migratoria válida fueron arrestados por el Departamento de Seguridad del Territorio Nacional, notificándoles que debían comparecer ante un Tribunal de Inmigración. El requisito de la inscripción anual a través del este programa fue suspendido en diciembre de 2003.

De todos modos, quienes no se inscribieron cuando el programa todavía estaba vigente podrán aún ser afectados por la prohibición de cambiar su condición migratoria, a menos que puedan demostrar que no han podido inscribirse por motivos justificados y suficientes. En este momento no está claro cuán estricto será el USCIS a la hora de sancionar a los solicitantes de cambio de condición migratoria que no se hubieran inscrito. Depende, en gran medida, de cada oficina del USCIS.

NOTA: *El extranjero deberá consultar con su abogado si se produce una de las siguientes circunstancias.*

16 Trabajo o Viaje Mientras Pende Cambio de Condición Migratoria

Existen dos beneficios importantes, de carácter provisorio, para aquellos cuyo proceso de solicitud de cambio de condición migratoria esté pendiente. Estos beneficios se refieren a la obtención del permiso de trabajo y el permiso para reingresar a los Estados Unidos.

El Permiso de Trabajo

El solicitante de cambio de condición migratoria o asilo puede solicitar un permiso de trabajo mientras su proceso esté pendiente. *El permiso de trabajo* permite que un extranjero disfrute de un empleo legal como un ciudadano estadounidense. De hecho, constituye una infracción a la ley federal que un empleador discrimine en contra de una persona que posee, solamente permiso de trabajo, en lugar de una tarjeta de residente o un certificado de naturalización.

Solicitud a Través de la Oficina Local del BCIS

Ya sea que el permiso de trabajo se solicite en la oficina local del USCIS o un centro de servicio, depende de la razón que avala el permiso de trabajo. En lo referente a solicitudes de cambio de la condición migratoria basadas en vínculos familiares o si se trata de la visa pro diversidad, la solicitud de permiso de trabajo se tramita en una oficina local del USCIS. Respecto a tales solicitudes, la tramitación completa requiere estos tres elementos:

- formulario I-765;
- tasa de tramitación de $120; y,
- copia del comprobante de recepción del aviso de cambio de condición migratoria.

El procedimiento para solicitar un permiso de trabajo en una oficina local del USCIS puede variar. En la mayoría de las ciudades, la solicitud se envía por correo en lugar de presentarla personalmente. Algunas veces, después de la presentación de la solicitud se enviará por correo al solicitante un aviso para una cita. Asimismo, se deberá presentar en esa cita una tarjeta de identificación expedida por el estado o un pasaporte, así como el original del comprobante de recepción de la solicitud de cambio de condición migratoria.

Centro de Servicio para la Presentación de Peticiones

La petición de permiso de trabajo se envía por correo al centro de servicio adecuado cuando el procedimiento corresponde a una de las siguientes categorías:

- solicitud de cambio de condición migratoria en base al empleo;
- solicitud de cambio de condición migratoria por razones de inversión;
- solicitud de cambio de condición migratoria basada en una petición de asilo; y,
- solicitud de cambio de condición migratoria basada en una petición de refugio.

Las solicitudes por razones de inversión y permiso de trabajo se envían por correo al centro de servicio que tenga la jurisdicción en el estado desde el cual se realiza el procedimiento de petición. Por otra parte, todas las peticiones de permiso de trabajo en base al empleo y de asilo o refugio se remiten al centro de servicio del estado de Nebraska y no se cobra la tasa de tramitación inicial.

En el caso de las categorías mencionadas anteriormente, la solicitud de permiso de trabajo consiste en el formulario I-765 y otros documentos pertinentes que se deberán incluir y los cuales se enumeran a continuación:

- formulario I-765;
- tasa de tramitación de $120;
- dos fotografías con las especificaciones para la tarjeta de residencia permanente;
- copia del comprobante de recepción de la solicitud de modificación de condición migratoria o de condición de asilado, por ejemplo: el aviso para la entrevista o la citación ante el tribunal;
- copia clara y nítida del permiso de trabajo vigente con una fotografía; y,
- copia clara y nítida de la licencia de conducir expedida por el estado, tarjeta de identificación o la página del pasaporte que incluya una fotografía.

Tramitación

En el caso de la solicitud de permiso de trabajo el USCIS establece un período de 90 días para tramitarla, sin importar donde se haya presentado dicha petición. Por otra parte, la persona que posee el comprobante de recepción de la solicitud de permiso de trabajo y un número de Seguro Social se le autoriza, inmediatamente, a trabajar durante esos 90 días.

Si el permiso de trabajo no se recibe en 90 días, existen disposiciones reglamentarias que permiten que la persona obtenga un documento de trabajo provisional en la oficina local del USCIS. En esos casos, la persona deberá presentar en la oficina local del USCIS, el original del comprobante de recibo de la solicitud de permiso de trabajo, un cheque cancelado y una carta de su empleador en la que éste declare que requiere una demostración inmediata de que el solicitante cumple con los requisitos para trabajar.

NOTA: *No obstante, un asilado puede recibir una tarjeta sin restricciones, sin tarjeta de permiso de trabajo o antes de adquirir la condición de residente permanente.*

Obtención del Número de Seguro Social

Además del permiso de trabajo, para ser contratado como empleado, se debe tener un número de Seguro Social para optar por un empleo. La Administración del Seguro Social, entidad gubernamental que funciona independientemente del USCIS, se encarga de expedir los números de Seguro Social.

Un extranjero con una solicitud de cambio de condición migratoria pendiente tiene derecho a un número de seguro social después que se le otorgue el permiso de trabajo. Esta tarjeta se envía por correo y deberá llegarle dentro de un plazo aproximado de una semana. En dicha tarjeta se podrá leer: *No válida para trabajar excepto con la autorización del USCIS* (*Not valid for work except with USCIS authorization).* Tras el cambio de condición a residente permanente se podrá obtener una nueva tarjeta sin esta advertencia.

Permiso para Viajar: Regreso Anticipado

A fin de salir de los Estados Unidos durante el período en que la solicitud de cambio de condición migratoria esté pendiente, la persona deberá obtener, previamente, un permiso del USCIS. Este documento se conoce como permiso *de regreso anticipado.* Al reingresar a los Estados Unidos, la persona presenta este documento, el cual le permitirá proseguir la tramitación de la solicitud de cambio de condición migratoria.

Anteriormente existían limitaciones que exigían que la persona debía tener una razón, ya fuesen circunstancias urgentes en el terreno personal o en los negocios para obtener el permiso de regreso anticipado. En la actualidad, cualquier razón justificada para viajar es suficiente. La única restricción para obtener el permiso de regreso anticipado es que la persona haya residido ilegalmente durante más de seis meses en los Estados Unidos, previo a la presentación de la solicitud de modificación de la condición migratoria. A partir del 1 de abril de 1997 se estableció la permanencia ilegal (unlawful presence) como el período de tiempo en que un extranjero vive ilegalmente o sin condición migratoria en los EE.UU.

NOTA: *Aunque la persona obtenga el permiso de regreso anticipado e ingrese de nuevo a los Estados Unidos después de haber residido ilegalmente en el país, a esta se le podría impedir que obtenga la residencia permanente.*

La solicitud de permiso de regreso anticipado se debe presentar con la siguiente documentación (permiso para viajar o reingresar a los Estados Unidos):

- formulario I-131;
- honorario de $110 para presentar la solicitud;
- dos fotografías con especificaciones para la tarjeta de residencia permanente;
- copia de la licencia de conducir, tarjeta de identificación expedida por el estado o página del pasaporte que muestre la identificación;
- formulario I-485 comprobante de recepción, así como una copia de la carta de recepción;
- formulario I-94 documento de llegada /salida; y,
- documentos que demuestren la condición actual en los Estados Unidos:
  - formulario I-797 aviso de aprobación que indica la condición actual;
  - pasaporte utilizado en la última entrada;
  - formulario I-20 en los casos de visa F-1;
  - formulario IAP-66 en los casos de visa J-1;
  - documentos previos de permiso de regreso anticipado; y,
- carta que acredite casos tales como: emergencias médicas, invitaciones a bodas, boletos aéreos o itinerarios de viaje.

(Si desea obtener más información en relación con los documentos que se requieren, véase el Capítulo 13.)

NOTA: *Si la persona posee una visa de estudiante identificada como* lapso de la condición *(en inglés* duration of status D/S*), solamente un funcionario del USCIS o un juez de inmigración podrán determinar si dicha persona ha residido ilegalmente infringiendo su condición. Por lo tanto, esas personas cumplen los requisitos para obtener el permiso de regreso anticipado cuando soliciten la modificación de su condición migratoria.*

17 Entrevista con el USCIS

Después de remitir los formularios pertinentes, lo más probable es que el solicitante deba presentarse a una entrevista con el USCIS. Este capítulo le ofrecerá una buena base sobre lo que debe esperar y cómo proceder.

Cómo Abreviar la Espera Previa a la Entrevista

Disminuir el lapso de espera anterior a la entrevista suele ser difícil, a menos que lo ampare una de estas circunstancias:

- que el solicitante esté enfermo;
- que el beneficiario cumpla 21 años y pierda su condición de elegibildad bajo la petición;
- que sea un caso de visa pro diversidad, la cual tiene una fecha límite estricta del 30 de septiembre (después de esta fecha, la visa caduca); o,
- que se trate de cualquier otro tipo de urgencia verificable.

Funcionarios del USCIS

A pesar de la percepción estereotipada de los funcionarios del USCIS, la realidad es que difieren ampliamente unos de otros. Tal vez un buen punto de partida sea comprender que muchas personas que se sienten atraídas hacia empleos gubernamentales por la seguridad que este tipo de trabajo les brinda y no desean arriesgarse demasiado. En honor a la justicia, los funcionarios deben enfrentar un ambiente de trabajo difícil y efectuar entrevistas correspondientes a quince casos diarios.

Por otro lado, algunos funcionarios pueden resultar demasiado autoritarios. Si un funcionario se comporta de manera descortés, podría ser apropiado señalarlo con delicadeza. Si el comportamiento continúa, entonces deberá reportarlo a su supervisor(a). Será preciso preguntarle al funcionario el nombre de su supervisor(a). Solicite que el supervisor(a) intervenga en la entrevista o pida hablar con el supervisor(a) en la recepción. Los funcionarios suelen tratar de evitar la intervención del supervisor(a) en las entrevistas. De establecerse esta tendencia, podrían figurar estos incidentes en sus evaluaciones de rendimiento.

Es muy fácil que el solicitante sienta que se encuentra a la merced del funcionario. No obstante, esto no es del todo cierto. Un funcionario verdaderamente no cuenta con la autoridad necesaria para denegar un caso simplemente por que le dé la gana. Existen demasiadas regulaciones, memorándums, y supervisores circulando por todas partes para que eso suceda. Sienten el mismo temor de actuar de manera inapropiada que usted siente de que su caso se demore o sea denegado. Todo tipo de acción adversa deberá ser justificada ante un supervisor—especialmente si usted solicita hablar con uno a fin de explicar su versión de los hechos. La única venganza sería retrasar la tramitación del caso.

Debido a que el USCIS se ha convertido en una agencia de alta importancia en el transcurso de los años, se ha logrado contratar a funcionarios mejor cualificados. El viejo guardia ha sido reemplazado por funcionarios que cuentan con una mejor formación y una actitud mucho más profesional.

¿Son suficientemente honrados los funcionarios del USCIS? Creo que son increíblemente honrados, especialmente si se tienen en cuenta las circunstancias. Aunque circulan rumores respecto a ciertos funcionarios, las posibilidades de que cometan fraude son bastante remotas.

El factor fundamental es que todo funcionario que cometa un acto indebido correría serios riesgos y podría perder su puesto. Sencillamente, no vale la pena perder el trabajo por unos pocos dólares. Es más, ahora los funcionarios del USCIS forman parte del Departamento de Seguridad del Territorio Nacional, o sea que ya no son miembros del sindicato de funcionarios del servicio civil ni cuentan con la protección que dicha condición les ofrecía.

La mayor falla del sistema se produce cuando se asigna un caso a un funcionario el día anterior a la entrevista. Asimismo, al menos en algunas oficinas, los casos no se asignan al azar sino a quienes desean encargarse de ellos.

Documentos para la Entrevista

Su aviso de entrevista es como un boleto de entrada al edificio del USCIS, especialmente si su entrevista se llevará a cabo durante la mañana. Es posible que haya una larga fila de personas esperando afuera del edificio. Si usted tiene una cita para entrevista, no es necesario que espere en la fila. Usted deberá ir al frente de la fila y mostrar el aviso al guardia de seguridad que controla la entrada de las personas al edificio. Una vez esté adentro, deberá pasar por los controles de área de seguridad.

La clave para una entrevista exitosa es estar preparado con los documentos correctos y copias de los mismos si es necesario. Los siguientes documentos deberán ser presentados en la entrevista, independientemente de que se hayan remitido copias de los mismos con la solicitud:

- licencia de conducir, pasaporte o identificación otorgada por el estado;
- permiso de trabajo;
- I-94 (si entró al país legalmente);
- certificados de nacimiento;
- partida de matrimonio;
- notificaciones de aprobación;

- certificados de ciudadanía o tarjeta de residente;
- comprobante de recepción de la solicitud de cambio en la condición migratoria;
- si es necesario, documentos que demuestren haber mantenido una condición migratoria legal hasta la fecha de solicitud de cambio de dicha condición;
- certificados de naturalización o tarjeta de residente del peticionario;
- comprobante de recepción de la solicitud de cambio de condición migratoria;
- tarjeta de Seguro Social;
- carta original del patrón en papel con encabezamiento oficial de la compañía;
- declaraciones de impuestos de tres años con formularios W-2 para el peticionario o patrocinador; y,
- testimonio de divorcio original.

El solicitante necesitará una copia de cada documento requerido en apoyo de su solicitud. Todo documento remitido en un idioma que no sea el inglés requerirá una traducción al inglés debidamente certificada.

El solicitante por lo regular debe estar presente en la entrevista. Si el solicitante reside fuera de EE.UU., podrían efectuarse arreglos para que éste se presente en la embajada o consulado, en lugar de asistir a la entrevista. Si el solicitante está enfermo o es de edad avanzada, siempre se puede hacer algún tipo de arreglo.

Asegúrese de que el expediente del USCIS refleje su dirección actual, a fin de evitar que la tarjeta de residente se pierda en el correo. Lleve su pasaporte a la entrevista para que se pueda colocar el sello de residencia en el lugar correspondiente una vez se apruebe la solicitud de cambio en condición migratoria. Si usted no cuenta con un pasaporte, merece la pena esforzarse por conseguir uno antes de la entrevista, no solamente para que le sirva de identificación, sino para que se pueda colocar el sello. Usted tendrá la opción de llevar un aviso de aprobación al

USCIS y solicitar que se ponga el sello en su pasaporte después de la entrevista, pero esto puede requerir que tenga que esperar en fila por varias horas.

La Entrevista

Es de esperar que el caso sea aprobado en la entrevista. Si es aprobado, el funcionario deberá sellarle el pasaporte en el curso de la entrevista.

Si no aprueban el caso en la entrevista, se emitirá una solicitud de constancia (RFE, por sus siglas en inglés), mediante la cual se pide que se remitan ciertos documentos dentro de un período de tiempo determinado. A veces piden la RFE para no tener que decidir en la propia entrevista.

Se deberá actuar con suma cautela en la entrevista para asegurarse de que el funcionario maneje el caso con prontitud. A continuación se indican algunas sugerencias para protegerse:

- obtenga el nombre del funcionario;
- pregúntele al funcionario cuánto tiempo se le dará para presentar los documentos;
- pregúntele al funcionario cuánto tiempo llevará tomar una decisión después de la presentación de documentos. Aunque es posible que no cumplan los plazos, siempre ayuda poder decirle más adelante al funcionario o al supervisor que le fue prometida la tramitación de la solicitud dentro de cierto plazo;
- si no pueden obtenerse los documentos, pregúntele al funcionario qué ocurrirá con el caso;
- pregúntele al qué debe hacerse si no recibe noticias después de transcurridos 30 o 60 días (obtenga su número de teléfono y su extensión);
- si usted cree que ha suministrado suficiente información y el funcionario no le dice específicamente por qué todavía no han aprobado el caso, pida que lo dejen hablar con un supervisor; y,
- después de la entrevista tome notas detalladas sobre las preguntas que le formularon y sus propias respuestas.

Preguntas Especiales que se Plantean en la Entrevista

Una complicación especial se presenta en la entrevista, en los casos en los que se presenta una petición en base a los vínculos matrimoniales. Si el funcionario del USCIS no está seguro respecto a la legitimidad del matrimonio, es posible que le formule preguntas personales a la pareja. El funcionario puede separar al marido de la mujer, hacerles preguntas por separado y comparar las respuestas. A continuación se incluye una lista de las preguntas que suelen plantearse.

- ¿Dónde viven sus suegros y si murieron cuándo se produjo su fallecimiento?
- ¿Cuándo fue la última vez que habló con ellos?
- ¿Cómo se llaman los hermanos(as) de su cónyuge?
- ¿Cuál es la fecha de nacimiento de su cónyuge y cómo se llaman sus padres?
- ¿Por qué motivo vino usted a los EE.UU. en primer lugar?
- ¿Quién lo(a) invitó?
- ¿Dónde conoció a su cónyuge?
- ¿Quién de los dos propuso matrimonio y durante cuánto tiempo habían salido juntos?
- ¿Qué hicieron el Día de los Enamorados (San Valentín)?
- ¿Qué tipo de ceremonia matrimonial celebraron?
- ¿Hubo una recepción?
- ¿Cuándo se conocieron?
- ¿Durante cuánto tiempo salieron juntos antes de comprometerse?
- ¿A qué hora se despertaron usted y su esposo(a) esta mañana?
- ¿Quién prepara las comidas?

- ¿Qué desayunaron esta mañana o qué cenaron anoche?
- ¿Cuál fue el último regalo que le hizo su cónyuge?
- ¿Cómo se trasladó usted a la entrevista?
- ¿Dormían junto antes del matrimonio? En caso afirmativo, ¿con qué frecuencia?
- ¿A qué escuela asistieron los hijos de su cónyuge de otro matrimonio?
- ¿Dónde trabaja su cónyuge?
- ¿Cuántos dormitorios o habitaciones tiene su apartamento?
- ¿Qué tipo de cocina u hornillo tienen en la casa (eléctrica o a gas)?
- Describa la cabecera de su cama, las cortinas de la habitación, la cómoda, otros muebles y el color de la alfombra o moqueta?
- ¿A cuánto ascienden el alquiler de la vivienda, los gastos, los sueldos y salarios, y quién paga las cuentas?
- ¿Por qué se casó con su cónyuge?

NOTA: *Aunque las preguntas indicadas anteriormente son las que se formulan comúnmente, la manera de interrogar depende de cada funcionario de inmigración.*

Conclusiones

En estos momentos, el USCIS no procura denegar solicitudes. Lleva mucho más tiempo denegar un caso que aprobarlo. Si usted les proporciona los datos que buscan, lo más probable es que obtendrá un resultado favorable.

Solicitud de Constancia

En la actualidad, la decisión se debe efectuar al momento, a menos que falten documentos. Si su caso no es aprobado en la entrevista, es posible que se le entregue una carta de solicitud de constancia (RFE, por sus siglas en inglés). La carta de solicitud de constancia ofrece un listado de los documentos requeridos para completar el caso y establece un plazo para proporcionarlos. Este límite de tiempo es estricto. Si necesita una extensión del plazo, solicítela por escrito o llame al funcionario. La respuesta a la carta de solicitud de constancia deberá enviarse por correo certificado, a fin de poder demostrar el envío en caso de que fuera necesario.

La tramitación de casos pendientes en una oficina del USCIS puede llevar mucho tiempo. Si no recibe noticias transcurrido un plazo razonable, de tres a seis meses, lo más probable es que no le respondan nunca. Le corresponde a usted averiguar sobre el caso. La mayor parte de las oficinas cuentan con un sistema de consultas por correo para iniciar la tramitación. Al remitir correspondencia es necesario conservar fotocopias con constancia de envío. Sea tenaz y, por sobre todo, recuerde que para efectuar trámites ante una oficina local del USCIS es necesario hacerse oír.

Asimismo, infórmese sobre la fecha de caducidad de sus huellas digitales, ya que vencen después de 15 meses. Si va a solicitar información sobre su caso, notifique al USCIS que se requiere una carta a fin de fijar la cita para la toma de huellas digitales.

Si el caso es aprobado y le sellan el pasaporte o si recibe la tarjeta de residente por correo, el nuevo residente permanente podrá establecer contacto con la oficina del Seguro Social para obtener una tarjeta sin restricciones. El número de Seguro Social seguirá siendo el mismo. No es estrictamente necesario obtener una nueva tarjeta, pero tendrá sus ventajas, si busca otro trabajo, por ejemplo.

Denegación

Si la denegación ha sido un error, entonces se deberá presentar una moción para reabrir que especifique el error cometido junto a cualquier evidencia que pueda requerirse. Será preciso darle seguimiento a la moción para reabrir con una llamada telefónica al funcionario o a un supervisor. Es conveniente presentar primero una moción para reabrir para efectos del record.

Sin embargo, en la mayoría de los casos, la denegación tiene como consecuencia que en su expediente se inicie el procedimiento de deportación. Es probable que le entreguen al solicitante una citación de comparecencia (NTA, por sus siglas en inglés), lo cual significa que la persona tiene que comparecer ante un tribunal de inmigración en una fecha futura. En general, este trámite es bastante lento. En la mayoría de las ciudades el USCIS tiene que encargarse de demasiados procedimientos de inmigración.

Otro elemento que retrasa los trámites es el propio tribunal de inmigración, cuya capacidad de tratar casos suele ser limitada. El número de casos atrasados es considerable. Una vez que le entregan la NTA al solicitante y se registra ante el tribunal es necesario esperar que le den turno ante el tribunal. Sin embargo, el proceso se acelera una vez que el juez de inmigración examina el caso.

NOTA: *Si su solicitud es denegada, consulte con un abogado o persona cualificada en leyes de inmigración.*

Pérdida de la Tarjeta de Residente

Si su caso fue aprobado durante la entrevista, usted deberá recibir su tarjeta de residente tras un período de tiempo. Al menos en la mayoría de los casos.

La causa más frecuente para no recibir la tarjeta de inmigración es un cambio de dirección. Mucha gente opta por notificar un cambio de dirección a la oficina de correos, lo cual es válido por un período de seis meses. Sin embargo, las instrucciones que figuran en el sobre que contiene la tarjeta indican que la misma no debe ser enviada a una nueva dirección. A veces, el sobre llega a la dirección nueva, pero en ocasiones no.

Si el sobre no es enviado a la dirección nueva, éste es devuelto al centro de servicio correspondiente. El sobre se conserva allí durante seis meses y luego es destruido. Si la tarjeta es destruida, usted deberá gestionar nuevamente la tramitación ADIT. La tramitación ADIT se refiere al proceso mediante el cual el extranjero coloca su firma y huella digital en una tarjeta que eventualmente se convertirá en su tarjeta de residente.

18 Centros de Servicio

La información contenida en este capítulo se relaciona solamente con los casos presentados y pendientes en uno de los centros de servicio.

Una vez emitido el *comprobante de recepción*, generalmente se produce un período de espera antes de que el caso sea remitido a un funcionario para que éste decida sobre la *adjudicación*. El tiempo que tarda depende del tipo de solicitud y de cada centro de servicio. El comprobante de recepción indica el plazo durante el cual se tomará una decisión sobre la solicitud. Aunque se trata de un cálculo bastante preciso, el tiempo de espera suele variar. Por ejemplo, para quienes solicitan cambio de condición migratoria sobre la base de su condición de asilados el período de espera suele extenderse de tres a seis años en vez del plazo de tres a seis meses indicado en el comprobante de recepción.

Si se vence el plazo que figura en el comprobante de recepción y no recibe respuesta del USCIS deberá contactar con el centro de servicio. El primer paso consiste en llamar al sistema de teléfono automatizado, 800-375-5283 o ingresar en línea a través de **https://egov.immigration.gov/graphics/cris/jsps/index.jsp** y averiguar en qué situación está su caso. Al llamar al número 800, presione el "1" dos veces para acceder al sistema automatizado. Le pedirán que marque el número de caso (en el ángulo superior izquierdo del comprobante de recepción). Marque también las tres letras que designan al centro de servicio en el teclado numérico. (Por ejemplo, "LIN" para el centro de servicio de Lincoln es el "546" en el teclado del teléfono.) El mismo número de caso se ingresa también en el sistema en línea, el cual proporciona los mismos datos que el sistema telefónico.

La información proporcionada puede resultar útil. Por ejemplo, es posible que en la grabación diga que se le ha enviado la notificación de aprobación o una solicitud de constancia (RFE). Es frecuente que en la RFE le indiquen que faltan documentos o algunos datos. Casi siempre una RFE concede un período de 84 días a efectos de proporcionar la información requerida. Si algún aspecto de dicho documento le resulta confuso, sería aconsejable consultar con un abogado.

Advertencia: Este plazo es muy estricto. Toda respuesta deberá remitirse al USCIS por medio de un servicio de correo o mensajería con entrega al día siguiente y con una constancia de haberla enviado (proof of mailing), para que los funcionarios del USCIS no puedan decir que nunca recibieron su respuesta. Generalmente sólo le darán una oportunidad de cumplir con la RFE. Por tal motivo, asegúrese de incluir toda la información. Si no se dispone de algunos datos, proporcione una explicación detallada para explicar las razones pertinentes.

Generalmente el mensaje dirá que caso está *pendiente*. En este caso, se recomienda verificar el esquema de tramitación del centro de servicio específico, a fin de averiguar si su caso ha sido dejado de lado. Visite el mismo sitio web que se indica más arriba y haga clic en la fecha situada en la extrema derecha del esquema, la cual es la fecha de los casos en los cuales se está trabajando en la actualidad.

Si usted ha presentado su caso antes de tal fecha y todavía no ha obtenido respuesta, lo más probable es que su caso haya sido dejado de lado. Se deberá remitir una carta breve a la dirección postal de dicho centro de servicio para hacerles notar la omisión. Adjunte una fotocopia del comprobante de recepción. Guarde una copia de la correspondencia y comprobante de envío por correo (proof of mailing). Si después de dos meses aún no recibe respuesta, el próximo paso es llamar al 800-375-5283 para hablar con un *funcionario de inmigración*. Dado que no tiene acceso al expediente (y que la información que tenga sea la misma que proporciona el sistema automatizado), este funcionario no tomará decisiones respecto a su solicitud. Sin embargo, es posible que los funcionarios puedan allanar ciertas dificultades burocráticas.

Si el caso se aprueba, le remitirán al solicitante la notificación de aprobación. Si se solicitó cambio de condición migratoria, se le requerirá al solicitante que comparezca ante la oficina local del USCIS a efectos de tramitar la tarjeta de residente. Este procedimiento se denomina *tramitación ADIT* (siglas en inglés del Sistema de Documentación, Identificación y Telecomunicaciones respecto a Extranjeros). En ese momento le estampan un sello en el pasaporte válido como tarjeta de residente durante seis meses a efectos de trabajo y viajes, hasta que le llegue por correo la tarjeta entre tres y seis meses después.

Normalmente no deniegan una solicitud sin darle oportunidad de resolver el problema legal o fáctico que se plantee. Usted podrá, quizás, volver a presentar la solicitud si puede rebatirse la causa del rechazo. No obstante, usted deberá tener algún tipo de condición migratoria legal para solicitar que le readmitan la solicitud, a menos que la petición se base en el vínculo con un abuelo, bajo el artículo 245(i). De lo contrario deberá solicitarse una apelación. Si le deniegan la solicitud, consulte con un abogado de inmigración para decidir la mejor manera de proceder.

19 Tribunales de Inmigración

Si le deniegan el caso en el USCIS, se encontrará usted sujeto al procedimiento de expulsión ante el Tribunal de Inmigración. El aspecto más importante de este tipo de tribunales es que no forman parte del USCIS, sino que constituyen una dependencia aparte dentro del Departamento de Justicia. El Juez de Inmigración no está sujeto a ninguna decisión tomada por el USCIS y tomará su propia decisión sobre la base a los datos que constan en el expediente del caso. El procedimiento ante el Tribunal de Inmigración es de orden civil y no penal, aunque las consecuencias de la deportación, si se llega a ese extremo, podrían ser mucho más severas que las de un delito común y corriente.

Antes de que cambiara la ley en 1996, se solía hacer referencia a los procedimientos ante el Tribunal de Inmigración como de *deportación* en vez de *procedimiento de expulsión*. Se cambió dicho nombre a reflejar los cambios sustanciales experimentados por la ley y evitar que se utilice para estos casos el término *deportación*.

La circunstancia de que su solicitud pueda haber sido denegada por el USCIS o la Oficina de Asilo no le interesa al Juez de Inmigración. Es más, ante el Tribunal usted ha adquirido bastante credibilidad, porque usted está solicitando una mejora migratoria de manera afirmativa. En otras palabras, usted solicitó asilo por su cuenta, lo cual es distinto que pedirlo por primera vez ante el Tribunal de Inmigración, en una postura defensiva, naturalmente, para evitar o retrasar la deportación.

Otro de los motivos por los cuales suelen denegarle la solicitud es ser detenido por el USCIS como extranjero ilegal o por tener antecedentes de problemas con funcionarios policiales o la justicia penal. Incluso un extranjero en posesión de la tarjeta de residente que hubiera cometido delitos puede ser sujeto al procedimiento de expulsión. Es bastante común que a un residente permanente legal que hubiera cometido delitos y salga del país, le sea denegada la entrada en EE.UU. a su regreso si los funcionarios de inmigración de la frontera descubren sus antecedentes delictivos.

NOTA: *Los tribunales están abarrotados de casos, motivo por el cual es posible que no le den fecha y hora para comparecer hasta transcurrido un año, aunque este plazo de espera varía según cada localidad.*

En realidad, la persona que tiene derecho legítimo a que su reclamación le sea atendida de manera favorable en el Tribunal de Inmigración. Por ejemplo, una entrevista para una solicitud de asilo en la Oficina de Asilo suele ser bastante unilateral, más bien en favor del funcionario. No obstante, ante el Tribunal de Inmigración, el mismo solicitante puede presentar su caso de manera más eficaz y lograr que la decisión que se tome sobre dicho caso la tome una persona con una actitud más neutral y considerada. De la misma manera, los casos de solicitudes efectuadas en base al vínculo matrimonial que hubieran sido denegados por el USCIS serán objeto de consideración más justa e imparcial por parte del Juez de Inmigración.

Jueces de Inmigración

Como seres humanos, naturalmente, las decisiones que tomen los jueces de inmigración (IJ, por sus siglas en inglés) respecto a un caso se basan, en gran medida, en su personalidad e inclinaciones. Es posible que la misma solicitud de asilo que un IJ decida otorgar sea rechazada por otro IJ.

Los jueces de inmigración no son como la mayoría de los jueces que aparecen en la televisión. En primer lugar, son jueces de derecho administrativo. Trabajan para el Departamento de Justicia, cuya máxima autoridad es el Procurador

General (Attorney General), el principal fiscal (acusador) del país. Por consiguiente, siempre existe cierta contradicción entre la máxima autoridad por encima del IJ, el Procurador General y los derechos de los extranjeros. (A diferencia de los jueces federales, funcionarios del poder judicial, una rama independiente del resto de la administración pública de EE.UU.)

Anteriormente a los IJ se los denominaba funcionarios de investigación especiales (special inquiry officers). Tenían, por lo tanto, amplios poderes para interrumpir y llevar a cabo sus propio interrogatorios. Un juez normal, parte del poder judicial, se limita a encargarse de llevar el juicio, decidir sobre asuntos legales y, en algunas ocasiones, toma decisiones en cuanto a la constatación de hechos.

Cambios de Juez

Es conveniente informarse de quién va a ser el juez. No es posible solicitar que lo atienda el mismo juez en distintas ciudades. Sin embargo, si el caso suyo se lo asignan a un juez bastante inflexible, es posible que le convenga mudarse a otra ciudad y presentar una moción de cambio de domicilio (motion for change of venue) ante el juez asignado en primera instancia. Si usted verdaderamente se ha mudado, la moción será aprobada y le darán fecha y hora para una audiencia general ante el nuevo juez. En general los jueces de inmigración prefieren aprobar este tipo de moción porque de tal manera tendrían un caso menos para atender y se ahorrarían las varias horas que les supondría una audiencia.

Abogados

En términos generales, los IJ son personas justas y decentes, consagradas a la defensa de la ley. No obstante, al DHS lo representa en el Tribunal un abogado procesalista que, esencialmente, cumple funciones de fiscal (acusador). Los agentes que cumplen funciones de fiscal (acusadores) no forman parte del USCIS. Son funcionarios sujetos a la autoridad de la *Oficina de Aplicación de Leyes de Inmigración y Aduanas de Estados Unidos* (ICE, por sus siglas en inglés), nuevo organismo dependiente del *Departamento de Seguridad del Territorio Nacional* (DHS).

Este funcionario prefiere que se lo considere representante del DHS, no del ICE. Desafortunadamente, este abogado procesalista tiene escasas atribuciones respecto a tomar sus propias decisiones respecto a un caso, motivo por el cual se oponen prácticamente a todos los solicitantes, excepto aquellos que suelen suscitar la comprensión de todo el mundo. Aunque en el plano personal puedan ser bastante agradables, en la mayoría de los casos van a plantear una férrea oposición.

Errores Comunes

El primer error que la gente comete respecto a los casos de inmigración consiste en no tener en cuenta que el Juez de Inmigración no tiene autoridad absoluta para decidir lo que es justo o correcto. Aunque usted esté casado con un ciudadano(o) de los EE.UU. o tenga hijos que sean ciudadanos de los EE.UU., o hubiera vivido en los EE.UU. durante veínte años, habiendo pagado todos sus impuestos, es posible que todos estos buenos antecedentes no tengan mayor valor en lo que se refiere al caso. En algunas ocasiones, determinada ley influye negativamente en su caso concreto y sus circunstancias personales, independientemente de que su propio punto de vista sea muy conmovedor.

Otro de los errores es suponer que si el IJ parece ser una persona agradable les va a aprobar el caso. La actitud externa del juez no necesariamente significa que juzgue su caso con más consideración o clemencia.

Tramitación de un Vaso en el Tribunal de Inmigración

Se recomienda especialmente presentarse ante el Tribunal de Inmigración representado por un abogado especialista en casos de inmigración. Si su caso es muy sencillo, es posible que pueda salir bien librado sin la asistencia de un abogado, pero antes de correr tal riesgo deberá consultar con un abogado a fin de informase sobre las leyes vigentes relacionadas con su caso y verificar que dichas leyes lo favorezcan. No basta con que un amigo le diga que su caso era muy similar y se lo aprobaron. Un detalle mínimo que sea diferente puede modificar un caso por entero.

Si va a tramitar su caso por sí mismo, deberá acudir a la ventanilla donde se presentan las solicitudes y pedirles una copia de las normas locales respecto al Tribunal. En dichas normas se indica cómo y cuándo deben presentarse los documentos. Se espera que siga dichas normas.

Una de las características del Tribunal de Inmigración que hace posible gestionar su propio caso es que las reglas para la demostración de pruebas (rules of evidence) son mucho menos estrictas que las reglas que se observan en un tribunal normal. En otras palabras se admiten como pruebas los testimonios basados en lo que han dicho otras personas (hearsay evidence), y los documentos no necesariamente deben ser fundamentados. Por ejemplo, en un tribunal normal el fiscal podría plantear diversas objeciones que no serían apropiadas ante un Juez de Inmigración.

La dificultad principal es aunque parezca fácil defender su caso, por ejemplo, alegando que no deberían deportarlo por estar casado con un ciudadano(a) de EE.UU. o tener hijos estadounidenses. No obstante, la mayor parte de los argumentos que el compareciente plantee en los tribunales será totalmente irrelevante para cualquier forma de resolución favorable, por más importante que parezca.

Incluso los abogados que no están suficientemente familiarizados con las leyes de inmigración aunque conozcan debidamente los procedimientos que se aplican en los tribunales civiles, se sienten totalmente perdidos en lo que se refiere a los procedimientos de inmigración, y mucho más en cuanto a la manera de lograr una resolución en su favor. Al igual que los clientes, tienden a concentrarse en aspectos irrelevantes de las circunstancias del compareciente.

Tipos de Audiencia

Existen dos tipos de audiencia en el Tribunal de Inmigración: las audiencias generales (master calendar hearings) y las audiencias individuales (individual hearings). Verificar la fecha y hora para la correspondiente audiencia general y otros datos sobre su caso es bastante fácil. Basta con llamar al teléfono 800-898-7180 y marcar su número "A". Le ofrecen una serie de cinco opciones, de las cuales la primera le proporcionará la fecha de su próxima audiencia.

Citación de Comparecencia

Un caso de inmigración da inicio mediante un documento denominado Citación de Comparecencia (Notice to Appear [NTA]). Si consulta con un abogado usted deberá mostrarle dicho documento. Si no lo tiene, acuda al Tribunal de Inmigración que se encarga de su caso y pídale al funcionario (court clerk) que le proporcione una copia. La parte importante de este formulario es donde se indica el motivo por el cual lo consideran a usted expulsable de los EE.UU. y los hechos que argumentan al respecto.

Usted deberá estar preparado para proceder o al menos contar con una buena disculpa. Podría, incluso, presentarse por primera vez en el Tribunal y solicitar un poco más de tiempo para conseguir un abogado. Generalmente, en estos casos, el IJ le concertará una nueva fecha para su audiencia, dentro de treinta o sesenta días.

El IJ no estará dispuesto a postergar el caso para dar tiempo a la aprobación de una petición de visa, una certificación laboral u otro tipo de documento o decisión en favor del compareciente. Es difícil que el Tribunal de Inmigración le permita posponer su caso. El IJ desea reducir el número de casos pendientes.

La Audiencia General

A continuación se enumera una lista de los asuntos que suelen plantearse en una audiencia general. Están redactados con terminología bastante formal, teniendo en cuenta que dichos asuntos serán citados en un inglés bastante formal en el curso de las deliberaciones en Tribunal. Al compareciente se le pedirá (a través de su abogado, si cuenta con representación legal) que cumpla al menos algunas de estas condiciones:

- constatar que él o ella es el compareciente cuyo nombre aparece en la Citación de Comparecencia;
- reconocer que está presente en el Tribunal acompañado de un abogado o reconocer que ha recibido la lista de los programas de servicios legales gratuitos requeridos de conformidad con el Código de Regulaciones Federales, Título 8, Artículo 242.2(d);
- admitir que ha recibido debidamente la Citación de Comparecencia;
- acordar que se admita en el registro del procedimiento la Citación de Comparecencia, como Documento 1;
- reconocer que un abogado le ha informado respecto a la índole y los propósitos de este procedimiento de deportación y respecto a los derechos del compareciente, y que el compareciente entiende dicha información;
- renunciar a la lectura formal y a la explicación de las acusaciones contenidas en la Citación de Comparecencia;
- aceptar todas o algunas de las alegaciones fácticas o denegar todas o algunas de las alegaciones fácticas incluidas en la Citación de Comparecencia;
- admitir que el compareciente es expulsable de conformidad con las acusaciones contenidas en la Citación de Comparecencia y en cualquier formulario I-261;
- designar un país al cual posiblemente sea deportado el compareciente (si es necesario);

- especificar, entre las siguientes, la modalidad de alternativa a la expulsión para la cual el compareciente se considera elegible:

    - conclusión o cierre administrativo de los procedimientos;

    - cambio de condición migratoria;

    - asilo o suspensión de la deportación;

    - cancelación de expulsión;

    - dispensa de las causas de expulsión o exclusión, de acuerdo con determinado(s) artículo(s) de la Ley de Inmigración y Nacionalidad;

    - salida voluntaria del país; o,

    - otra.

- reconocer que entiende que, a menos que el Tribunal disponga lo contrario, el compareciente dispone de treinta días a partir de la fecha, para presentar su solicitud (o solicitudes) para que el Tribunal le apruebe lo que solicita, junto con todos los documentos acreditativos requeridos, de conformidad con todas regulaciones aplicables;

- entender y aceptar que si el compareciente deja de presentar por escrito alguna de las solicitudes indicadas más arriba, el Tribunal tomará una decisión y la ingresará en sus registros, sin otra notificación o audiencia y que no se admitirá la salida voluntaria del país a menos que el Servicio estipule lo contrario y así se haga constar en los registros o por escrito;

- calcular el tiempo requerido para la audiencia;

- declarar que no requiere la asistencia de un intérprete porque el compareciente habla y entiende inglés, O solicitar al Tribunal que recurra a los servicios de un intérprete que domine el idioma del compareciente para la audiencia individual; y,

- reconocer que su abogado o el Juez de Inmigración lo haya informado sobre las consecuencias que, de conformidad con el artículo 242B de la Ley, tendría el incumplimiento de las siguientes condiciones en su debido momento: no presentarse a esta audiencia para el procedimiento de expulsión; no salir voluntariamente del país en caso de que el compareciente hubiera manifestado su acuerdo al respecto o se le hubiera otorgado el correspondiente permiso para ello, y el incumplimiento de presentación para ser expulsado en el lugar y la fecha y hora indicados.

El aspecto más importante de la audiencia general consiste en determinar a qué tipo de concesiones tiene derecho el compareciente. El IJ es responsable de tomar las decisiones al respecto. Si el IJ no le informa a usted respecto a las posibles concesiones que podría obtener, el caso podría ser reabierto y remitido a la Cámara de Apelaciones de Inmigración.

Si el Juez de Inmigración descubre que usted tiene una posibilidad de obtener una concesión, escuche atentamente lo que le diga. Deberá, por tal motivo, llevar papel y pluma y tomar debida nota de todo. Si algunas de las instrucciones no le parecen claras formule las preguntas necesarias. Ponga especial atención a cuáles formularios se requieren para cada proposito y cómo deben llenarse. Si ya ha vencido un plazo, la posibilidad de obtener cierta concesión podría perderse permanentemente.

Si más adelante usted se percata de haberse olvidado de algo que dijo el Juez de Inmigración, usted puede regresar al Tribunal y escuchar la cinta grabada de la audiencia, a fin de escuchar nuevamente lo que se dijo en aquel momento. Aunque usted no entienda lo que el juez quiso decir, el propio juez se quedaría gratamente impresionado al enterarse del esfuerzo que usted despliegue para cumplir debidamente las instrucciones.

La Audiencia Individual

La audiencia individual es el aspecto de importancia primordial de cada caso de inmigración, independientemente de las complicaciones que pudiera tener. Adopte las debidas precauciones al prepararse para dicha audiencia. En la medida de lo posible se deberán prever y tener en cuenta los problemas y los asuntos que pudieran plantearse por parte del USCIS.

Las solicitudes de concesiones y los documentos acreditativos deberán presentarse en el Tribunal de Inmigración dentro del plazo para la presentación de documentos (*call-up date*). Se trata de la fecha límite fijada por el Juez de

Inmigración respecto al caso concreto, o si no se fija un plazo específico, son diez o catorce días antes de la fecha de la audiencia, dependiendo de las normas operativas del tribunal local. Es fundamental que todas las constancias y los nombres de los testigos propuestos se remitan al Tribunal antes de la fecha límite. De lo contrario se corre el riesgo de que no se los admita como pruebas en la audiencia. Toda moción (moción para continuar, por ejemplo) deberá plantearse antes del plazo para la presentación de documentos.

Es importante la preparación. Si los documentos acreditativos se presentan completos y son convincentes, y el extranjero se ha preparado debidamente para atestiguar detalladamente sobre su caso, las posibilidades de que le aprueben el *caso son mucho mayores.* Ocurre con frecuencia que en un caso surgen *cabos sueltos y con la preparación el asunto se desembrolla.*

Interrogatorio Directo y Refomulación de Preguntas

En la fecha de la audiencia, el IJ escuchará el testimonio del extranjero y de los testigos que comparezcan, y considerará los documentos presentados. En primer lugar se lo interrogará al extranjero, por intermedio de su abogado, en lo que se considera interrogatorio directo (direct exam). El juez interrumpirá dicho proceso y planteará sus propias preguntas. Al concluir el interrogatorio directo, el abogado del USCIS efectuará el replanteamiento de preguntas (cross-examination). El replanteamiento de preguntas se basa en el testimonio del extranjero y los documentos que constan en el registro. Al final del replanteamiento de preguntas, el extranjero podrá redirigir las preguntas sobre la base del replanteamiento de las preguntas. El testimonio de todos los demás testigos podrá ser oído mediante el mismo procedimiento.

Fin de la Audiencia

Al llegar la audiencia a su fin, se le permitirá al extranjero o a su abogado efectuar las observaciones finales (closing remarks). Estas observaciones pueden ser esenciales para resumir el testimonio y contrarrestar los efectos negativos de la intervención del abogado del USCIS durante el replanteamiento de preguntas.

Cuando finalice el caso, el juez emitirá una decisión, una orden (order). Si le deniegan el caso, el juez lee una decisión oral la cual se hace constar en el registro. Es importante tomar nota sobre la base para el fallo en su contra. Si el extranjero decido apelar la decisión, será necesario declarar los motivos que fundamentan la apelación, en la notificación de apelación.

Apelación

Si se decide apelar, la notificación de apelación deberá ser recibida en las oficinas de la Cámara de Apelaciones de Inmigración dentro de los treinta días subsiguientes. Este plazo es muy estricto. Toda respuesta deberá remitirse al

USCIS por medio de un servicio de correo o mensajería con entrega al día siguiente. También se deberá adjuntar un cheque o giro de $110 en concepto de tasa de tramitación.

Aprobación del Cambio de Condición Migratoria

Si le aprueban el cambio de condición migratoria, a fin de recibir la tarjeta de residente, el extranjero deberá finalizar la tramitación ADIT a través de la oficina local del USCIS. La tramitación ADIT consiste en completar la tarjeta que el personal del centro de servicio convertirá posteriormente en su tarjeta de residente. La persona no será ciudadana de EE.UU. hasta la conclusión del trámite (aunque en el texto de la orden dice lo contrario).

Casos que se Basan en Unvínculo Familiar

Se plantean varias consideraciones especiales que podrían ser fundamentales para los casos que se basan en vínculos familiares. Aunque es posible obtener el cambio de condición migratoria a través del Juez de Inmigración, le requerirán una petición I-130 vigente y aprobada. Desafortunadamente, la petición I-130 deberá ser aprobada por el USCIS antes de que el IJ pueda proceder a considerar su caso. Resulta también desafortuado que el IJ estará sumamente impaciente por concluir el caso y se mostrará reacio esperar el tiempo que al USCIS le requiere la tramitación del caso.

NOTA: *Si una persona se casa después de la fecha en que le envían la Citación de Comparecencia, no se le garantizará la prolongación del caso. Hasta hace escaso tiempo la tramitación de las peticiones I-130 experimentaban prolongadas tardanzas.*

Una de las ventajas de tramitar su caso en el Tribunal de Inmigración es que si al extranjero le han aprobado la petición I-130 y se encuentra separado de su cónyuge, es aún posible comparecer ante el Tribunal y lograr que le aprueben el cambio de condición migratoria. Sin embargo, no se admitirá dicho trámite si se han divorciado. De todos modos, considerando que la tramitación de un divorcio puede llevar considerable tiempo, este tipo de arreglo podría ser conveniente.

Apelaciones y Otros Asuntos

A menudo se plantea cierta preocupación respecto al extranjero en lo que se refiere a su posible detención por parte del USCIS si pierde el caso en el Tribunal de Inmigración. Este tipo de situación rara vez ocurre. Se corre un riesgo mucho mayor de ser detenido o arrestado en una entrevista para solicitar cambio de condición migratoria o en una entrevista para la ciudadanía si el solicitante tiene serios antecedentes penales.

Si su caso es denegado por el Juez de Inmigración, usted tendrá derecho a apelar su caso ante la Cámara de Apelaciones de Inmigración (BIA, por sus siglas en inglés), cuya sede está en Falls, Church, Virginia, en las afueras de Washington, DC. La BIA es una agencia aparte dentro del Departamento de Justicia.

La *notificación de apelación* (formulario EOIR-26) deberá llegar a las oficinas del BIA dentro de los treinta días de la fecha de la denegación de su caso. No importa cuándo se remitieron exactamente los documentos. Incluso si usted envía los documentos por correo con llegada al día siguiente, si el servicio de correos comete un error y por error de ellos no efectúan el envío, usted habrá perdido su oportunidad de presentar una apelación. No hay nada más que añadir. Se trata de un plazo muy estricto y no se admite excepción alguna.

Excepto en caso inusuales, usted no deberá comparecer personalmente ante este tribunal, el cual tomará una decisión sobre la base de los escritos preparados por su abogado y por el abogado del USCIS, y de los documentos que figuran en los registros de los procedimientos. El tiempo de espera es de aproximadamente de seis a doce meses, hasta que las transcripciones lleguen por correo junto con la lista de informes.

Una de las ventajas del trámite de las apelaciones es que si usted está esperando la aprobación de una visa en una categoría preferencial, una certificación laboral o la petición I-130, dispondrá de un par de años para esperar a que esos otros trámites se resuelvan de manera satisfactoria.

Orden de Explusión

Si el Tribunal de Inmigración emite una orden para que lo expulsen del país, en general no podrá volver a los EE.UU. durante diez años. En el caso de que la orden de expulsión se deba a sus antecedentes penales, se dispondrá que lo expulsen durante veinte años. Siendo realistas, tener antecedentes penales le impediría regresar a EE.UU. definitivamente, a menos que obtenga una dispensa de inadmisibilidad, lo cual es muy difícil.

Si un extranjero regresa a los EE.UU. después de haber sido expulsado, podrá ser enjuiciado por la justicia penal y ser condenado a una prolongada sentencia de cárcel en una prisión federal.

Advertencia: Bajo un nuevo procedimiento operativo, el USCIS notificará al FBI los datos de toda persona objeto de una orden de deportación, a efectos de que el FBI ingrese sus datos en la base de datos del Centro de Información Nacional sobre la Delincuencia (NCIC, por sus siglas en inglés). De esta manera la policía local y estatal podrá determinar si una persona está sujeta a una orden de deportación. De conformidad con esta nueva disposición, resultaría mucho más fácil controlar las infracciones a las leyes de inmigración cometidas por un conductor al que detengan por exceso de velocidad. Si dicho conductor ha contravenido tales leyes será detenido y remitido al USCIS. En tales casos suele ser difícil obtener la libertad bajo fianza.

20 PÉRDIDA DE LA TARJETA DE RESIDENTE

En el presente capítulo se examinan las diferentes formas en que puede perderse la tarjeta de residente o el derecho de residencia permanente, así como los procedimientos para reemplazarla.

Extravio

La nueva tarjeta de residente se solicita presentando el formulario I-90 en las oficinas del USCIS. Deberá acudirse en persona a dichas oficinas llevando la siguiente documentación:

- formulario I-90;
- tasa de tramitación de $130;
- dos fotos tipo tarjeta de residente;
- certificación oficial de la identidad o pasaporte extranjero;
- copia de la tarjeta de residente, en caso de disponer de ella;

- prueba del cambio de nombre, como partida de matrimonio o testimonios o sentencia de divorcio; y,
- tasa de huellas digitales de $50, para los mayores de 14 años.

No obstante, si el individuo es elegible para naturalización, podrá evitarse el trámite de solicitud de la nueva tarjeta de residente y el gasto correspondiente, pues en ese caso, se halla en condiciones de solicitar directamente la ciudadanía estadounidense presentando el formulario N-400. Este procedimiento es recomendable si la persona que goza de residencia permanente no piensa viajar fuera de los EE.UU., o si no necesita la tarjeta de residente para presentarla en el trabajo actual o futuro. En la entrevista del trámite de naturalización, el solicitante deberá cumplimentar una declaración jurada para acreditar que perdió la tarjeta de residente.

Estadía en el Extranjero por Espacio Superior a Seis Meses

Se espera que la persona que goza de residencia permanente en los EE.UU. verdaderamente resida permanentemente en EE.UU. Si dicha persona pretende entrar en los EE.UU. tras una ausencia de duración inferior a seis meses, tiene garantizada la admisión excepto en dos casos: si hubiera sido declarado culpable de un delito que conlleve la denegación del derecho de admisión en el país, o si resultara evidente que no reside en los EE.UU.

Si se le deniega la entrada en la frontera, insista en que se le entregue una citación de comparecencia (Notice to Appear, NTA), mediante la cual se le ordena que presentarse ante un juez de inmigración para que éste decida. El inspector podrá pedirle que firme un formulario mediante el cual se dé por concluida su residencia permanente y abandone el país. Si insiste y, si es necesario, habla con el supervisor, le deberán entregar una NTA.

Si el residente permanente pretende entrar en los EE.UU. después de una ausencia de más de seis meses y menos de un año, no tendrá garantizado el derecho de nueva admisión y se le considerará, en cambio, solicitante de admisión. En la práctica, tal cosa no debería ocasionar problema alguno, siempre que goce de residencia permanente en los EE.UU., no haya omitido en ningún caso la presentación de la declaración de impuestos anual y, además, se haya visto obligado a permanecer en el país de origen por causas ajenas a su voluntad. La consideración que se le dará al residente permanente dependerá del inspector a cargo de la vigilancia de la entrada de personas al país, quien podrá preguntar al solicitante, al retornar, si constituye una carga pública, si recibe ayuda de la beneficencia social y también si recibe atención médica prolongada.

No obstante, se han trazado planes para que a partir de 2004, el Departamento de Seguridad del Territorio Nacional implemente un sistema más sofisticado para llevar un control de los desplazamientos de los residentes permanentes legales y los no inmigrantes. Anteriormente, los inspectores no tenían otra alternativa que regirse por un código de honor, basado en el testimonio del propio extranjero. Está aún por comprobarse si el nuevo sistema se implementa dentro del plazo previsto y resulta eficaz.

Si se prevé que el período de ausencia del país se prolongue por espacio superior a un año, podrían surgir problemas. En efecto, el residente permanente deberá solicitar permiso de nueva entrada a los EE.UU., lo cual no es garantía de que finalmente se le conceda el mismo, aunque servirá para contribuir a acreditar que no tenía intención de abandonar la residencia permanente.

Antecedentes Penales

La persona que goza de residencia permanente legal en los EE.UU. debe procurar no tener problemas con la justicia penal. En efecto, ocurre en numerosas ocasiones que un simple delito menor acarrea la pérdida de la condición de residente.

La condena penal puede tener repercusiones en materia de inmigración, aunque se trate de un simple delito menor, el extranjero haya vivido muchos años en los EE.UU. o incluso, si la esposa, los hijos y los padres de aquél poseen todos ellos la ciudadanía norteamericana. Hay dos tipos de delitos que revisten importancia ante las autoridades de inmigración, siendo el primero de ellos los que se denominan delitos cometidos con conducta infame y en los cuales se incluyen, entre otros, el robo de escasa cuantía en tiendas minoristas. El residente legal permanente que comete un delito de dichas características será oído en audiencia ante un Juez de Inmigración donde deberá exponer y acreditar los motivos que eviten la deportación.

Los delitos de mayor gravedad son los delitos mayores con agravantes y se hallan previstos en el Artículo 101.a.43 de la Ley de Inmigración y Nacionalidad. Cuando el Congreso de los Estados Unidos elaboró una lista de delitos graves en el año 1988, figuraban en dicha categoría unos pocos delitos de ese carácter, como el rapto (secuestro) y el asesinato. Sin embargo, todos los años los legisladores deciden incluir nuevos delitos en la expresada lista, con lo cual, en la actualidad, los delitos mayores son en su mayoría delitos mayores con agravantes. Para peor, la promulgación de los nuevos delitos tiene efecto retroactivo, lo cual significa que, incluso, si a la fecha en que el acusado es hallado culpable, el delito no revestía carácter de delito mayor con agravantes, el hecho de que posteriormente ese delito adquiera dicha naturaleza implica que se considere delito mayor con agravantes a efectos de las leyes de inmigración.

Debe añadirse además que, en el año 1996, el Congreso norteamericano resolvió derogar el recurso de clemencia que se establecía en el artículo 212(c) para la persona en cuyo prontuario figuraba un delito mayor con agravantes. Para las autoridades carece de relevancia que se hubiera cometido el delito cuando no era causa de deportación. A raíz de ello, el residente legal permanente que era condenado de forma retroactiva por un delito mayor con agravantes no solamente no tenía modo alguno de evitar la deportación, sino que se le impedía en los hechos que pudiera regresar a los Estados Unidos en el futuro. Imagínese lo que es el tener que informar a una persona, que ahora podría tener una familia, de las graves consecuencias de un delito que a menudo se comete en los años de la juventud.

Procede la deportación en el caso de los siguientes delitos:

- condena por un delito cometido con conducta infame en el curso de los cinco años posteriores al de entrada en los EE.UU. y sobre el cual recaiga pena de un año de privación de libertad;
- condena por dos o más del tipo de delitos cometidos con conducta infame;
- condena por delito mayor con agravantes;
- condena por violación de las leyes que regulan el uso de las substancias reguladas;
- condena por violencia doméstica;
- violación de una orden de protección;

- condena por delito cometido con armas de fuego;
- dicho falso de la ciudadanía EEUU; o,
- en muy raras circunstancias, uso de las prestaciones en efectivo de la beneficencia social y de la atención médica prolongada en el curso de los cinco años posteriores al de entrada en los EE.UU., si la enfermedad o incapacidad existía antes de la modificación de la condición migratoria *(decidir si la persona constituye una carga pública).*

El Abogado Penalista

Por desgracia, los abogados penalistas no siempre están al corriente de las repercusiones que poseen los delitos en materia de inmigración. Es muy frecuente que el titular de residencia permanente no sepa que será deportado al declararse culpable de determinado delito. El residente permanente que sea detenido y acusado de un delito penal deberá consultar a un *abogado especialista en cuestiones de inmigración*, antes de embarcarse en la defensa penal.

La Declaracion de Culpabilidad

Una vez formulada *la declaración de culpabilidad*, no hay vuelta atrás. En numerosos estados, la única posibilidad de reabrir la causa depende del hecho de que el abogado defensor haya asesorado mal al procesado. Si por ejemplo, el abogado explicó al procesado que no debía preocuparse del riesgo de deportación, pues estaba casado con un ciudadano norteamericano, ello permitiría repetir el juicio. No obstante, si—como suele ocurrir—el abogado no informó en ningún momento al detenido de los efectos que tendría la condena en lo referido a la inmigración, aquél deberá soportar la condena y las consecuencias que ésta acarree. Las leyes en la materia no son iguales en todos los estados, por lo cual siempre es preciso consultar a un abogado penalista.

El mejor momento para consultar con un abogado de inmigración es antes de declararse culpable, de manera tal que puedan evitarse o minimizarse las consecuencias respecto a inmigración. La diferencia legal entre una condena que no ocasiona problemas y una que tiene consecuencia la deportación irrevocable puede suele ser muy sutil.

Existen muchas falsas nociones al respecto. La primera de ellas es que los delitos menores sólo acarrean consecuencias menores en cuanto a inmigración. En este terreno no hay consecuencias menores: a la persona declarada culpable la deportan o no. Tampoco puede decirse que un delito menor sea necesariamente inofensivo. Por ejemplo, una condena por un delito menor relacionado con cualquier tipo de drogas, en cuanto a inmigración puede considerarse delito mayor con agravantes, lo cual tendría serias consecuencias.

Otra falsa noción es que si al acusado lo sentencian a vigilancia judicial esta sentencia no se considera condena penal. Aunque en la ley estatal específicamente estipule que no constituye una condena penal, sí lo es a efectos de inmigración.

Los abogados penalistas (y los propios acusados) a menudo creen que es posible borrar de su expediente el delito por el cual el acusado se declara culpable, y que no tendrá consecuencias para obtener la tarjeta de residente o ser elegible para conseguir algún tipo de beneficio de inmigración. No hay nada más lejos de la verdad. Se pueden borrar datos del expediente del estado, pero no de la computadora del FBI que el USCIS utiliza para chequeos de huellas digitales. Borrar datos del expediente penal no tiene consecuencia alguna en cuanto a elegibilidad para beneficios de inmigración.

Penados

El único recurso que queda al penado es solicitar el indulto al gobernador del estado. En casi todos los estados de Estados Unidos existe una junta de vigilancia penitenciaria la cual se encarga de recibir y examinar las peticiones de indulto, así como de informar del estado del trámite correspondiente. No es frecuente que se conceda el indulto, aunque siempre hay posibilidades. Si no hubo víctimas del delito cometido (como tenencia de pequeñas cantidades de narcóticos), al menos, hay alguna probabilidad de obtener decisión favorable de la citada junta.

Opciones

Antes de declararse culpable o inocente dispone usted de una amplia gama de posibilidades. Por ejemplo, conviene mucho más declararse culpable de la acusación de agresión física simple (sin consecuencias en materia de inmigración) que hacerlo de agresión física doméstica (golpes al cónyuge), delito que puede acarrear la deportación del procesado. Aunque la condena por el primer delito implique pena de prisión de carácter breve o un período mayor de libertad vigilada, eso es preferible –desde todo punto de vista– a sufrir en el futuro consecuencias relativas a la inmigración.

Por otra parte, no existen normas estrictas en materia de custodia obligatoria del delincuente extranjero, aunque éste posea tarjeta de residente, lo cual implica que si es detectado por el DHS no tendrá derecho a presentar fianza.

Forma de Impedir la Deportación

Si un extranjero está siendo procesado debido a sus antecedentes penales, deberá consultar con un abogado de inmigración a fin de determinar si tiene la posibilidad de obtener una dispensa bajo la disposición INA 240(A) y las probabilidades de que se la concedan.

Si la falta cometida no es un delito mayor con agravantes, es posible obtener una dispensa. Aunque un delito de tal gravedad automáticamente rescinde la condición de residente permanente, los acusados de delitos que pueden eliminarse del expediente penal—delitos cometidos con conducta infame (CMTs), por ejemplo—pueden solicitar la cancelación de expulsión.

La siguiente documentación es la que debe presentarse ante el Tribunal de Inmigración según instrucciones del Juez y al objeto de efectuar la cancelación del procedimiento de expulsión.

- formulario EOIR-42A de Solicitud de Cancelación del Procedimiento de Expulsión para Determinados Extranjeros con Residencia Permanente, junto con el pago de 100 dólares en concepto de trámite;
- formulario G-325A, con entrega del original al abogado del USCIS y copia al Tribunal; y,
- certificado de servicio.

El procesado deberá acreditar las circunstancias que seguidamente se enumeran para gozar de derecho a que se le conceda la cancelación del procedimiento de expulsión:

- poseer residencia legal permanente por espacio de cinco años;
- haber residido en los Estados Unidos de forma continua por espacio de los siete años posteriores al de otorgamiento de cualquiera de las diversas categorías de residencia, exceptuando los períodos de interrupción de la residencia siguientes:

- tras la notificación de comparecencia ante el Tribunal de Inmigración; o,
- cuando el extranjero esté comprendido en la condición de inadmisiblesegún lo previsto en el artículo 212(a)(2) o de expulsable en virtud del artículo 237(a), apartados 2 y 4.

✪ no haber sido condenado por delito mayor con agravantes;

✪ no haberle sido concedida con anterioridad cancelación, suspensión o el recurso de clemencia previsto en el artículo 212(c);

✪ acreditar las siguientes circunstancias favorables:

- prueba de que el procesado y la familia de éste sufrirán penurias en caso de que se decida la expulsión;
- existencia de cónyuge e hijos de nacionalidad norteamericana;
- otros vínculos familiares que posea en los Estados Unidos;
- residencia de larga duración en los Estados Unidos;
- antecedentes de trabajo;
- tenencia de propiedades o de vínculos de carácter comercial; o,
- existencia de valor y de servicio para la sociedad.

✪ demostrar de forma fehaciente la rehabilitación:

- ausencia de comisión de otros delitos;
- asistencia a cursos de rehabilitación;
- declaraciones de remordimiento;
- pruebas que acrediten la buena reputación; o,
- prestar servicio en las fuerzas armadas.

- ✪ explicación de las circunstancias desfavorables:
  - naturaleza y circunstancias en que se cometió el delito;
  - otros actos de violación de las leyes de inmigración;
  - demás antecedentes penales; o,
  - demás acreditaciones de mala reputación.
- ✪ si el extranjero ya ha sido condenado por delito relacionado con los narcóticos u otro de naturaleza grave, o si posee antecedentes de las citadas características, deberá demostrar considerables factores positivos como contrapartida.

Los documentos enumerados en la precedente lista son los necesarios para solicitar la cancelación de expulsión. El formulario principal que debe rellenarse es el EOIR-42A, que consta de siete páginas en las que deberán indicarse toda clase de aspectos referidos a los antecedentes personales del individuo. Antes de presentar dicho formulario ante el Tribunal, es preciso abonar la suma correspondiente en las oficinas del USCIS, pues en los Tribunales de Inmigración no se acepta el pago de sumas en concepto de trámites. El pago del formulario debe hacerse en la ventanilla de la caja del USCIS; el formulario se presentará junto con un recibo debidamente rellenado que se colocará encima de la primera hoja del mismo. Una vez depositada la solicitud, será preciso presentar los documentos acompañantes catorce días antes de la fecha fijada para celebrar la audiencia. Hay que repasar la señalada lista de documentos y preparar todos los que sea posible para presentarlos.

NOTA: *Es previsible que el juez de inmigración se muestre favorable al solicitante en este tipo de procedimiento, sobre todo, si éste ha residido mucho tiempo en los Estados Unidos. No obstante, es conveniente presentar el mayor número de pruebas posible.*

21 NATURALIZACIÓN

Es aconsejable solicitar la ciudadanía estadounidense tan pronto se tenga derecho a ello. Para adquirir la ciudadanía hay que cumplir los siguientes requisitos.

- *Residencia y edad.* El solicitante debe gozar de residencia legal permanente y haber cumplido los 18 años de edad.

- *Antigüedad de la residencia permanente.* Puede solicitar la nacionalidad la persona que ha tenido residencia por un mínimo de cinco años, que, en realidad, son cuatro años y nueve meses. Aquellos que obtienen la tarjeta de residente por el hecho de casarse con un ciudadano estadounidense, podrán solicitar la nacionalidad al cabo de tres años (dos años y nueve meses), si aún permanecen casados y si aún residen con el cónyuge estadounidense. Hay otras varias excepciones al presente requisito de cinco años de antigüedad.

- *Residencia continua en los EE.UU.* El período de duración de la residencia permanente indicado en el párrafo anterior puede resultar interrumpido en caso de que la persona se ausente de los EE.UU. por espacio de seis meses o de más tiempo. Si la ausencia no llega al año, pero supera los seis meses, será posible argumentar que no se produjo interrupción de la residencia continua.

- *Presencia física en los EE.UU.* Es preciso permanecer treinta meses de los sesenta anteriores al mes en que se presente la solicitud de nacionalidad viviendo efectivamente en el territorio de los EE.UU. Dicho plazo se reduce a 18 meses cuando se obtuvo la residencia permanente mediante casamiento con un ciudadano estadounidense.

- *Buena solvencia moral.* El solicitante de la nacionalidad de los EE.UU. deberá acreditar buena solvencia moral durante el período de los cinco años previos al de presentación de la solicitud y asimismo durante todo el plazo que dure el trámite de la misma. Por buena solvencia moral se entiende aquella que es acorde a la reputación del ciudadano medio de la localidad en que reside el solicitante de la nacionalidad estadounidense.

  La condena penal no siempre anula el requisito de la buena conducta moral, lo cual, en su caso, deberá consultarse con un abogado. No podrá solicitar la nacionalidad la persona que cometa el delito mayor con agravantes previsto en el artículo 101(a)(43), pues éste se sanciona con la deportación y no es posible solicitar clemencia ante los tribunales de inmigración.

  Constituyen carencia de buena solvencia moral circunstancias como omitir el pago de la manutención de los hijos, no realizar la declaración de impuestos, así como presentar falso testimonio. También se entiende que significa falta de buena conducta moral el hecho de no presentarse al Servicio Militar Selectivo, pero únicamente si el solicitante lo hizo a sabiendas; o sea, si desconocía la obligación de presentarse, no se considera reprobable.

- *Conocimiento del inglés y de las instituciones políticas de los EE.UU.* El solicitante deberá demostrar que habla, lee y escribe bien el inglés, además de pasar un examen sobre la historia y las instituciones políticas de los EE.UU. El examen consta de un cuestionario con una serie de temas; a cada tema corresponden diez preguntas del tipo de opciones múltiples, de las cuales seis deben contestarse bien. Si el solicitante ha gozado de residencia permanente por espacio superior a quince años y tiene más de cincuenta y cinco años de edad, o bien lleva más de veinte de residencia permanente y es mayor de cuarenta años, podrá realizar el señalado examen sobre las instituciones políticas estadounidenses y mantener la correspondiente entrevista con la ayuda de un intérprete.

NOTA: *El solicitante que presente dispensa médica mediante el formulario N-648 quedará exonerado de cumplir el presente requisito.*

- *Residencia en el estado.* El solicitante deberá haber residido por espacio de al menos los tres últimos meses en el estado en que presente la solicitud.

- *Doble nacionalidad.* Por lo general, la adquisición de la ciudadanía estadounidense no conlleva la renuncia a la propia. La persona que se hace ciudadana de EE.UU. puede gozar de doble nacionalidad, aunque en numerosos casos no es posible, como ocurre, por ejemplo, con Alemania, Japón y Australia. En caso de duda, consulte con la embajada de su propio país.

Solicitud

La solicitud de ciudadanía debe presentarse en la jurisdicción del centro de servicio durante el plazo de residencia. La solicitud consta de los siguientes documentos:

- formulario N-400 de solicitud de nacionalidad;
- tasa de tramitación de $320;
- tasa de huellas digitales de $50;
- copia de la tarjeta de residente;
- dos fotos tipo tarjeta de residente; y,
- si el solicitante ha sido arrestado o, incluso, si le han tomado las huellas digitales, certificado original del registro de disposición de la oficina del funcionario del tribunal de justicia penal.

Los documentos enumerados son todos los que deben presentarse junto con el formulario N-400. Basta simplemente con adjuntar un cheque o giro por valor de 310 dólares (260 más 50), copia de la tarjeta de residente y dos fotos tipo carnet. Si el solicitante posee antecedentes penales, deberá, además, presentar el original de la sentencia correspondiente, la cual se solicitará a la secretaría del Tribunal penal. Si el Tribunal se halla en otra ciudad, bastará con pedirlo por teléfono y remitir el dinero por correo.

La documentación señalada deberá remitirse al centro de servicio que corresponda. En el Apéndice B figura el domicilio correcto. El centro de servicio tramitará la solicitud y, una vez hecho ello, la remitirá a la oficina local encargada de realizar la entrevista con el solicitante.

Si el solicitante cambia de domicilio antes de tener la entrevista, deberá comunicar el nuevo al teléfono 800-375-5283 de las oficinas del Servicio Nacional al Cliente (National Service Client).

La Entrevista

Deberá acudirse a la entrevista con los siguientes documentos, en su caso:

- tarjeta de residente;
- permiso de conducir;
- pasaporte;
- permiso de reingreso en los Estados Unidos o documento de viaje de refugiado;
- original de la sentencia judicial;
- original de los antecedentes penales;
- acreditación de la ciudadanía del cónyuge;
- acreditación de la residencia del cónyuge;
- acreditación (constancia) de la manutención de los hijos;
- formularios de la declaración de impuestos o formulario de declaración resumida 1772 del IRS;

- acreditación del cambio de nombre; y,
- constancia de residir con el cónyuge, si ha recibido la tarjeta de residente a través del vínculo matrimonial y efectúa una solicitud después de tres años.

Si la solicitud es aprobada por el funcionario del USCIS, se comunicará por correo al interesado la fecha fijada para la ceremonia de juramento de la nacionalidad. Por lo general, dicha ceremonia se celebra cuatro o seis semanas después de la entrevista y en ella se otorga la nacionalidad estadounidense al solictante de ésta.

22 Cómo Conseguir un Abogado

Por desgracia, son escasos los abogados especialistas en materia de inmigración que conocen debidamente las leyes y procedimientos de esta rama del derecho. La otra cara de la moneda es que hay abogados con experiencia en dicha especialidad que están muy ocupados y no tienen tiempo para llevar el asunto y prestarle la atención que se merece. Para complicar más la situación, hay clientes que se desesperan por lograr que les aprueben el caso y están dispuestos a pagar lo que sea a cualquiera que les prometa conseguírsela. Sucede también a veces que el abogado acepta llevar el asunto por desconocer todos los problemas que implica.

El derecho de inmigración es una de las ramas más difíciles de la profesión de abogado, pues en ella lo único constante es el cambio. Por ese motivo, resulta sumamente difícil que pueda dominar esta materia el abogado que no se dedique a ella exclusivamente. En efecto, aquellos abogados competentes que no están especializados en inmigración suelen rechazar los asuntos de este tipo.

El abogado que mejor servicio puede prestar es aquel que sepa sobre su caso tanto como el funcionario del USCIS o el juez de inmigración. Además de saber cuáles son los formularios requeridos, documentos de constancia y procedimientos, deberá poder determinar si su caso se aprobará de conformidad con las leyes y las disposiciones del USCIS actuales y, a menudo más importante aún, las normas locales. Si surge cualquier problema relacionado con el caso, el abogado deberá planteárselo desde el comienzo, de manera que en la entrevista no haya sorpresas. Si es posible contrarrestar con documentos las posibles causas de objeciones, se deberán efectuar los debidos planes. Solamente en pocos casos la decisión queda librada a la discreción del funcionario o el supervisor. Incluso en estos últimos casos, el abogado deberá asesorarle sobre los factores que influyan para la evolución del caso.

Pedir Referencias

Resulta casi imposible determinar si un abogado es competente para gestionar asuntos de inmigración, aunque lo mismo podría decirse de cualquier persona que se encarga de prestar servicios, ya sea contratista, plomero, médico o abogado. El único modo de conseguir un abogado especialista en inmigración es por referencias de alguien que lo conozca bien y que asimismo conozca la forma en que trabaja ese abogado. Si uno tiene un abogado de confianza, éste sabrá seguramente de un colega especialista en inmigración o, en su defecto, podrá pedir a sus colegas que le recomienden uno.

Las asociaciones de inmigrantes constituyen otra forma excelente de conseguir referencias, pues dichas instituciones suelen tener listas de abogados, o bien pueden recomendar uno que conozcan. Como estas asociaciones acostumbran remitir muchos clientes a ciertos abogados, a lo largo de los años ya conocen adecuadamente a éstos. Además, si el cliente acude al abogado por recomendación de un amigo o asociación, el abogado sabe que, de haber algún problema, la noticia se difundirá rápidamente por la colectividad a que pertenece el cliente.

Los Tribunales de Inmigración se hallan obligados a poseer un censo de instituciones sin fines de lucro que presten servicios en favor de los inmigrantes. Uno puede ir al Tribunal de Inmigración a solicitar dicha lista, o bien llamar por teléfono y pedir que le dén un par de nombres. Las instituciones sin fines de lucro prestan un buen asesoramiento legal y no son tan caras como un abogado particular. Pero si uno prefiere contar con un abogado particular y no puede encontrarlo en la ciudad donde vive, en esas instituciones podrán recomendarle uno que sea escrupuloso, alguien que en ocasiones anteriores haya colaborado con la asociación cobrando menos de los honorarios habituales.

Por último, si nada resulta, habrá que dirigirse a la Asociación Estadounidense de Abogados Especialistas en Inmigración (AILA, por sus siglas en inglés), que es la única que agrupa a abogados que entienden de esta materia. La señalada asociación podrá recomendar un abogado de confianza.

En las comunidades hispanas se han producido numerosos casos de notarios que cometen fraudes en contra de clientes desprevenidos. Es aconsejable evitar caer en las garras de los notarios. A menudo cobran lo mismo o más que los abogados especializados, quienes tienen más conocimientos y están sujetos a medidas disciplinarias.

Cómo Decidirse

Cuando uno llama al abogado para pedirle hora para la entrevista, tiene que preguntarle si cobrará algo por la consulta. Es habitual y lógico que uno tenga que pagar la consulta de la primera visita. De todos modos, es posible encontrar un abogado que no cobre esa primera consulta, aunque no debe olvidarse que lo barato puede salir caro.

En la consulta con el abogado, habrá que preguntarle lo siguiente.

- ¿Qué porcentaje de los asuntos que lleva usted son de inmigración? (Lo ideal es que el abogado se dedique mayormente a cuestiones de inmigración.)

- *¿Pertenece usted a la AILA?* La AILA es la única asociación que nuclea a abogados especialistas en cuestiones de inmigración y gracias a ella éstos pueden conocer y estar al corriente de todos los detalles referidos a las leyes inmigratorias de los EE.UU. El abogado escrupuloso también asiste a congresos y a seminarios auspiciados por dicha Asociación. Por eso es difícil encontrar un abogado competente que no pertenezca a la misma. En el teléfono 202-216-2400 le informarán si el abogado que uno ha elegido pertenece a la Asociación o si no es socio de ella, en cuyo caso, lo mejor es buscarse otro, a menos que se tengan muy buenas referencias.

- *¿Cuándo deberé abonarle los honorarios?* Nunca se lo ocurra pagar todos los honorarios del abogado de entrada. Lo habitual es pagarle la mitad al principio y el resto, a lo largo del tiempo o cuando finalice el trámite.

- *¿Llevó usted asuntos como el mío antes? ¿Qué resultados tuvo?* El abogado debería hallarse en condiciones de informarle las posibilidades que tiene usted de conseguir la nacionalidad estadounidense, así como los motivos por los cuales podrían denegársela. No se olvide de apuntar todo lo que le explique el abogado.

- *¿Cuál es la probabilidad de que me concedan la nacionalidad y de que depende?* En otras palabras, usted desea saber las causas por las que se la denegarán.

- *¿Es verdaderamente necesario recurrir a un abogado?* Si el abogado es digno de fiar, le responderá la pregunta con sinceridad. Es muy posible que al abogado le importe llevar el asunto mucho menos de lo que usted se imagina. De todos modos, el profesional ocupado ya tiene su agenda completa, y si él no se encarga del problema que usted le lleva, ya tendrá otro asunto entre manos. Si le explica que usted necesitará un abogado, pregúntele la colaboración que él le prestará, aparte de ayudarle a rellenar los formularios.

- *¿Hay forma de reducir los honorarios del abogado sin perjudicar el resultado del trámite?* Por ejemplo, el papel del abogado puede limitarse a ordenar el juego de documentos que deben presentarse, pero luego no acompañará al solicitante en la entrevista. Si la solicitud de nacionalidad no presenta complicaciones, no será necesaria la presencia del abogado en ese caso.

- *¿Cómo se calculan los honorarios del abogado?* Por los trámites de petición de la nacionalidad estadounidense suele cobrarse lo que se denomina una cantidad fija, es decir, se paga una suma única, con independencia del tiempo que dure el trámite. Ése es el método de cobro más seguro. El otro método es facturar por horas. Los abogados de prestigio tienen honorarios muy elevados, del orden de 150 dólares la hora, e incluso más caros. El tiempo que lleva un asunto de inmigración puede aumentar vertiginosamente si se paga por horas. No obstante, el abogado seguramente tiene ayudantes que se encargan de cumplir todo el papeleo.

- *¿Cuándo finalizará el trámite?* El lado malo de recurrir a un abogado de prestigio es que suele tener mucho trabajo. Antes de confiarle el asunto o de pagar algo, hay que pedir al abogado que indique el tiempo que le llevará realizar y terminar el trámite de la solicitud de la nacionalidad. Si el abogado se retrasa, será posible negociar la rebaja de los honorarios pactados. Conviene ofrecer al abogado pagarle la mitad de los honorarios cuando el expediente se halle listo para ser presentado; luego se le abonarán los derechos legales y de trámite. Si se ha fijado una fecha de plazo, hay que llamar al despacho del abogado para cerciorarse de que no se hayan olvidado de presentar el expediente.

Ser Buen Cliente

Si uno quiere que el abogado sea bueno, también tendrá que ser buen cliente. Ténganse en cuenta las siguientes recomendaciones.

- Solicite al abogado que le dé un documento por escrito en que se indiquen los trámites que él realizará y lo que le cobrará por ello.
- Guarde copia de todos los recibos de pago.
- No olvide de pedir copia de todos los documentos presentados por el abogado, así como de la correspondencia que éste reciba en nombre de usted. Resista la tentación de dejarse estar y de pensar que el abogado conserva copia de todo, de que no es preciso preocuparse. Usted debe guardar sus propios archivos.
- Nunca deje los documentos originales al abogado.
- Cerciórese de que el abogado posee el domicilio y el número de teléfono actual de usted.
- Averigüe el nombre con que el despacho del abogado presentó el expediente y mencione ese nombre cuando llame usted mismo o sus parientes.
- Designe un familiar suyo para que se encargue de comunicarse con el abogado.

- Decida si los trámites y consultas ante el USCIS los realizará el abogado o usted mismo. No conviene que dos personas distintas se encarguen del mismo trámite.

- Procure consultar siempre a los ayudantes del abogado y no a este mismo. Recuerde que los ayudantes están para aconsejarlo a usted. No es preciso preguntar al abogado si se presentó algún documento; eso debe preguntarlo al empleado que se encargó de realizar el trámite.

- Si recibe una carta del Servicio de Servicio de Inmigración y no la entiende, remítala por fax al abogado pidiéndole que luego lo llame uno de sus ayudantes.

- No se olvide de llamar periódicamente al despacho del abogado. Tenga en cuenta que algunos expedientes demoran seis años en resolverse, por lo cual es conveniente que haga una llamada, al menos, cada seis meses, más o menos, por si pudiera haber cambios o novedades en las leyes de inmigración. El abogado que tiene mucho trabajo lleva numerosos asuntos y no tiene por qué acordarse del suyo en particular en la eventualidad de que se reforme la legislación.

Recuerde que corresponde únicamente a usted velar por el trabajo que el abogado haga en nombre suyo. Si se deja pasar una fecha o si se presenta la documentación errónea, usted no podrá afirmar luego que fue culpa del abogado. Lo único que podrá hacer en ese caso es demostrar que el abogado actuó de forma negligente según el grado de incompetencia que se preceptúa en la denominada sentencia de Lozada, que fue dictada por la Cámara de Apelaciones de Inmigración y en la cual se establece el correspondiente procedimiento específico. Ello no quiere decir que si el abogado cometió un simple error sea posible reabrir o reformar el expediente de solicitud de la nacionalidad, sino que es preciso demostrar que el grado de incompetencia del abogado equivale a negligencia profesional. Es un extremo que resulta muy difícil probar, y aparte, habrá que demostrar que el abogado había sido contratado para realizar dicho asunto. Por suerte, para esto último bastan los recibos de pago.

En el presente capítulo se exponen un puñado de consejos importantes, pero efectivos, los cuales, de ser tenidos en cuenta, permitirán establecer una fructífera relación con el abogado.

Una medida mínima que debe tomarse es disponer que un abogado examine su caso antes de presentar la solicitud. Se trata de una pequeña y prudente inversión. Mucha gente cae en la trampa de creerse que su caso sea similar al de otra persona cuya solicitud haya sido aprobada. Es posible que sólo tenga una oportunidad de tramitar debidamente su solicitud. El examen por parte de un abogado, será altamente beneficioso si se han cumplimentado todos los formularios y adjuntado todos los documentos que sirvan de constancia.

23 Modificaciones a las Leyes de Inmigración a Partir del 11 de Septiembre de 2001

Como bien sabe toda persona familiarizada con los asuntos de inmigración, es sumamente difícil predecir el futuro rumbo de las leyes de inmigración, y en esta época resulta aún más impredecible.

Por una parte, las funciones de inmigración están incluidas ahora en el nuevo *Departamento de Seguridad del Territorio Nacional.* Aunque es difícil separar la vigilancia de las fronteras con los servicios de inmigración o del interior, queda claro, de todos modos, que las actuales autoridades gubernamentales suelen sospechar de todo lo que se relacione con inmigración. En la situación actual se cumplen los reglamentos de manera más estricta y se ha limitado la discreción de los funcionarios para tomar decisiones. Todo solicitante que pueda demostrar que su caso debe ser aprobado podrá lograr que se lo aprueben, aunque entre los casos dudosos, muchos más serán examinados con mayor detenimiento, en especial aquelos que dependen del criterio de los funcionarios.

Otra importante iniciativa en el terreno de la inmigración ha consistido en agilizar el funcionamiento de la Cámara de Apelaciones de Inmigración, encargada de examinar las decisiones de los tribunales de inmigración. En vez de los tres paneles de jueces que examinaban los casos, ahora un solo juez evalúa la mayor parte de las decisiones. Este juez puede denegar una solicitud mediante una sola línea, en la cual reafirme la opinión del juez de inmigración. De esta manera, puede eliminarse con una sola línea, la última oportunidad de que un extranjero pueda permanecer en EE.UU.

Promulgada como consecuencias de los eventos del 11 de septiembre de 2001, la Ley Patriótica (Patriot Act), confirió nuevos poderes para las funciones de policía y justicia, incluida la facultad de intervenir conversaciones telefónicas y el uso de Internet, y la disponibilidad de acceso a datos personales sin tener que demostrar que existe la probabilidad de demostrar que se ha cometido un delito.

La disposición más reciente se denomina Ley de Intensificación de la Seguridad Nacional de 2003 (*Domestic Security Enhancement Act of 2003*). y se la conoce también como Ley Patriótica II. Esta norma continúa el proceso iniciado por la primera Ley Patriótica y procura lograr los siguientes propósitos:

- autorizar arrestos secretos de aquellas personas detenidas en el curso de investigaciones sobre terrorismo;

- intensificar las sanciones penales aplicables a infracciones de inmigración menores, tales como el incumplimiento de notificar un cambio de dirección;

- autorizar la deportación sumaria de aquellas personas respecto a las cuales el Procurador General cree que implican peligro para los intereses de la seguridad nacional; y,

- someter a lo residentes permanentes legales a un proceso de expulsión acelerada a través del cual se elimine el recurso de habeas corpus ante los tribunales federales.

Se tiene la esperanza de que el Congreso considerará detenidamente si es necesario limitar los derechos y las libertades para investigar las sospechas sobre actividades terroristas.

En cuanto a lo positivo, se han planteado ante el Congreso varios proyectos de amnistías. Una ley, con consenso de ambos partidos políticos, propuesta ante la Cámara de Representantes permitiría solicitar cambio de condición migratoria a los estudiantes extranjeros que hubieran permanecido en EE.UU. durante un mínimo de cinco años. Otro proyecto de ley permitiría solicitar cambio de condición migratoria a quienes hubieran trabajado ilegalmente durante los últimos cinco años. Aunque no se sabe si alguno de estos proyectos será aprobado, estas iniciativas demuestran que la ampliación de beneficios cuenta con cierto apoyo en el Congreso.

Quizá el elemento clave para los inmigrantes que desean legalizar su situación consiste en determinar si se aprobará o no una renovación del artículo 245(i). La eliminación de esta disposición el 30 de abril de 2001, ha tenido como consecuencia que a un gran número de extranjeros se les prohíba solicitar cambio de condición migratoria en EE.UU. y corran el riesgo de que se los suspenda durante diez años si salen de EE.UU. a efectos de solicitar residencia permanente en una embajada en el exterior. De tal manera, numerosos extranjeros se ven atrapados en EE.UU., sin ninguna condición migratoria válida. Aunque en el Congreso se habla de restituir el artículo 245(i), al menos para algunos extranjeros, en el momento de imprimirse esta edición no se había llegado aún a ninguna conclusión al respecto.

Glosario

A

adjudicar (adjudicate). Esto ocurre cuando un funcionario del USCIS decide aceptar o rechazar una solicitud.

admisión (admission). Esto se produce cuando un extranjero se somete a la inspección de un funcionario de inmigración en un puesto de frontera o en un aeropuerto, y su ingreso al país se aprueba en base a circunstancias específicas.

admisión bajo palabra (parole). Generalmente se le otorga por razones humanitarias a un extranjero que está fuera de los EE.UU., o a un extranjero que está en los EE.UU. y desea viajar al extranjero pero aún está pendiente la aprobación para el cambio de su condición migratoria.

admisión bajo palabra por motivos humanitarios (humanitarian parole). Persona a la cual se admite en los EE.UU. por motivos humanitarios, por razones de salud o para no separar a los padres de los hijos, aunque no de disponga del correspondiente número de visa.

admisión diferida (deferred admission). Anteriormente conocida como inspección diferida. Se produce cuando un no inmigrante o posible residente permanente legal tiene dificultades para reingresar a los EE.UU. y debe comparecer ante la oficina local del USCIS a efectos de aclarar su condición migratoria.

agencia estatal de seguridad en el empleo (state emloyment security agency [SESA]). Agencia que funciona con el Departamento de Trabajo a fin de garantizar que no se ofrece ningún trabajador estadounidense para un empleo que solicite un inmigrante.

amnistía. Beneficio que se otorga por tiempo limitado a fin de permitir el cambio de condición migratoria necesario para emitir tarjetas de residente a quienes demuestran haber residido en los EE.UU. antes de cierta fecha.

amnistía tardía. La situación de aquellos extranjeros ilegales que no presentaron su solicitud de amnistía antes de que venza el plazo de 1988 y forman parte de varias demandas judiciales colectivas contra el USCIS, tales como LULAC o CSS. (Para la mayor parte de los demandantes el plazo para solicitar el cambio de condición migratoria se venció en junio de 2002.)

apelación administrativa (administrative appeal). Una apelación presentada ante la oficina local del USCIS, dirigida a la Unidad de Apelaciones Administrativas de Washington, dentro de los treinta días posteriores a la fecha de rechazo de una petición.

asilado (asylee). Una persona a quien se le haya otorgado asilo a través de la Oficina de Asilo o por parte del juez de inmigración sin que le hayan otorgado todavía el cambio de condición migratoria en calidad de residente permanente.

asilo. Constancia para demostrar que uno tiene el derecho de permanecer en el país debido al temor justificado de sufrir persecución debido a sus opiniones políticas, religión, género, nacionalidad o pertenencia a un grupo social determinado. (Se considera que el temor debidamente justificado de sufrir persecución es un 10% de probabilidades de sufrir daños graves.)

audiencia de calendario maestro (master calendar hearing [MCH]). A diferencia de la audiencia individual, se trata de una breve audiencia ante un juez de inmigración (IJ), en cuyo curso el extranjero presenta su caso ante la Notificación de Comparecencia y declara bajo qué circunstancias se amparará.

audiencia individual (individual hearing). Tipo de audiencia anterior al tribunal de inmigración, en la cual el extranjero que comparece expone su caso durante un lapso de una a tres horas.

autopetición (self-petition). Circunstancias en las que se encuentra un extranjero con conocimientos profesionales extraordinarios, un cónyuge maltratado o la viuda o el viudo de un ciudadano de EE.UU. que hubiera estado casado(a) con dicho ciudadano durante un mínimo de dos años.

autorización de las huellas digitales (fingerprint clearance). Verificación obligatoria de las huellas digitales tras compararlas con los registros de las computadoras del FBI, previa al cambio de condición migratoria. Las huellas digitales deben tomarse dentro de los quince meses anteriores a la fecha del cambio de condición migratoria. De lo contrario, *caducarán* y tendrán que volver a tomarse.

B

bajo protección temporaria (temporary protected status [TPS]). Condición otorgada a extranjeros originarios de ciertos países afectados por la guerra, la hambruna o los desastres naturales (huracanes, por ejemplo), a fin de qu puedan trabajar y obtener un número de Seguro Social.

beneficiario (beneficiary). El extranjero no residente a quien beneficiará (le permitirá venir a los EE.UU.) una petición presentada en su nombre por un familiar que sea ciudadano estadounidense o que posea la tarjeta de residente, o por parte de una empresa que le haga una oferta de trabajo apropiada.

beneficiario indirecto (derivative beneficiary). Persona que obtiene una condición migratoria a través de la petición de una visa no basada en requisitos propios sino en su relación con el beneficiario principal, como en el caso de un hijo que solicita una visa a través de su padre.

beneficiario principal (principal beneficiary). El principal beneficiario de una petición de visa, a diferencia de un beneficiario derivado (por ejemplo, un hijo menor de edad) que obtiene su condición migratoria amparándose en el beneficiario principal.

boletín de visas (visa bulletin). Información que el Departamento de Estado actualiza mensualmente. Puede encargarse por correo, Internet o por teléfono, indicando las categorías preferenciales disponibles en el momento.

borrar antecedentes penales (expungement). Prontuario penal en el cual se ha eliminado el nombre de la persona en los registros de determinado estado.

C

Cámara de Apelaciones de Inmigración (Board of Immigration Appeals [BIA]). Oficina aparte, dentro de la Oficina Ejecutiva para la Revisión de Inmigración. Se ubica en Falls Church, Virginia, en las afueras de Washington, D.C.

cambio de condición migratoria (change of status [COS]). Solicitud que se efectúa presentando el formulario I-539, en EE.UU., para solicita el cambio de la condición de no inmigrante a otra condición migratoria.

cambio de oficina (change of venue). Petición del solicitante o moción presentada por el acusado, para cambiar la jurisdicción de la oficina del USCIS o del Tribunal de Inmigración debido a un cambio de domicilio.

cancelación de expulsión (cancellation of removal). Procedimiento que puede utilizar una persona que comparece ante el Tribunal de Inmigración y puede demostrar que ha vivido en los EE.UU. durante diez años, que es una persona de buena reputación moral y que en caso de que la deporten sufriría *penurias inusualmente extremas* uno de sus padres, cónyuge o hijo(a) que sea ciudadano de los EE.UU. o LPR.

carta de maletas y equipaje (bag and baggage letter). Circular que envía la Oficina de Deportaciones indicándole a un extranjero no residente que se presente en la oficina en cierta fecha, con su equipaje, para ser deportado.

caso de pronto despacho (expedited case). Casos de cambio de condición migratoria que requieren ser tramitados con urgencia, tales como visas pro diversidad, solicitudes de hijos a punto de cumplir 21 años de edad, peticiones por motivos de salud u otras razones urgentes.

categoría de visa preferencial (preference visa category). Familiar no directo, cuya petición, por lo tanto, requiere un período de espera entre la solicitud de I-130 y la solicitud de cambio de condición migratoria.

centro de huellas digitales (application support center [ASC]). Oficina donde les toman las huellas digitales a los solicitantes.

centro de servicio (service center). Uno de los varios centros de tramitación remotos. Cada centro de servicio recibe ciertas peticiones y solicitudes presentadas por las personas que viven en los estados que están bajo su jurisdicción.

Centro Nacional de Visas (National Visa Center [NVC]). Oficina del Departamento de Estado ubicada en New Hampshire, donde se guardan las peticiones de visa aprobadas hasta que se conviertan en corrientes.

certificación laboral (labor certification). Uno de los requisitos para algunas de las solicitudes basadas en el empleo, es la presentación de una certificación laboral aprobada. Se trata de una oferta de empleo real para trabajadores de los EE.UU., bajo la supervisión de una agencia de empleo estatal, a fin de establecer que ningún trabajador estadounidense está preparado, dispuesto, capacitado y cualificado para ocupar el puesto de trabajo que se le está ofreciendo a un extranjero.

certificado de ciudadanía (certificate of citizenship). Documento que se emite en lugar del certificado de naturalización para los hijos de padres estadounidenses nacidos en el extranjero, hijos adoptados por ciudadanos de EE.UU., o los hijos de padres que han adquirido la ciudadanía de EE.UU. Normalmente se les otorga a aquellos que tienen derecho a obtener la ciudadanía sin haber sido antes residentes permanentes.

certificado de naturalización (naturalization certificate). Documento que se otorga como constancia de haberse convertido en ciudadano de los EE.UU. por naturalización.

cierre administrativo (administrative closure). Caso que no ha sido rechazado pero ya no está pendiente.

citación de comparecencia (notice to appear [NTA]). Documento de acusación mediante el cual se le ordena a una persona que comparezca ante el tribunal de inmigración.

ciudadano de los EE.UU. (U.S. citizen [USC]). Una persona nacida en los EE.UU., una persona hija de padres estadounidenses nacida fuera de los EE.UU., o una persona que se hubiera naturalizado o hubiera obtenido el certificado de ciudadanía.

clasificación. Código breve que aparece en la tarjeta de residente y en la notificación de aprobación. Es la base sobre la cual se otorga la condición de residente permanente.

clemencia bajo el Artículo 212(c) (Section 212(c) relief). Caso en el cual un residente permanente legal que ha cometido delitos con conducta infame pero no ha cometido delitos mayores con agravantes puede solicitar la suspensión de su expulsión demostrando la existencia de ciertos factores positivos en su favor.

Código de Regulaciones Federales (Code of Federal Regulations [CFR]). Interpretación detallada, en varios volúmenes, de las leyes federales, incluidas las leyes de inmigración.

compareciente (respondent). Nombre que se le da a un extranjero sometido a procedimiento de expulsión ante el tribunal de inmigración, de manera similar al acusado en un juicio penal.

comprobante de recepción (filing receipt). Pequeño recibo amarillo de caja registradora adjunto a la carta de recepción que se remite tras la presentación de una solicitud de cambio de condición migratoria.

condena (conviction). Decisión respecto a un caso judicial respecto al cual se dictamina que una persona infringió la ley y se emitió la sentencia correspondiente.

consulado. Oficina a cargo del Departamento de Estado de los EE.UU. que a la vez es una dependencia de la oficina principal de la embajada estadounidense en un país grande. Esta oficina es responsable de emitir visas de inmigrantes y no inmigrantes a solicitantes extranjeros que solicitan su ingreso a los EE.UU. El consulado puede, también, tomar decisiones en cuanto a la ciudadanía estadounidense.

D

delito cometido con conducta infame (crime involving moral turpitude [CIMT]). No existe definición legal al respecto y *depende de quien lo mire.* Cometer un CIMT dentro de los cinco años del cambio de condición migratoria o cometer dos CIMT en cualquier momento pueden hacer que a una persona se la catalogue como expulsable. Existe una larga lista de posibles CIMTs. Los robos en tiendas minoristas, por ejemplo, son CIMTs.

delito mayor con agravantes (aggravated felony). En el contexto de inmigración, cualquier tipo de delito mayor o crimen que figure en la lista del artículo 101(a) (43) de la INA, en la cual se incluyen numerosos delitos no violentos y delitos menores.

Departamento de Estado (Department of State). Organismo que tiene a su cargo las embajadas y los consulados, toma decisiones respecto a las solicitudes de visas de inmigrantes y no inmigrantes y, asimismo, es responsable de la Oficina de Pasaportes.

Departamento de Seguridad del Territorio Nacional (DHS). Departamento formado recientemente, responsable de las funciones gubernamentales relacionadas con la seguridad. Las funciones del aniguo INS han sido divididas entre el Servicio de Ciudadanía e Inmigración de Estados Unidos (USCIS), responsable de la administración de servicios de inmigración, y la Oficina de Aplicación de Leyes de Inmigración y Aduanas de Estados Unidos (ICE), responsable de hacer cumplir las normas de inmigración dentro de EE.UU.

Departmento de Trabajo (Department of Labor [DOL]). Mediante la supervisión del proceso de certificación laboral, es el organismo responsable de tomar las decisiones respecto a la disponibilidad de trabajadores estadounidenses cualificados para los cargos ofrecidos en muchas de las categorías migratorias basadas en el empleo.

deportable (deportable). Situación en la cual a un extranjero se le indica que debe abandonar los EE.UU. o podría indicársele que se marche en fecha futura.

deportación. Se produce cuando a una persona la detiene físicamente el funcionario de deportaciones y éste se la lleva a su país de origen, generalmente en cumplimiento de una orden de deportación o de expulsión emitida por un Tribunal de Inmigración.

Director de Distrito (District Director [DD]). El funcionario principal de las oficinas del USCIS en cierto distrito que puede incluir varios estados. El DD posee considerable discreción y poder respecto a determinados tipos de solicitudes y dispensas, tales como la admisión por motivos humanitarios o la postergación del plazo para la salida del país voluntaria.

dispensa (waiver). Generalmente uno de los diversos formularios, tales como los I-212, I-601, I-602 o I-612, utilizados para dispensar de las consecuencias de ciertas circunstancias de inadmisibilidad, tales como el ingreso al país con pasaporte falso o con antecedentes penales.

dispensa de visa (visa waiver). Entrada en los EE.UU. sin visa, por parte de los viajeros de una lista de aproximadamente 20 países cuyos ciudadanos tienen la reputación de respetar las leyes de inmigración de los EE.UU.

dispensa I-212 (I-212 waiver). Formulario necesario para evitar las consecuencias de una orden de expulsión o deportación.

documento de autorización de empleo (employment authorization document [EAD]). Tarjeta de identificación con fotografía emitida por el USCIS, a través de la cual consta la autorización para que el titular pueda trabajar en los EE.UU. y obtener su número de Seguro Social.

documento de llegada/salida. *Véase formulario I-94.*

documento de viaje para refugiados (refugee travel document). Pasaporte azul que reemplaza al pasaporte del propio país y está destinado únicamente a refugiados y asilados. No puede utilizarse como permiso de reingreso. Sirve como permiso de regreso anticipado para refugiados y asilados.

dos en uno (onestop). Cuando los formularios I-130 e I-485 se presentan al mismo tiempo, normalmente ante la oficina del USCIS si uno es el beneficirio de una petición de visa inmediata.

duplicado de petición (duplicate petition). Normalmente se presenta cuando la petición original se ha perdido o extraviado en las oficinas del USCIS. A fin de presentar el duplicado de la petición se debe tener el número de recepción de la solicitud original o una copia del aviso de recepción (para que el duplicado sea admitido en su primera presentación).

E

elegible bajo el Artículo 245(I) (Section 245(I) eligible). Caso en el cual una persona elegible, puede solicitar la visa I-485A Supplement, pagar la multa de $1000 y cambiar su condición migratoria.

eliminación de condiciones (remove conditions). Proceso a través del cual el extranjero presenta el debido formulario y las debidas constancias a un centro de servicio, demostrando que su matrimonio es legítimo o que ha cumplido con los requisitos de inversión estipulados.

embajada. Oficina principal del gobierno de los EE.UU., generalmente situada en un país amigo.

examen médico (medical examination). Examen que practica un médico aprobado por el USCIS o el Departamento de Estado y completa un formulario especial que se requiere previamente al cambio de condición migratoria o para obtener una visa de inmigrante en una embajada o consulado.

exclusión. Se produce cuando un LPR con antecedentes penales intenta reingresar al país y no se le permite la entrada.

expulsable (removable). Extranjero ilegal o residente permanente legal que ha infringido las leyes de inmigración por haber cometido ciertos actos delictivos o fraudulentos y está sujeto a expulsión o deportación.

extensión de condición migratoria (extension of status [EOS]). Casos en los cuales se solicita una extensión de la duración del mismo tipo de visa de no inmigrante.

extranjero ilegal (illegal alien). Una persona que viva en los EE.UU. careciendo de condición migratoria o haya ingresado al país sin inspección.

extranjero indocumentado (undocumented alien). Una persona que haya ingresado ilegalmente a los EE.UU., sin visa, cruzando una frontera.

extranjero no residente (alien). Una persona que sin ser residente permanente, viva en los EE.UU. en base a una visa de no inmigrante, carezca de categoría de inmigración o que hubiera ingresado al país sin inspección.

extranjero residente (resident alien). Residente permanente o persona a la cual se le haya concedido una extensión de su visa de no inmigrante, pero no de turista.

F

familiar directo o inmediato (immediate relative). Cónyuge, padre o madre o hijo(a) (menor de 21 años de edad) de un ciudadano de EE.UU. Sin embargo, los hijos adoptivos deberán haber sido adoptados antes de cumplir los 16 años y los hijastros antes de cumplir los 18 años de edad.

fecha límite (cut-off date). La fecha en el cuadro mensual de visas del Departamento de Estado, en base la cual las personas cuya fecha prioritaria es anterior (a la fecha límite) son elegibles para solicitar residencia permanente.

fecha prioritaria (priority date). (Fecha de afiliación) Fecha utilizada para determinar cuando un beneficiario de una petición de visa puede solicitar cambio de condición migratoria.

fiscal (trial attorney). Fiscal que representa al USCIS en calidad de acusador. Un abogado empleado del USCIS para representar a dicha dependencia gubernamental ante el tribunal de inmigración y cumplir otras funciones legales.

formulario de datos biográficos (biographic information form). *Véase formulario G-325A.*

funcionario de asilo (asylum officer). Empleado del USCIS a cargo de la entrevista administrativa inicial respecto a una solicitud de asilo.

funcionario de deportaciones (deportation officer). Empleado del USCIS cuya responsabilidad consiste en detener y deportar de los EE.UU. a los extranjeros que residen ilegalmente en el país.

G

G-28. Formulario para la comparecencia de un abogado. Formulario azul que debe acompañar toda solicitud de inmigración a fin de que pueda registrarse oficialmente a un abogado y se le envíen copias de la correspondencia.

G-325A. Formulario de datos biográficos detallados que se requiere completar para las solicitudes de cambio de condición migratoria y otras peticiones. Una de las copias se remite a la embajada del país de origen del solicitante y otra se envía a la CIA para que efectúe las correspondientes verificaciones de registros. Se requiere a todos los solicitantes de cambio de condición migratoria de catorce años de edad en adelante.

garante (sponsor). Persona o empresa que presenta una solicitud en nombre de un familiar o empleado, o un garante conjunto que presenta una garantía de mantenimiento.

garantía (affidavit). Cualquier tipo de documento escrito por el solicitante o por una tercera persona, brindando apoyo al solicitante y firmado en presencia de un notario público.

garantía de mantenimiento (affidavit of support). Importante formulario que se requiere para los casos de cambio de condición migratoria en los que el solicitante acuerda reembolsarle al gobierno los gastos ocasionados si la persona cuyo cambio de condición migratoria se aprueba obtiene beneficios federales dentro de los diez años posteriores a dicho cambio o si tal persona obtiene la ciudadanía estadounidense.

H

hoja de tramitación (routing slip). Formulario que se requiere presentar en el marco de un procedimiento ante el tribunal de inmigración, mediante el cual debe pagarse una tasa de solicitud al cajero del USCIS antes de presentar la solicitud ante el tribunal. El formulario permite al cajero del USCIS devolver la solicitud pagada al solicitante, a fin de que pueda tramitarse ante el tribunal de inmigración según las instrucciones del juez de inmigración.

I

I-20. Formulario emitido por una escuela o centro de enseñanza cuando un estudiante extranjero se ha inscripto o pagado su matrícula.

I-94. Pequeña tarjeta blanca que se adjunta al pasaporte tras la admisión en los EE.UU. en base a una visa de no inmigrante. Contiene la fecha de vencimiento de la visa de no inmigrante.

I-130. Formulario para la petición de visa en base a una categoría basada en familiares de parentesco inmediato o categorías preferenciales.

I-140. Formulario para la petición de visa en base a una categoría preferencial basada en el empleo.

I-161. *Véase carta de* maletas y equipaje.

I-485 Supplement A. Formulario que presentan aquellas personas elegibles para una *mini* amnistía. Se puede presentar solamente durante ciertos períodos de tiempo y uno debe ser elegible. Se le requiere a aquellas personas que han ingresado en el país sin documentación o que carecen de condición migratoria y solicita cambio de condición migratoria a través de una petición de visa preferencial.

I-485. Formulario para solicitar cambio de condición migratoria.

I-551. Otro nombre para la tarjeta de residente.

I-601. *Véase dispensa.*

I-765. Solicitud de permiso de trabajo.

I-797. Se lo conoce también como aviso de recepción o notificación de aprobación de una decisión emitido por un centro de servicio, respecto a una solicitud de visa de inmigrante o no inmigrante.

I-864. *Véase garantía de mantenimiento.*

inadmisible (inadmissible). Cualquiera de cierto grupo de causas—tales como actos delictivos o criminales o problemas de salud—que hacen que a un extranjero no se le permita la entrada a los EE.UU.

informes sobre países (country reports). Informe detallado sobre cada país del extranjero que publica en febrero el Departamento de Estado en relación con la situación respecto a los derechos humanos en cada país. Los jueces y los funcionarios de asilo tienen muy en cuenta dichos informes al decidir si aprobarán o no una solicitud de asilo.

ingresado sin inspección (entered without inspection, [EWI]). Persona que ingresa a los EE.UU. cruzando la frontera con México o Canadá sin someterse a la inspección de un funcionario de inmigración.

inmigrante (immigrant). Persona a quien se le ha otorgado la condición de residente permanente legal.

inscripción (NSEERS). Siglas en inglés del Sistema de Seguridad Nacional de Registros de Entrada y Salida. Este programa de breve duración, emprendido en diciembre de 2002, requería la inscripción obligatoria en las oficinas del USCIS, de los varones de 18 países, principalmente del Medio Oriente. El incumplimiento de esta disposición en 2002 (cuando el programa todavía estaba vigente) puede todavía impedir que dichos extranjeros soliciten cambio de condición migratoria, a menos que demuestren que no han cumplido tal requisito por motivos justificados.

inspección (inspection). Ser inspeccionado por un funcionario de inmigración en un aeropuerto, frontera o a bordo de un barco. El funcionario verificará que todos los documentos estén en orden. El funcionario del USCIS podrá admitir, devolver al extranjero a su país de origen o decidir que se le apliquen las disposiciones de admisión diferida.

J

juego de materiales para la visa de inmigrante (immigrant visa packet). Después de que a un extranjero se lo haya aprobado en una embajada o consulado, se le entrega un juego de materiales que deberá presentar ante el funcionario del USCIS para la tramitación ADIT.

juez de inmigración (immigration judge [IJ]). Juez de derecho administrativo que a su vez es empleado del Departamento de Justicia.

L

legalización (legalization). El proceso anterior mediante el cual, durante la amnistía de 1986, se les otorgaba a los extranjeros solicitantes la residencia temporaria y, posteriormente, la residencia permanente.

Ley de Inmigración y Nacionalidad de 1952 (Immigration and Nationality Act of 1952 [INA]). El punto de partida de la ley de inmigración actual. Todas las leyes de inmigración aprobadas desde entonces son enmiendas de la INA.

ley de libertad de información (Freedom of Information Act [FOIA]). Importante ley que permite a toda persona obtener una copia de su expediente en poder de una dependencia gubernamental, como el USCIS, por ejemplo.

Ley LIFE (LIFE Act). La legislación más reciente relacionada con la inmigración, promulgada en diciembre de 2000. Permite a aquellas personas que carecen de condición migratoria, ingresaron en el país EWI, o trabajaron en los EE.UU. sin autorización del USCIS, a fin de modificar su condición migratoria por medio de un familiar o de una certificación laboral presentada antes del 30 de abril de 2001.

lotería (lottery). *Véase visa pro diversidad.*

lotería de visas (visa lottery). *Véase visa pro diversidad.*

M

mandamus (mandamus). Petición presentada en un tribunal federal a fin de que un juez federal le ordene al USCIS que tome cierta medida.

Manual de Asuntos del Extranjero (Foreign Affairs Manual [conocido como *FAM,* rima con *sam*]. Las regulaciones que se aplican a los funcionarios consulares en lo que se refiere a la adjudicación de visas de inmigrantes o no inmigrantes.

moción (motion). Cualquier tipo de petición por escrito, presentada normalmente ante el Tribunal de Inmigración o también ante una oficina o centro de servicio del USCIS, solicitándole al organismo correspondiente que tome cierta decisión formal.

moción para reabrir (motion to reopen). Una moción común destinada a declarar nuevamente pendiente un beneficio previamente denegado, a fin de obtener dicho beneficio. Pueden imponerse limitaciones en cuanto al número de mociones, la fecha en la cual pueden presentarse y la base para reabrir un caso.

modificación de condición migratoria (adjustment of status [AOS]). Proceso a través del cual se adquiere la condición de residente permanente en los EE.UU. Dado que el solicitante tiene una condición migratoria anterior en EE.UU., se dice que modifican la condición migratoria del solicitante, otorgándole la residencia permanente.

N

NACARA. **(Siglas en inglés de la Ley de Cambio de Condición Migratoria y de Ayuda para los Centroamericanos.)** Ley que permite que soliciten una suspensión de deportación ciertas personas de Europa oriental, los países del ex bloque soviético, que hubieran ingresado al país antes de 1991 y que en aquel momento hubieran solicitado asilo.

nacionalidad (nationality). En cuanto a inmigración generalmente significa lo mismo que ciudadanía.

naturalización. Proceso por el cual un titular de tarjeta de residente se convierte en ciudadano de EE.UU. solicitándola mediante el formulario N-400.

notificación de aprobación (approval notice). Notificación de un centro de servicio en la cual se indica que una petición ha sido aprobada. *Véase formulario I-94.*

notificación de aprobación de decisión (notice of action). *Véase I-797.*

notificación de la intención de denegar la solicitud (notice of intent to deny). Se emite ya sea para una petición I-130 o una solicitud de asilo (en aquellos casos en los cuales el solicitante posee una condición válida como no inmigrante), a fin de otorgarle al solicitante la oportunidad de refutar el rechazo y presentar documentos adicionales como constancia.

número "A". Puede ser el número de extranjero, número de expediente, número de tarjeta de residente o número de caso (especialmente en un tribunal de inmigración). Se refiere al número de expediente que el USCIS le asigna en orden secuencial a un extranjero que ha solicitado un cambio de condición migratoria (adjustment) o que ha sido detenido por el USCIS. Es el número de expediente permanente del extranjero, el número que, en caso de aprobarse aparece en el permiso de trabajo, la tarjeta de residente o el certificado de naturalización. Este número deberá aparecer en toda la correspondencia y las solicitudes que se presentan ante el USCIS.

número de expediente (file number). *Véase número* A.

número de recepción (receipt number). El número de caso que le asigna un centro de servicio a una solicitud. El número de recepción incluye las primeras tres letras del centro de servicio y el año en el cual fue presentada la solicitud.

número de tarjeta de residente (green card number).
Véase número A.

O

Oficina de Aplicación de Leyes de Inmigración y Aduanas de Estados Unidos (ICE). Dependencia que incluye las funciones de vigilancia de las normas dentro del país de las que anteriormente se encargaba el INS. Ahora forma parte del Departamento de Seguridad del Territorio Nacional. Por ejemplo, los funcionarios encargados de las deportaciones forman parte de este buró.

oficina de pasaportes (passport office). Oficina del Departamento de Estado que expide pasaportes y al encargarse de tal función puede tomar decisiones sobre la ciudadanía de EE.UU.

Oficina Ejecutiva para la Revisión de Inmigración (Executive Office for Immigration Review [EOIR]). Agencia separada dentro del USCIS también encuadrada dentro del Departamento de Justicia, encargada del Tribunal de Inmigración.

orden de expulsión definitiva (final order of removal). Orden de enviar a una persona fuera de los EE.UU. emitida por el juez de inmigración y respecto a la cual no se hayan presentado apelaciones dentro de un plazo de treinta días.

P

pasaporte azul. *Véase documento de viaje para refugiados.*

pasaporte blanco (white passport). *Véase permiso de reingreso.*

penurias extremas (extreme hardship). Criterio legal para los distintos tipos de dispensas (waivers), para justificar la permanencia ilegal en el país o la entrada con un pasaporte falso. Las penurias extremas justificatorias deberán afectar a un familiar autorizado, por ejemplo uno de los padres o un cónyuge que sea ciudadano o LPR de los EE.UU.

permanencia ilegal (unlawful presence). Período de tiempo en que un extranjero vive en los EE.UU. ilegalmente o sin condición migratoria, a partir del 1 de abril de 1997.

permiso de regreso anticipado (advance parole). Lo emite una oficina local o un centro de servicio, dependiendo de dónde se haya presentado la solicitud de cambio de condición migratoria. Es un permiso de regreso anticipado a los EE.UU. para proseguir la tramitación de una solicitud de cambio de condición migratoria.

permiso de reingreso (re-entry permit). Documento que permite a un extranjero salir del país durante más de un año y hasta dos años sin perder su condición de residente permanente.

permiso de trabajo (work permit). Véase documento de autorización de empleo.

petición de visa (visa petition). Ya sea la petición I-130, en favor de un familiar, o la petición I-140 basada en el empleo, presentadas en nombre del beneficiario.

peticionario (petitioner). El ciudadano de los EE.UU. o residente permanente legal en los EE.UU. o una corporación estadounidense que presenta una solicitud en nombre de un beneficiario extranjero de una visa de inmigrante o no inmigrante.

plazo para la presentación de documentos (call-up date). Se utiliza en el Tribunal de Inmigración para indicar cuando deben presentarse ante el tribunal las mociones o los documentos correspondientes. Generalmente de diez a catorce días antes de la audiencia.

polizón (stowaway). Persona que ha ingresado en el país ilegalmente viajando en un tren, autobús, barco u otro medio de transporte comercial en el cual debiera haberse pagado un pasaje.

por su relación con un abuelo (grandfathered). Persona que puede solicitar beneficios bajo una ley favorable que ya ha caducado, bajo el artículo 245(I).

procedimiento (proceedings). *Véase procedimiento de expulsión.*

procedimiento de expulsión (removal proceedings). Una persona que esté sujeta a *procedimiento*, está sujeto a que el tribunal de inmigración decida si debe ser expulsado o deportado.

prórroga de la fecha de deportación (stay of deportation). Solicitud que se efectúa completando el formulario I-246 y presentándolo en la Oficina de Deportaciones a fin de solicitar la postergación de la fecha de deportación debido a circunstancias atenuantes.

R

reducción del plazo de oferta de empleo (reduction in recruitment [RIR]). Modalidad relativamente nueva de certificación laboral en la cual la empresa ya ha intentado contratar a un trabajador cualificado y, por lo tanto, no necesita efectuar un intento de búsqueda y contratación supervisado por el Departamento de Trabajo.

refugiado (refugee). Persona que se encuentra en los EE.UU. habiendo obtenido en el exterior la condición migratoria de refugiado. Puede solicitar cambio de condición migratoria después de vivir un año en EE.UU.

registro (registry). Todo aquel que resida en los EE.UU. desde antes de 1972 puede ser admitido en calidad residente permanente si puede demostrar que posee buena reputación moral.

registro de procedimientos (record of proceedings [rop]). Nombre formal que se le da al expediente judicial en un tribunal de inmigración y el expediente bajo el cual toma una decisión el juez de inmigración.

regulaciones (regulations). *Véase Código de Regulaciones Federales o Manual de Asuntos del Extranjero.*

residente condicional (conditional resident). Persona que ha obtenido residencial permanente condicional por estar casada con un ciudadano de los EE.UU. (en aquellos casos en que llevan menos de dos años de casados en la fecha de producirse el cambio de condición migratoria) o a través de una inversión que reúna los debidos requisitos.

residente permanente (permanent resident [LPR]). *Véase residente permanente legal.*

residente permanente legal (legal permanent resident [LPR]). El término más correcto para referirse a una persona cuya condición migratoria ha cambiado a través de una visa de inmigrante.

residente temporario (temporary resident alien). El término correcto para referirse a una persona que haya logrado aprobar la etapa inicial del proceso de legalización, con posterioridad a la amnistía de 1986.

S

salario predominante (prevailing wage). Término utilizado en una H-1B o solicitud de certificación laboral, y significa que el salario ofrecido debe ser, por lo menos, equivalente al 95% del promedio salarial de las personas que desempeñan ese tipo de cargos en la correspondiente localidad o estado.

salida del país voluntaria (voluntary departure). Otorgada por un juez de inmigración o un funcionario del USCIS, en aquellos casos en lso cuales el extranjero acuerda abandonar los EE.UU. a su propia costa antes de cierta fecha, en lugar de ser deportado y sufrir las consecuencias de una orden de deportación.

sección de examen (examination sections or exams). Nombre característico de la sección del USCIS que entrevista a quienes han presentado solicitudes de cambio de condición migratoria.

sección de investigaciones (investigations section). Departamento integrado por funcionarios del USCIS a quienes se los autoriza a portar armas, se les confiere autoridad para efectuar aciertos, llevar a cabo investigaciones sobre matrimonios fraudulentos, negocios fraudulentos, contrabandistas de extranjeros ilegales, documentos fraudulentos y extranjeros que toman parte en actividades delictivas y de pandillas.

sello de residente (green card stamp). Conocido también como sello I-551. Se refiere al sello temporario que un funcionario del USCIS estampa en el pasaporte para indicar el cambio de condición migratoria del titular.

sello I-551 (I-551 stamp). *Véase sello de residente.*

Servicio de Ciudadanía e Inmigración de Estados Unidos (USCIS). Dependencia que abarca las funciones de beneficios del antiguo INS. Ahora forma parte del Departamento de Seguridad del Territorio Nacional.

Servicio de Inmigración y Naturalización (INS). A partir del 1 de marzo de 2001, el INS dejó de funcionar como tal. Se dividió en varias partes a fin de separar, entre otras, las funciones relacionadas con los beneficios (USCIS) de las de vigilancia del cumplimiento de las normas (BICE). Todas estas funciones se cumplen ahora bajo la autoridad del nuevo Departamento de Seguridad del Territorio Nacional.

sin condición migratoria válida (out of status). Por permanencia después del plazo autorizado. Situación en la cual ha concluido la condición migratoria de no inmigrante establecida en el formulario I-94 o una extensión del mismo; o aquellos casos en que la persona ha infringido las condiciones de la visa, por ejemplo, desempeñando un puesto de trabajo sin autorización para ello.

solicitante principal (principal applicant). El solicitante que presenta una solicitud de cambio de condición migratoria o asilo.

solicitud de cambio de condición migratoria (adjustment application). *Véase formulario I-85.*

solicitud de condición laboral (labor condition application [LCA]). La primera etapa de una petición de una H-1B para no inmigrantes. La LCA no tiene nada que ver con la solicitud de certificación laboral.

solicitud de constancia (request of evidence [RFE]). Documento emitido por una oficina o centro de servicio del USCIS, solicitando constancia o información adicional para demostrar la validez del punto de vista de un extranjero.

suspensión de expulsión. Requiere demostrar que es altamente probable que el extranjero sea víctima de persecución por sus opiniones políticas, religión, género, nacionalidad o pertenencia a determinado grupo social.

T

tarjeta blanca (white card). *Véase I-94.*

tarjeta para la firma (signature card). Pequeña tarjeta que se utiliza para la impresión digital del pulgar junto con una solicitud de autorización de empleo en algunos centros de servicio, o posiblemente la tarjeta I-89 que se usa para la tramitación ADIT.

tarjeta para las huellas digitales (fingerprint card). Hasta 1997, una tarjeta en la cual se estampaban las huellas digitales de un extranjero, por parte de una entidad agente del cumplimiento de la ley o por una organización privada autorizada. A partir de tal fecha el USCIS pasó a encargarse del proceso de toma de huellas digitales para evitar el fraude.

tiempo acumulado. Generalmente el número total de días desde que se presenta una solicitud de asilo. Se utiliza para decidir cuándo un solicitante de asilo puede presentar una solicitud para obtener un permiso de trabajo. También se utiliza este término al cálculo del tiempo de permanencia en el país de quienes residen ilegalmente.

titular de tarjeta de residente (green card holder). *Véase residente permanente legal.*

trabadores agrícolas de reemplazo (replacement agricultural workers [RAW]). Programa implementado después de que a numerosos trabajadores agrícolas se les concedió la residencia permanente a través de la amnistía de 1986.

tramitación ADIT (ADIT processing). Se refiere al Sistema de Documentación, Identificación y Telecomunicaciones respecto a Extranjeros. Es el proceso a través del cual un solicitante de cambio de condición migratoria estampa su firma y huellas digitales en la tarjeta I-89, la cual se envía a un centro de servicio en la cual la convierten en tarjeta de residente. Generalmente tal proceso se efectúa en la entrevista con el USCIS.

tribunal de inmigración (immigration court [EOIR]). *Véase Oficina Ejecutiva para la Revisión de Inmigración.*

visa V. Nuevo beneficio de la Ley LIFE que permite a los cónyuges o hijos menores no casados de titulares de tarjeta de residente que cumplan tres años de espera tras efectuar una petición de la visa I-130, obtener la condición de no inmigrante legal en los EE.UU., o, si se encuentra en el extranjero, ingresar en los EE.UU., a fin de permanecer en los EE.UU. durante el resto de los años de espera previos a la aprobación de su petición de visa.

visa. Utilizada por uno mismo, se refiere a una de las visas temporarias de no inmigrante, de las cuales la más conocida es la visa de turista, B-2.

visa vigente (current visa). Una visa en la cual la fecha prioritaria (fecha de presentación de la solicitud) es posterior a la fecha que se publica en el boletín de visas publicado por el Departamento de Estado.

visa de inmigrante (IV). Se utiliza al solicitar residencia permanente en EE.UU., en una embajada o en un consulado.

visa de no inmigrante (NIV). Cualquiera de los diversos tipos de visas que permiten permanecer en los EE.UU. durante un plazo temporario con un propósito específico.

visa pro diversidad. Conocida también como lotería de visas, sorteo de visas o, simplemente lotería o sorteo. Sorteo de tarjetas de residente organizado por el Departamento de Estado, a través del cual se notifica a 100.000 personas que se les otorgará la oportunidad de cambiar su condición migratoria. Sin embargo sólo se dispone de 50.000 visas.

Apendíce A: Oficinas del USCIS

Alabama:
USCIS Atlanta District
Martin Luther King Jr.
Federal Building
77 Forsyth Street SW, Room 111
Atlanta, GA 30303
404-331-0253

Alaska:
USCIS Anchorage District Office
620 East 10th Avenue, Suite 102
Anchorage, AL 99501
907-271-3521

Arizona:
USCIS Phoenix District Office
2035 North Central Avenue
Phoenix, AZ 85004
602-514-7799

USCIS Tucson Sub Office
South Country Club Road
Tucson, AZ 85706-5907
520-670-4624

Arkansas:
USCIS
4991 Old Greenwood Road
Fort Smith, AR 72903
501-646-4721

California:
USCIS Los Angeles District Office
300 North Los Angeles Street, Room 1001
Los Angeles, CA 90012
213-830-4940

USCIS Fresno Sub Office
865 Fulton Mall
Fresno, CA 93721
559-487-5132

USCIS Sacramento Sub Office
650 Capitol Mall
Sacramento, CA 95814
916-498-6480

USCIS
34 Civic Center Plaza
Room 520
Santa Ana, CA 92701
714-972-6600

USCIS San Diego District Office
U.S. Federal Building
880 Front Street, Suite 1234
San Diego, CA 92101
619-557-5645

USCIS San Francisco District Office
630 Sansome Street
San Francisco, CA 94111
415-844-5200

USCIS San Jose Sub Office
1887 Monterey Road
San Jose, CA 95112
408-918-4000

Colorado:
USCIS Denver District Office
4730 Paris Street
Denver, CO 80239
303-371-0986

Connecticut:
USCIS Hartford Sub Office
450 Main Street, 4th Floor
Hartford, CT 06103-3060
860-240-3050

Delaware:
USCIS
1305 McD Drive
Dover, DE 19901
302-730-9311

District of Columbia:
USCIS Washington
District Office
4420 N. Fairfax Drive
Arlington, VA 22203
202-307-1642

Florida:
Fort Lauderdale/Port Everglades Sub Office
1800 Eller Drive, Suite 1401
P.O. Box 13054
Port Everglades Station
Fort Lauderdale, FL 33316
954-356-7790

USCIS Miami District Office
7880 Biscayne Boulevard
Miami, FL 33138
305-762-3680

USCIS Jacksonville Sub Office
4121 Southpoint Boulevard
Jacksonville, FL 32216
904-232-2164

USCIS Orlando Sub Office
9403 Tradeport Drive
Orlando, FL 32827
407-855-1241

USCIS Tampa Sub Office
5524 West Cypress Street
Tampa, FL 33607-1708
813-637-3010

USCIS West Palm Beach Sub Office
301 Broadway, Suite 142
Riviera Beach, FL 33401
561-841-0498

Georgia:
USCIS Atlanta District
Martin Luther King Jr. Federal Building
77 Forsyth Street SW, Room 111
Atlanta, GA 30303
404-331-0253

Guam:
USCIS Agana Sub Office
Sirena Plaza, Suite 100
108 Hernan Cortez Avenue
Hagatna, Guam 96910
671-472-7466

Hawaii:
USCIS Honolulu District Office
595 Ala Moana Boulevard
Honolulu, HI 96813
808-532-3746

Idaho:
Boise Office Location
USCIS Boise Sub Office
1185 South Vinnell Way
Boise, ID 83709

Illinois:
USCIS Chicago District Office
10 West Jackson Boulevard
Chicago, IL 60604
312-385-1820 or 312-385-1500

correspondence regarding adjustment cases:
U.S.B.C.I.S.
P.O. Box 3616
Chicago, IL 60690

adjustment/work permit applications:
U.S. B.C.I.S.
P.O. Box A3462
Chicago, IL 60690-3462

USCIS
Citizenship Office
539 S. LaSalle Street
Chicago, IL 60605
312-353-5440

Indiana:
USCIS
Indianapolis Sub Office
950 N. Meridian St., Room 400
Indianapolis, IN 46204

Kansas:
USCIS Wichita Satellite Office
271 West 3rd Street North, Suite 1050
Wichita, KS 67202-1212

Kentucky:
USCIS Louisville Sub Office
Gene Snyder U.S. Courthouse and Customhouse
Room 390
601 West Broadway
Louisville, KY 40202
502-582-6526

Louisiana:
U.S.DHS
USCIS
701 Loyola Avenue,
Room T-8011
New Orleans, LA 70113
504-589-6521

Maine:
USCIS Portland
Maine District Office
176 Gannett Drive
So. Portland, ME 04106
207-780-3399

Maryland:
USCIS Baltimore District
Fallon Federal Building
31 Hopkins Plaza
Baltimore, MD 21201
410-962-2010

Massachusetts:
USCIS Boston District Office
John F. Kennedy Federal Building
Government Center
Boston, MA 02203
617-565-4274

Michigan:
USCIS Detroit District Office
333 Mt. Elliot
Detroit, MI 48207
313-568-6000

Minnesota:
USCIS St. Paul District
2901 Metro Drive, Suite 100
Bloomington, MN 55425
612-313-9020

Mississippi:
USCIS Jackson Sub Office
Dr. A. H. McCoy
Federal Building
100 West Capitol Street
Suite B-8
Jackson, MS 39269

Missouri:
USCIS Kansas City District
9747 Northwest Conant Avenue
Kansas City, MO 64153
816-891-7422

USCIS St. Louis Sub Office
Robert A. Young Federal Building
1222 Spruce Street, Room 1.100
St. Louis, MO 63103-2815
314-539-2516

Montana:
USCIS Helena District Office
2800 Skyway Drive
Helena, MT 59602
406-449-5220

Nebraska:
USCIS Omaha District Office
3736 South 132nd Street
Omaha, NE 68144
402-697-1129

USCIS Omaha District Office
Information Office
13824 T Plaza (Millard Plaza)
Omaha, NE 68137

Nevada:
USCIS Las Vegas Sub Office
3373 Pepper Lane
Las Vegas, NV 89120-2739
702-451-3597

USCIS Reno Sub Office
1351 Corporate Boulevard
Reno, NV 89502
775-784-5427

New Hampshire:
USCIS Manchester Office
803 Canal Street
Manchester, NH 03101
603-625-5276

New Jersey:
USCIS Newark District Office
Peter Rodino, Jr. Federal Building
970 Broad Street
Newark, NJ 07102
973-645-4421

USCIS Cherry Hill Sub Office
1886 Greentree Road
Cherry Hill, NJ 08003
609-424-7712

New Mexico:
USCIS Albuquerque Sub Office
1720 Randolph Road SE
Albuquerque, NM 87106
505-241-0450

New York:
(Mailing address:)
USCIS Buffalo District Office
Federal Center
130 Delaware Avenue
Buffalo, NY 14202
716-849-6760

USCIS Albany Sub Office
1086 Troy-Schenectady Road
Latham, NY 12110
518-220-2100

USCIS New York City District Office
26 Federal Plaza
New York City, NY 10278
212-264-5891

USCIS Rochester Satellite Office
Federal Building
100 State Street, Room 418
Rochester, NY 14614

USCIS Syracuse Satellite Office
412 South Warren Street
Syracuse, NY 13202

North Carolina:
USCIS Charlotte Sub Office
Woodlawn Green Office Complex
210 E. Woodlawn Road
Building 6, Suite 138
Charlotte, NC 28217
704-672-6990

North Dakota:
USCIS St. Paul District
2901 Metro Drive, Suite 100
Bloomington, MN 55425
612-313-9020

Ohio:
USCIS Cleveland District
A.J.C. Federal Building
1240 East Ninth Street,
Room 1917
Cleveland, OH 44199
216-522-4766

USCIS Cincinnati Sub Office
J.W. Peck Federal Building
550 Main Street, Room 4001
Cincinnati, OH 45202
513-684-2412

USCIS Columbus Sub Office
Bureau of Citizenship and Immigration Services
50 W. Broad Street
Columbus, OH 43215
614-469-2900

Oklahoma:
USCIS Oklahoma City
Sub Office
4149 Highline Boulevard,
Suite 300
Oklahoma City, OK 73108-2081
405-231-5944

Oregon:
USCIS Portland, Oregon
District Office
511 NW Broadway
Portland, OR 97209
503-326-7585

Pennsylvania:
USCIS Philadelphia
District Office
1600 Callowhill Street
Philadelphia, PA 19130
215-656-7150

USCIS Pittsburgh Sub Office
Federal Building
1000 Liberty Avenue
Room 2130
Pittsburgh, PA 15222
412-395-4460

Puerto Rico and U.S. Virgin Islands:
(Street address:)
USCIS San Juan District Office
San Patricio Office Center
7 Tabonuco Street, Suite 100
Guaynabo, PR 00968
787-706-2343

(Mailing address:)
USCIS San Juan District Office
P.O. Box 365068
San Juan, PR 00936

USCIS Charlotte Amalie
Sub Office
Nisky Center, Suite 1A
First Floor South
Charlotte Amalie, St. Thomas
USVI 00802
340-774-1390

(Street address:)
USCIS
Sunny Isle Shopping Center
Christiansted, St. Croix
USVI 00820

(Mailing address:)
USCIS
P.O. Box 1468
Kingshill
St. Croix, USVI 00851
340-778-6559

Rhode Island:
USCIS Providence Sub Office
200 Dyer Street
Providence, RI 02903
401-528-5528

South Carolina:
USCIS Charleston Office
170 Meeting Street, Fifth Floor
Charleston, SC 29401
843-727-4422

South Dakota:
USCIS St. Paul District
2901 Metro Drive, Suite 100
Bloomington, MN 55425
612-313-9020

Tennessee:
U.S. DHS
USCIS
701 Loyola Avenue
Room T-8011
New Orleans, LA 70113
504-589-6521

USCIS Memphis Sub Office
Suite 100
1341 Sycamore View Road
Memphis, TN 38134
901-544-0256

Texas:
U.S. USCIS
8101 North Stemmons Freeway
Dallas, TX 75247
214-905-5800

USCIS El Paso District Office
1545 Hawkins Boulevard
Suite 167
El Paso, TX 79925
915-225-1750

USCIS Harlingen District
2102 Teege Avenue
Harlingen, TX 78550
956-427-8592

Houston USCIS District Office
126 Northpoint
Houston, TX 77060
281-774-4629

USCIS San Antonio District
8940 Fourwinds Drive
San Antonio, TX 78239
210-967-7109

Utah:
USCIS Salt Lake City Sub Office
5272 South College Drive, #100
Murray, UT 84123
801-265-0109

Vermont:
USCIS St. Albans Office
64 Gricebrook Road
St. Albans, VT 05478

Virginia:
USCIS Washington
District Office
4420 N. Fairfax Drive
Arlington, VA 22203
202-307-1642

USCIS Norfolk Sub Office
5280 Henneman Drive
Norfolk, VA 23513
757-858-7519

Washington:
USCIS Seattle District Office
815 Airport Way South
Seattle, WA 98134
206-553-1332

USCIS Spokane Sub Office
U.S. Courthouse
920 W. Riverside Room 691
Spokane, WA 99201
509-353-2761

(Street address:)
USCIS Yakima Sub Office
417 E. Chestnut
Yakima, WA 98901

(Mailing address:)
USCIS Yakima Sub Office
P.O. Box 78
Yakima, WA 98901

West Virginia:
USCIS Charleston Sub Office
210 Kanawha Blvd. West
Charleston, WV 25302

Wisconsin:
USCIS
Milwaukee Sub Office
310 E. Knapp Street
Milwaukee, WI 53202
414-297-6365

Wyoming:
USCIS Denver District Office
4730 Paris Street
Denver, CO 80239
303-371-0986

Apendíce B: Centros de Servicio del USCIS

Este apéndice incluye la información necesaria para ponerse en contacto con los centros de servicio del USCIS. Cuatro de estos centros de servicio son idénticos entre sí, en cuanto a que cada uno de ellos tramita las solicitudes dirigidas al USCIS por parte de las personas que residen en su correspondiente región de los EE.UU.

El quinto y más reciente centro, el Centro de Servicio de Missouri, es incomparable en cuanto a que su responsabilidad no se limita a determinada region o estado sino que tramita, en cambio, los tres tipos nuevos de solicitudes consecuencia de la *Ley ACT de 2000*. Independientemente de qué parte de EE.UU. uno resida, las solicitudes de la visa V o la visa T deberán presentarse en este centro.

Al presenter una solicitud en un centro de servicio, se deberá tener especial cuidado en dirigir el sobre a la dirección física o postal correcta.

California Centro de Servicio

Jurisdicción sobre: *Arizona, California, Guam, Hawaii, and Nevada.*

Correspondencia general:
U.S. Department of Homeland Security
United States Citizenship and
Immigration Services
P.O. Box 30111
Laguna Niguel, CA
92607-0111

Envios por servicio de menajeria:
California Service Center
24000 Avila Road, 2nd Floor, Room 2302
Laguna Niguel, CA 92677

U.S. Department of Homeland Security
United States Citizenship and
Immigration Services
California Service Center
P.O. Box (*inserte la dirección de la lista abajo*)
Laguna Niguel, CA *(inserte el código postal correcto)*

I-90:
P.O. Box 10090
Laguna Niguel, CA 92607-1009

I-90A (SAW):
P.O. Box 10190
Laguna Niguel, CA 92607-1019

I-129 (& related I-539s):
P.O. Box 10129
Laguna Niguel, CA 92607-1012

I-130/I-129F & EOIR-29:
P.O. Box 10130
Laguna Niguel, CA 92607-1013

I-140:
P.O. Box 10140
Laguna Niguel, CA 92607-1014

I-290A and I-290B:
P.O. Box 10290
Laguna Niguel, CA 92607-1029

I-360:
P.O. Box 10360
Laguna Niguel, CA 92607-1036

I-485:
P.O. Box 10485
Laguna Niguel, CA 92607-1048

I-526:
P.O. Box 10526
Laguna Niguel, CA 92607-1052

I-539:
P.O. Box 10539
Laguna Niguel, CA 92607-1053

I-589:
P.O. Box 10589
Laguna Niguel, CA 92607-1058

I-690:
P.O. Box 10690
Laguna Niguel, CA 92607-1069

I-694:
P.O. Box 10694
Laguna Niguel, CA 92607-1094

I-695:
P.O. Box 10695
Laguna Niguel, CA 92607-1095

I-698:
P.O. Box 10698
Laguna Niguel, CA 92607-1098

I-751:
P.O. Box 10751
Laguna Niguel, CA 92607-1075

I-765:
P.O. Box 10765
Laguna Niguel, CA 92607-1076

I-817:
P.O. Box 10817
Laguna Niguel, CA 92607-1081

I-821:
P.O. Box 10821
Laguna Niguel, CA 92607-1082

I-824:
Utilice el numero de apartado postal para el tipo de solicitud o petición aprobada, respecto a la cual se solicita la toma de una medida.

I-829:
P.O. Box 10526
Laguna Niguel, CA 92607-1052

N-400:
P.O. Box 10400
Laguna Niguel, CA 92607-1040

Mostrador de Información:
Chet Holifeld Federal Building
24000 Avila Road, 2nd Floor
Laguna Niguel, California
Abierto de lunes a viernes
(9:00 AM to 2:30 PM) excepto festivos
800-375-5283

Missouri Centro de Servicio

Envios por servicio de mansajeria:
United States Citizenship and
Immigration Services
1907–1909 S Blue Island Avenue
Chicago, IL 60608

V visa:
United States Citizenship and
Immigration Services
P.O. Box 7216
Chicago, IL 60680-7216

K visa:
United States Citizenship and
Immigration Services
P.O. Box 7218
Chicago, IL 60680-7218

Unidad de legalización y familia:
United States Citizenship and
Immigration Services
P.O. Box 7219
Chicago, IL 60680-7219

Información especial:

- No hay un número específico para este centro de servicio. Llame al centro nacional de servicio al cliente: 800-375-5283.

- Puesto que todas las solicitudes se escanean, los formularios no deberán estar cosidos con grapas (staples) de ningún tipo. Utilice clips para papeles.

- Escriba su nombre y el número "A" en el reverso de cada foto con lápiz o pluma de fieltro, considerando que en el proceso de escaneo las fotografías pueden separarse unas de otras.

Nebraska Centro de Servicio

Jurisdicción sobre: *Alaska, Colorado, Idaho, Illinois, Indiana, Iowa, Kansas, Michigan, Minnesota, Missouri, Montana, Nebraska, North Dakota, Ohio, Oregon, South Dakota, Utah, Washington, Wisconsin, and Wyoming.*

Envios por servicio de mensajeria:
USCIS Nebraska Service Center
850 S Street (P.O. Box ______)
Lincoln, NE 68508 + 4 digit zip code

Todas las solicitudes deberán remitirse a:
U.S. Department of Homeland Security
United States Citizenship and
Immigration Services
Nebraska Service Center
P.O. Box (inserte la dirección de la lista abajo)
Lincoln, NE (inserte el código postal correcto)

Correspondencia general:
P.O. Box 82521
Lincoln, NE 68501-2521

I-102
P.O. Box 87102
Lincoln, NE 68501-7102

I-129
P.O. Box 87129
Lincoln, NE 68501-7129

I-129 (Tramitación Especial)
P.O. Box 87103
Lincoln, NE 68501-7103

I-129F
P.O. Box 87130
Lincoln, NE 68501-7130

I-130
P.O. Box 87130
Lincoln, NE 68501-7130

I-131
P.O. Box 87131
Lincoln, NE 68501-7131

I-140
P.O. Box 87140
Lincoln, NE 68501-7140

I-290
P.O. Box 87290
Lincoln, NE 68501-7290

I-360
P.O. Box 87360
Lincoln, NE 68501-7360

N-400
P.O. Box 87400
Lincoln, NE 68501-7400

I-485
P.O. Box 87485
Lincoln, NE 68501-7485

I-539
P.O. Box 87539
Lincoln, NE 68501-7539

I-589
P.O. Box 87589
Lincoln, NE 68501-7589

I-694
P.O. Box 87698
Lincoln, NE 68501-7698

I-730
P.O. Box 87730
Lincoln, NE 68501-7730

I-751
P.O. Box 87751
Lincoln, NE 68501-7751

I-765
P.O. Box 87765
Lincoln, NE 68501-7765

I-817
P.O. Box 87817
Lincoln, NE 68501-7817

I-821
(Solamente para solicitantes de El Salvador, Honduras, y Nicaragua; todos los demás solicantes TPS [bajo protección temporia] deberan tramitar la solicitud a través de las oficinas locales del USCIS)
P.O. Box 87821
Lincoln, NE 68501-7821

I-824
P.O. Box 87824
Lincoln, NE 68501-7824
402-323-7830

Texas Centro de Servicio

Jurisdicción sobre: *Alabama, Arkansas, Florida, Georgia, Kentucky, Louisiana, Mississippi, New Mexico, North Carolina, Oklahoma, South Carolina, Tennessee, and Texas.*

Correspondencia general:
USCIS TSC
P.O. Box 851488
Mesquite, TX 75185-1488

Envios por servicio de mensajeria:
USCIS TSC
4141 N. St. Augustine Rd.
Dallas, TX 75227

I-131, I-824, I-102, I-539, I-698:
USCIS TSC
P.O. Box 851182
Mesquite, TX 75185-1182

I-765:
USCIS TSC
P.O. Box 851041
Mesquite, TX 75185-1041

I-485:
USCIS TSC
P.O. Box 851804
Mesquite, TX 75185-1804

I-129:
USCIS TSC
P.O. Box 852211
Mesquite, TX 75185-2211

I-130:
USCIS TSC
P.O. Box 850919
Mesquite, TX 75185-0919

I-589:
USCIS TSC
P.O. Box 851892
Mesquite, TX 75185-1892

I-140, I-290 A&B, I-360, I-526, I-829:
USCIS TSC
P.O. Box 852135
Mesquite, TX 75185-2135

I-129F, I-212, I-612, I-751, I-817:
USCIS TSC
P.O. Box 850965
Mesquite, TX 75185-0965

N-400:
USCIS TSC
P.O. Box 851204
Mesquite, TX 75185-1204

Información especial:

- Llame al centro nacional de servicio al cliente: 800-375-5283.

Vermont Centro de Servicio

Jurisdicción sobre: *Connecticut, Delaware, District of Columbia, Maine,Maryland, Massachusetts, New Hampshire, New Jersey, New York, Pennsylvania, Puerto Rico, Rhode Island, Vermont, Virgin Islands,Virginia, and West Virginia.*

Todas las solicitudes excepto las del formulario N-400:
U.S. Department of Homeland Security
United States Citizenship and
Immigration Services
Vermont Service Center
75 Lower Welden St.
Saint Albans, Vermont 05479

N-400
U.S. Department of Homeland Security
United States Citizenship and
Immigration Services
Vermont Service Center
75 Lower Welden St.
Saint Albans, Vermont 05479-9400
802-527-4913

Información especial:

- Llame al centro nacional de servicio al cliente: 800-375-5283.

Apendíce C: Sitios Web y Datos de Contacto

Servicio de Ciudadanía y Inmigración de Estados Unidos (USCIS)

Centro Nacional de Servicio al Cliente: 800-375-5283

Formularios del USCIS en línea: 800-870-3676

Sitios Web:

http://www.uscis.gov *(inicio)*

http://www.uscis.gov/graphics/formsfee/forms *(formularios, tasas)*

http://www.uscis.gov/graphics/fieldoffices/alphaa.htm
(oficinas locales y centros de servicio)

http://www.ins.gov/graphics/howdoi/affsupp.htm#poverty
(pautas respecto al índice de pobreza a fin de completar la guía de mantenimiento)

http://www.uscis.gov/graphics/lawregs/index.htm *(manuales del USCIS)*

http://uscis.gov/graphics/lawregs/cris/jsps/index.jsp?textFlag=N#
(tiempo que lleba la tramitación en los centros de servicio y oficinas locales del USCIS)

http://www.cdc.gov/ncidod/dq/pdf/ti-civil.pdf *(información sobre el examen médico)*

http://www.sss.gov *(información sobre el Servicio Militar Selectivo: 847-688-6888)*

Tribunal de Inmigración (EOIR)

Línea del EOIR para informarse sobre casos: 800-898-7180

BIA: 703-605-1007

Sitios Web:

http://www.usdoj.gov/eoir *(inicio)*

http://www.usdoj.gov/eoir/sibpages/fieldicmap.htm *(enlace con los Tribunales de Inmigración)*

http://www.usdoj.gov/eoir/vll/libindex.html
(manual práctico sobre la BIA, decisiones de la BIA)

http://www.usdoj.gov/eoir/efoia/foiafreq.htm *(índices de aprobación de solicitudes de asilo)*

http://www.uscourts.gov *(enlaces con los tribunales federales)*

http://www.findlaw.com *(enlaces con las leyes federales y estatales)*

Departmento de Estado (DOS)

Departamento de Estado (visa pro diversidad): 202-331-7199

Visa consular, Kentucky (visa pro diversidad): 606-526-7420

Boletín sobre visas (grabación): 202-663-1541

Sitios Web:

http://www.state.gov *(inicio)*

http://www.foia.state.gov *(sala de lectura)*

http://usembassy.state.gov *(enlaces con todos los consulados y embajadas)*

htt p://travel.state.gov
(Boletín de visas, Agencia de Tramitación de Pasaportes, visa pro diversidad)

http://travel.state.gov/aos.html *(pautas sobre las garantías de mantenimiento)*

http://www.state.gov/g/drl/hr *(informes sobre países)*

Departmento de Trabajo (DOL)

Sitios Web:

http://www.doleta.gov

http://flcdatacenter.com *(datos sobre los sueldos y salarios predominantes)*

http://workforcesecurity.doleta.gov/foreign/times.asp
(tiempo que lleva la tramitación de casos ante la SESA y el DOL)

http://www.onetcenter.org *(reemplazo del Diccionario de nombres de cargos)*

http://www.cgfns.org *(evaluación de las cualificaciones de los trabajadores de la salud)*

http://www.bls.gov/oco *(manual general de ocupaciones)*

http://www.bls.gov/soc/socguide.htm *(clasificación ocupacional estándar)*

http://www.naics.com *(a fin de obtener el código NAICS para el formulario I-140)*

Congreso de EE.UU.

Sitios Web:

http://www.house.gov/judiciary/privimm.pdf
(reglas para proyectos de ley presentados a pedido del interesado)

http://www.senate.gov

Inmigración canadiense

Sitios Web:

http://cicnet.ci.gc.ca

http://www.Canada-congenbuffalo.org

Organizaciones de Asistencia Legal

Sitios Web:

http://www.usdoj.gov/eoir/statspub/raroster.htm *(organizaciones acreditadas para brindar asesoría legal)*

http://nlg.org/nip *(Proyecto Nacional de Inmigración: referencias, información sobre la violencia doméstica, enlaces útiles)*

http://nilc.org *(Centro Nacional de Leyes sobre inmigración)*

Organizaciones pro Derechos Humanos:

Sitios Web:

http://www.refugees.org/world/statistics/wrs02_tableindex.htm *(Aprobación de casos de asilo por país; TPS)*

http://www.state.gov/g/drl/hr *(Informes sobre países, del Departamento de Estado)*

http://www.ind.homeoffice.gov.uk *(informes sobre países)*

http://www.unhchr.ch *(Comisión de las Naciones Unidas para los Derechos Humanos)*

http://www.asylumlaw.org *(información para quienes procuran obtener asilo)*

http://www.rferl.org *(Radio Free Europe)*

http://www.amnesty.org *(Amnesty International)*

http://www.hrw.org *(Human Rights Watch)*

Programas de Beneficios Gubernamentales

Sellos para alimentos: 800-221-5689

Beneficios para asilados: 800-354-0365

Sitios Web:

http://acf.dhhs.gov *(Departamento de Salud y Servicios Humanos—programas de asistencia)*

http://www.servicelocator.org *(asistencia para empleo)*

http://www.ssa.gov *(Administración del Seguro Social)*

http://www.fns.usda.gov *(WIC)*

http://www.hhs.gov *(Medicaid o TANF)*

http://www.govspot.com *(enlaces con sitios estatales, federales y de gobiernos de otros países)*

Apéndice D: Tarifas de Tasas y Servicios

NOTA: *Las tarifas incluidas a continuación entraron en vigencia el 30 de abril de 2004 y reemplazan las tarifas impresas en solicitudes, peticiones u otro material impreso.*

Las solicitudes o peticiones que se envíen por correo o se les estampe un matasellos o sean presentadas de una manera u otra en la citada fecha o después de la misma, requeriran el pago de las nuevas tasas. Si usted no remite el pago correcto, el USCIS le rechazará su solicitud o petición. La tramitación de la dispensa del pago de tasas no se verá afectada por la diferencia en el importe de las tasas.

I-17..............$230.00	I-246............155.00	I-824..............195.00
I-90..............185.00	I-360............185.00	I-829..............455.00
I-102............155.00	1-485........... *	N-300............115.00
I-129............185.00	I-526............465.00	N-336............250.00
I-129F 165.00	I-539............195.00	N-400............320.00
I-130............185.00	I-600............525.00	N-410..............50.00
I-131............165.00	I-600A.........525.00	N-455..............90.00
I-140............190.00	I-601............250.00	N-470............150.00
I-191............250.00	I-612............250.00	N-565............210.00
I-192............250.00	1-751...........200.00	N-600............240.00
I-193............250.00	I-765............175.00	N-643............145.00
I-212............250.00	I-817............195.00	N-644..............80.00

*I-485

menores de 14 años de edad. 215.00

mayores de 14 años de edad 315.00

refugiados. . . . . sin cargo

NOTA: *Las tasas de tramitación enumeradas más arriba NO INCLUYEN la tasa de servicio de $70.00 en concepto de toma de huellas digitales, ni otros gastos que pudieran relacionarse con la tramitación de solicitudes de prestaciones de Inmigración y Naturalización.*

NOTA: *Se cobrará una multa de $30.00 por todo cheque incobrable que le sea devuelto al USCIS.*

Apéndice E: Formularios en Blanco

Estos formularios pueden desprenderse y utilizarse, pero lo más conveniente es fotocopiarlos antes por si acaso comete un error. Para más información sobre dichos formularios, visite el sitio web del USCIS en:

www.USCIS.gov

U.S. Department of Justice
Immigration and Naturalization Service

OMB #1115-0054

Petition for Alien Relative

DO NOT WRITE IN THIS BLOCK - FOR EXAMINING OFFICE ONLY

A#

Section of Law/Visa Category
- ☐ 201(b) Spouse - IR-1/CR-1
- ☐ 201(b) Child - IR-2/CR-2
- ☐ 201(b) Parent - IR-5
- ☐ 203(a)(1) Unm. S or D - F1-1
- ☐ 203(a)(2)(A)Spouse - F2-1
- ☐ 203(a)(2)(A) Child - F2-2
- ☐ 203(a)(2)(B) Unm. S or D - F2-4
- ☐ 203(a)(3) Married S or D - F3-1
- ☐ 203(a)(4) Brother/Sister - F4-1

Action Stamp

Fee Stamp

Petition was filed on: ______________ (priority date)
- ☐ Personal Interview
- ☐ Pet. ☐ Ben. " A" File Reviewed
- ☐ Field Investigation
- ☐ 203(a)(2)(A) Resolved
- ☐ Previously Forwarded
- ☐ I-485 Filed Simultaneously
- ☐ 204(g) Resolved
- ☐ 203(g) Resolved

Remarks:

A. Relationship You are the petitioner; your relative is the beneficiary.

1. I am filing this petition for my: ☐ Husband/Wife ☐ Parent ☐ Brother/Sister ☐ Child

2. Are you related by adoption? ☐ Yes ☐ No

3. Did you gain permanent residence through adoption? ☐ Yes ☐ No

B. Information about you

1. **Name** (Family name in CAPS) (First) (Middle)

2. **Address** (Number and Street) **(Apt.No.)**

(Town or City) (State/Country) (Zip/Postal Code)

3. **Place of Birth** (Town or City) (State/Country)

4. **Date of Birth** (Month/Day/Year)

5. **Gender** ☐ Male ☐ Female

6. **Marital Status** ☐ Married ☐ Single ☐ Widowed ☐ Divorced

7. **Other Names Used** (including maiden name)

8. **Date and Place of Present Marriage** (if married)

9. **Social Security Number** (if any)

10. **Alien Registration Number**

11. **Name(s) of Prior Husband(s)/Wive(s)**

12. **Date(s) Marriage(s) Ended**

13. If you are a U.S. citizen, complete the following:

My citizenship was acquired through (check one):

☐ Birth in the U.S.

☐ Naturalization. Give certificate number and date and place of issuance.

☐ Parents. Have you obtained a certificate of citizenship in your own name?

☐ Yes. Give certificate number, date and place of issuance. ☐ No

14a. If you are a lawful permanent resident alien, complete the following: Date and place of admission for, or adjustment to, lawful permanent residence and class of admission.

14b. Did you gain permanent resident status through marriage to a United States citizen or lawful permanent resident?

☐ Yes ☐ No

C. Information about your relative

1. **Name** (Family name in CAPS) (First) (Middle)

2. **Address** (Number and Street) **(Apt. No.)**

(Town or City) (State/Country) (Zip/Postal Code)

3. **Place of Birth** (Town or City) (State/Country)

4. **Date of Birth** (Month/Day/Year)

5. **Gender** ☐ Male ☐ Female

6. **Marital Status** ☐ Married ☐ Single ☐ Widowed ☐ Divorced

7. **Other Names Used** (including maiden name)

8. **Date and Place of Present Marriage** (if married)

9. **Social Security Number** (if any)

10. **Alien Registration Number**

11. **Name(s) of Prior Husband(s)/Wive(s)**

12. **Date(s) Marriage(s) Ended**

13. Has your relative ever been in the U.S.? ☐ Yes ☐ No

14. If your relative is currently in the U.S., complete the following:
He or she arrived as a::
(visitor, student, stowaway, without inspection, etc.)

Arrival/Departure Record (I-94)

Date arrived (Month/Day/Year)

Date authorized stay expired, or will expire, as shown on Form I-94 or I-95

15. Name and address of present employer (if any)

Date this employment began (Month/Day/Year)

16. Has your relative ever been under immigration proceedings?

☐ No ☐ Yes Where __________ When __________

☐ Removal ☐ Exclusion/Deportation ☐ Recission ☐ Judicial Proceedings

INITIAL RECEIPT ______ RESUBMITTED ______ RELOCATED: Rec'd ______ Sent ______ COMPLETED: Appv'd ______ Denied ______ Ret'd ______

Form I-130 (Rev. 06/05/02) Y

C. Information about your alien relative (continued)

17. List husband/wife and all children of your relative.

(Name) (Relationship) (Date of Birth) (Country of Birth)

18. Address in the United States where your relative intends to live.

(Street Address) (Town or City) (State)

19. Your relative's address abroad. (Include street, city, province and country)

Phone Number (if any)

20. If your relative's native alphabet is other than Roman letters, write his or her name and foreign address in the native alphabet.

(Name) Address (Include street, city, province and country):

21. If filing for your husband/wife, give last address at which you lived together. (Include street, city, province, if any, and country):

From: (Month) (Year) **To:** (Month) (Year)

22. Complete the information below if your relative is in the United States and will apply for adjustment of status

Your relative is in the United States and will apply for adjustment of status to that of a lawful permanent resident at the office of the Immigration and Naturalization Service in ______________ (City) (State). If your relative is not eligible for adjustment of status, he or she will apply for a visa abroad at the American consular post in ______________ (City) ______________ (Country)

NOTE: Designation of an American embassy or consulate outside the country of your relative's last residence does not guarantee acceptance for processing by that post. Acceptance is at the discretion of the designated embassy or consulate.

D. Other information

1. If separate petitions are also being submitted for other relatives, give names of each and relationship.

2. Have you ever filed a petition for this or any other alien before? ☐ Yes ☐ No

If "Yes," give name, place and date of filing and result.

WARNING: INS investigates claimed relationships and verifies the validity of documents. INS seeks criminal prosecutions when family relationships are falsified to obtain visas.

PENALTIES: By law, you may be imprisoned for not more than five years or fined $250,000, or both, for entering into a marriage contract for the purpose of evading any provision of the immigration laws. In addition, you may be fined up to $10,000 and imprisoned for up to five years, or both, for knowingly and willfully falsifying or concealing a material fact or using any false document in submitting this petition.

YOUR CERTIFICATION: I certify, under penalty of perjury under the laws of the United States of America, that the foregoing is true and correct. Furthermore, I authorize the release of any information from my records which the Immigration and Naturalization Service needs to determine eligibility for the benefit that I am seeking.

E. Signature of petitioner.

Date Phone Number

F. Signature of person preparing this form, if other than the petitioner.

I declare that I prepared this document at the request of the person above and that it is based on all information of which I have any knowledge.

Print Name ______________ Signature ______________ Date ______________

Address ______________ **G-28 ID or VOLAG Number, if any.** ______________

OMB No. 1615-0013; Exp. 6/30/04

Department of Homeland Security
U.S. Citizenship and Immigration Services

I-131, Application for Travel Document

DO NOT WRITE IN THIS BLOCK **FOR CIS USE ONLY** **(except G-28 block below)**

Document Issued	**Action Block**	**Receipt**
☐ Reentry Permit ☐ Refugee Travel Document ☐ Single Advance Parole ☐ Multiple Advance Parole Valid to: ____________		
If Reentry Permit or Refugee Travel Document, mail to: ☐ Address in Part 1 ☐ American embassy/consulate at: ____________ ☐ Overseas DHS office at: ____________		☐ Document Hand Delivered On ________ By ________ ***To be completed by Attorney/Representative, if any.*** Attorney State License # ________ ☐ Check box if G-28 is attached.

Part 1. Information about you. *(Please type or print in black ink.)*

1. A #

2. Date of Birth *(mm/dd/yyyy)*

3. Class of Admission

4. Gender Male ☐ Female ☐

5. Name (*Family name in captial letters*) *(First)* *(Middle)*

6. Address *(Number and Street)* Apt. #

City State or Province Zip/Postal Code Country

7. Country of Birth

8. Country of Citizenship

9. Social Security # *(if any)*

Part 2. Application type *(check one).*

a. ☐ I am a permanent resident or conditional resident of the United States and I am applying for a reentry permit.

b. ☐ I now hold U.S. refugee or asylee status and I am applying for a refugee travel document.

c. ☐ I am a permanent resident as a direct result of refugee or asylee status and I am applying for a refugee travel document.

d. ☐ I am applying for an advance parole document to allow me to return to the United States after temporary foreign travel.

e. ☐ I am outside the United States and I am applying for an advance parole document.

f. ☐ I am applying for an advance parole document for a person who is outside the United States. *If you checked box "f", provide the following information about that person:*

1. Name (*Family name in captial letters*) *(First)* *(Middle)*

2. Date of Birth *(mm/dd/yyyy)*

3. Country of Birth

4. Country of Citizenship

5. Address *(Number and Street)* Apt. # Daytime Telephone # *(area/country code)*

City State or Province Zip/Postal Code Country

INITIAL RECEIPT ______ RESUBMITTED ______ RELOCATED: Rec'd. ______ Sent ______ COMPLETED: Appv'd. ______ Denied ______ Ret'd. ______

Form I-131 (Rev. 09/19/03) N *Prior versions may be used until 12/31/03*

Part 3. Processing information.

1.Date of Intended Departure *(mm/dd/yyyy)*

2. Expected Length of Trip

3. Are you, or any person included in this application, now in exclusion, deportation, removal or recission proceedings? ☐ No ☐ Yes *(Name of DHS office)*:

If you are applying for an Advance Parole Document, skip to Part 7.

4. Have you ever before been issued a reentry permit or refugee travel ☐ No ☐ Yes *(Give the following information for the last document issued to you)*:

Date Issued *(mm/dd/yyyy)*: Disposition *(attached, lost, etc.)*:

5. Where do you want this travel document sent? *(Check one)*

a. ☐ To the U.S. address shown in **Part 1** on the first page of this form.

b. ☐ To an American embassy or consulate at: City: Country:

c. ☐ To a DHS office overseas at: City: Country:

d. If you checked "b" or "c", where should the notice to pick up the travel document be sent?

☐ To the address shown in **Part 2** on the first page of this form.

☐ To the address shown below:

Address *(Number and Street)* Apt. # Daytime Telephone # *(area/country code)*

City State or Province Zip/Postal Code Country

Part 4. Information about your proposed travel.

Purpose of trip. *If you need more room, continue on a seperate sheet(s) of paper.*	List the countries you intend to visit.

Part 5. Complete only if applying for a reentry permit.

Since becoming a permanent resident of the United States (or during the past five years, whichever is less) how much total time have you spent outside the United States?

☐ less than six months ☐ two to three years
☐ six months to one year ☐ three to four years
☐ one to two years ☐ more than four years

Since you became a permanent resident of the United States, have you ever filed a federal income tax return as a nonresident, or failed to file a federal income tax return because you considered yourself to be a nonresident? *(If "Yes," give details on a seperate sheet(s) of paper.)* ☐ Yes ☐ No

Part 6. Complete only if applying for a refugee travel document.

1. Country from which you are a refugee or asylee:

If you answer "Yes" to any of the following questions, you must explain on a seperate sheet(s) of paper.

2. Do you plan to travel to the above named country? ☐ Yes ☐ No

3. Since you were accorded refugee/asylee status, have you ever:
   a. returned to the above named country? ☐ Yes ☐ No
   b. applied for and/or obtained a national passport, passport renewal or entry permit of that country? ☐ Yes ☐ No
   c. applied for and/or received any benefit from such country (for example, health insurance benefits). ☐ Yes ☐ No

4. Since you were accorded refugee/asylee status, have you, by any legal procedure or voluntary act:
   a. reacquired the nationality of the above named country? ☐ Yes ☐ No
   b. acquired a new nationality? ☐ Yes ☐ No
   c. been granted refugee or asylee status in any other country? ☐ Yes ☐ No

Part 7. Complete only if applying for advance parole.

On a separate sheet(s) of paper, please explain how you qualify for an advance parole document and what circumstances warrant issuance of advance parole. Include copies of any documents you wish considered. *(See instructions.)*

1. For how many trips do you intend to use this document? ☐ One trip ☐ More than one trip

2. If the person intended to receive an advance parole document is outside the United States, provide the location (city and country) of the American embassy or consulate or the DHS overseas office that you want us to notify.

City

Country

3. If the travel document will be delivered to an overseas office, where should the notice to pick up the document be sent:

☐ To the address shown in **Part 2** on the first page of this form.

☐ To the address shown below:

Address *(Number and Street)* Apt. # Daytime Telephone # *(area/country code)*

City State or Province Zip/Postal Code Country

Part 8. Signature.

Read the information on penalties in the instructions before completing this section. If you are filing for a reentry permit or refugee travel document, you must be in the United States to file this application.

I certify, under penalty of perjury under the laws of the United States of America, that this application and the evidence submitted with it are all true and correct. I authorize the release of any information from my records which the U.S. Citizenship and Immigration Services needs to determine eligibility for the benefit I am seeking.

Signature **Date** *(mm/dd/yyyy)* **Daytime Telephone Number** *(with area code)*

Please Note: If you do not completely fill out this form or fail to submit required documents listed in the instructions, you may not be found eligible for the requested document and this application may be denied.

Part 9. Signature of person preparing form, if other than the applicant. *(Sign below.)*

I declare that I prepared this application at the request of the applicant and it is based on all information of which I have knowledge.

Signature Print or Type Your Name

Firm Name and Address Daytime Telephone Number (*with area code*)

Fax Number (*if any*) Date *(mm/dd/yyyy)*

This page intentionally left blank.

U.S. Department of Homeland Security
Bureau of Citizenship and Immigration Services

OMB No. 1615-0015; Exp. 8-31-04

I-140, Immigrant Petition for Alien Worker

START HERE - Please Type or Print in Black Ink.

Part 1. Information about the person or organization filing this petition.

If an individual is filing, use the top name line. Organizations should use the second line.

Family Name (Last Name) | Given Name (First Name) | Full Middle Name

Company or Organization Name

Address: (Street Number and Name) | Suite #

Attn:

City | State/Province

Country | Zip/Postal Code

IRS Tax # | Social Security # *(if any)* | E-Mail Address *(if any)*

Part 2. Petition type.

This petition is being filed for: *(Check one)*

a. ☐ An alien of extraordinary ability.
b. ☐ An outstanding professor or researcher.
c. ☐ A multinational executive or manager.
d. ☐ A member of the professions holding an advanced degree or an alien of exceptional ability (who is **NOT** seeking a National Interest Waiver).
e. ☐ A professional (at a minimum, possessing a bachelor's degree or a foreign degree equivalent to a U.S. bachelor's degree) or a skilled worker (requiring at least two years of specialized training or experience).
f. ☐ (Reserved.)
g. ☐ Any other worker (requiring less than two years of training or experience).
h. ☐ Soviet Scientist.
i. ☐ An alien applying for a National Interest Waiver (who **IS** a member of the professions holding an advanced degree or an alien of exceptional ability).

Part 3. Information about the person you are filing for.

Family Name (Last Name) | Given Name (First Name) | Full Middle Name

Address: (Street Number and Name) | Apt. #

C/O: (In Care Of)

City | State/Province

Country | Zip/Postal Code | E-Mail Address *(if any)*

Daytime Phone # *(with area/country code)* | Date of Birth *(mm/dd/yyyy)*

City/Town/Village of Birth | State/Province of Birth | Country of Birth

Country of Nationality/Citizenship | A # *(if any)* | Social Security # *(if any)*

IF IN THE U.S.

Date of Arrival *(mm/dd/yyyy)* | I-94 # *(Arrival/Departure Document)*

Current Nonimmigrant Status | Date Status Expires *(mm/dd/yyyy)*

FOR CIS USE ONLY

Returned	Receipt
Date	
Date	
Resubmitted	
Date	
Date	
Reloc Sent	
Date	
Date	
Reloc Rec'd	
Date	
Date	

Classification:

☐ 203(b)(1)(A) Alien of Extraordinary Ability
☐ 203(b)(1)(B) Outstanding Professor or Researcher
☐ 203(b)(1)(C) Multi-National Executive or Manager
☐ 203(b)(2) Member of Professions w/Adv. Degree or Exceptional Ability
☐ 203(b)(3)(A)(i) Skilled Worker
☐ 203(b)(3)(A)(ii) Professional
☐ 203(b)(3)(A)(iii) Other Worker

Certification:

☐ National Interest Waiver (NIW)
☐ Schedule A, Group I
☐ Schedule A, Group II

Priority Date	**Consulate**

Concurrent Filing:

☐ **I-485 filed concurrently.**

Remarks

Action Block

To Be Completed by
Attorney or Representative, if any.
☐ Fill in box if G-28 is attached to represent the applicant.

ATTY State License #

Part 4. Processing Information.

1. Please complete the following for the person named in Part 3: *(Check one)*

☐ Alien will apply for a visa abroad at the American Embassy or Consulate at:

City

Foreign Country

☐ Alien is in the United States and will apply for adjustment of status to that of lawful permanent resident.

Alien's country of current residence or, if now in the U.S., last permanent residence abroad.

2. If you provided a U.S. address in Part 3, print the person's foreign address:

3. If the person's native alphabet is other than Roman letters, write the person's foreign name and address in the native alphabet:

4. Are any other petition(s) or application(s) being filed with this Form I-140?

☐ No ☐ Yes-(check all that apply) ☐ Form I-485 ☐ Form I-765 ☐ Form I-131 ☐ Other - attach explanation

5. Is the person you are filing for in removal proceedings? ☐ No ☐ Yes-attach an explanation

6. Has any immigrant visa petition ever been filed by or on behalf of this person? ☐ No ☐ Yes-attach an explanation

If you answered yes to any of these questions, please provide the case number, office location, date of decision and disposition of the decision on a separate sheet(s) of paper.

Part 5. Additional information about the petitioner.

1. Type of petitioner *(Check one)*.

☐ Employer ☐ Self ☐ Other (Explain, e.g., Permanent Resident, U.S. Citzen or any other person filing on behalf of the alien.)

2. If a company, give the following:

Type of Business

Date Established *(mm/dd/yyyy)*

Current Number of Employees

Gross Annual Income

Net Annual Income

NAICS Code

DOL/ETA Case Number

3. If an individual, give the following:

Occupation

Annual Income

Part 6. Basic information about the proposed employment.

1. Job Title

2. SOC Code

3. Nontechnical Description of Job

4. Address where the person will work if different from address in Part 1.

5. Is this a full-time position?

☐ Yes ☐ No

6. If the answer to Number 5 is "No," how many hours per week for the position?

7. Is this a permanent position?

☐ Yes ☐ No

8. Is this a new position?

☐ Yes ☐ No

9. Wages per week

$

Part 7. Information on spouse and all children of the person for whom you are filing.

List husband/wife and all children related to the individual for whom the petition is being filed. Provide an attachment of additional family members, if needed.

Name *(First/Middle/Last)*	Relationship	Date of Birth *(mm/dd/yyyy)*	Country of Birth

Part 8. Signature.

Read the information on penalties in the instructions before completing this section. If someone helped you prepare this petition, he or she must complete Part 9.

I certify, under penalty of perjury under the laws of the United States of America, that this petition and the evidence submitted with it are all true and correct. I authorize the Bureau of Citizenship and Immigration Services to release to other government agencies any information from my CIS (or former INS) records, if the CIS determines that such action is necessary to determine eligibility for the benefit sought.

Petitioner's Signature | **Daytime Phone Number** *(Area/Country Code)* | **E-mail Address**

Print Name | **Date** *(mm/dd/yyyy)*

Please Note: *If you do not fully complete this form or fail to submit the required documents listed in the instructions, a final decision on your petition may be delayed or the petition may be denied.*

Part 9. Signature of person preparing form, if other than above. *(Sign below)*

I declare that I prepared this petition at the request of the above person and it is based on all information of which I have knowledge.

Attorney or Representative: In the event of a Request for Evidence (RFE), may the CIS contact you by Fax or E-mail? ☐ Yes ☐ No

Signature | **Print Name** | **Date** *(mm/dd/yyyy)*

Firm Name and Address

Daytime Phone Number *(Area/Country Code)* | **Fax Number** *(Area/Country Code)* | **E-mail Address**

This page intentionally left blank.

U.S. Department of Justice
Immigration and Naturalization Service

OMB No. 1115-0066

BIOGRAPHIC INFORMATION

(Family name) (First name) (Middle name)	☐ MALE ☐ FEMALE	BIRTHDATE (Mo.-Day-Yr.)	NATIONALITY	FILE NUMBER A-
ALL OTHER NAMES USED (Including names by previous marriages)	CITY AND COUNTRY OF BIRTH			SOCIAL SECURITY NO. (If any)

	FAMILY NAME	FIRST NAME	DATE, CITY AND COUNTRY OF BIRTH (If known)	CITY AND COUNTRY OF RESIDENCE.
FATHER				
MOTHER (Maiden name)				

HUSBAND (If none, so state) OR WIFE	FAMILY NAME (For wife, give maiden name)	FIRST NAME	BIRTHDATE	CITY & COUNTRY OF BIRTH	DATE OF MARRIAGE	PLACE OF MARRIAGE

FORMER HUSBANDS OR WIVES (if none, so state)

FAMILY NAME (For wife, give maiden name)	FIRST NAME	BIRTHDATE	DATE & PLACE OF MARRIAGE	DATE AND PLACE OF TERMINATION OF MARRIAGE

APPLICANT'S RESIDENCE LAST FIVE YEARS. LIST PRESENT ADDRESS FIRST

STREET AND NUMBER	CITY	PROVINCE OR STATE	COUNTRY	FROM MONTH	FROM YEAR	TO MONTH	TO YEAR
						PRESENT TIME	

APPLICANT'S LAST ADDRESS OUTSIDE THE UNITED STATES OF MORE THAN ONE YEAR

STREETAND NUMBER	CITY	PROVINCE OR STATE	COUNTRY	FROM MONTH	FROM YEAR	TO MONTH	TO YEAR

APPLICANT'S EMPLOYMENT LAST FIVE YEARS. (IF NONE, SO STATE) LIST PRESENT EMPLOYMENT FIRST

FULL NAME AND ADDRESS OF EMPLOYER	OCCUPATION (SPECIFY)	FROM MONTH	FROM YEAR	TO MONTH	TO YEAR
				PRESENT TIME	

Show below last occupation abroad if not shown above. (Include all information requested above.)

THIS FORM IS SUBMITTED IN CONNECTION WITH APPLICATION FOR: ☐ NATURALIZATION ☐ STATUS AS PERMANENT RESIDENT ☐ OTHER (SPECIFY):	SIGNATURE OF APPLICANT	DATE
Submit all four pages of this form.	If your native alphabet is other than roman letters, write your name in your native alphabet here:	

PENALTIES: SEVERE PENALTIES ARE PROVIDED BY LAW FOR KNOWINGLY AND WILLFULLY FALSIFYING OR CONCEALING A MATERIAL FACT.

APPLICANT: **BE SURE TO PUT YOUR NAME AND ALIEN REGISTRATION NUMBER IN THE BOX OUTLINED BY HEAVY BORDER BELOW.**

COMPLETE THIS BOX (Family name)	(Given name)	(Middle name)	(Alien registration number)

Form G-325A (Rev. 09/11/00) Y

(1) Ident.

U.S. Department of Justice
Immigration and Naturalization Service

OMB No. 1115-0066

BIOGRAPHIC INFORMATION

(Family name) (First name) (Middle name)	☐ MALE ☐ FEMALE	BIRTHDATE (Mo.-Day-Yr.)	NATIONALITY	FILE NUMBER A-
ALL OTHER NAMES USED (Including names by previous marriages)	CITY AND COUNTRY OF BIRTH			SOCIAL SECURITY NO. (If any)

	FAMILY NAME	FIRST NAME	DATE, CITY AND COUNTRY OF BIRTH (If known)	CITY AND COUNTRY OF RESIDENCE
FATHER				
MOTHER (Maiden name)				

HUSBAND (If none, so state) OR WIFE	FAMILY NAME (For wife, give maiden name)	FIRST NAME	BIRTHDATE	CITY & COUNTRY OF BIRTH	DATE OF MARRIAGE	PLACE OF MARRIAGE

FORMER HUSBANDS OR WIVES (if none, so state)

FAMILY NAME (For wife, give maiden name)	FIRST NAME	BIRTHDATE	DATE & PLACE OF MARRIAGE	DATE AND PLACE OF TERMINATION OF MARRIAGE

APPLICANT'S RESIDENCE LAST FIVE YEARS. LIST PRESENT ADDRESS FIRST

STREET AND NUMBER	CITY	PROVINCE OR STATE	COUNTRY	FROM MONTH	FROM YEAR	TO MONTH	TO YEAR
						PRESENT TIME	

APPLICANT'S LAST ADDRESS OUTSIDE THE UNITED STATES OF MORE THAN ONE YEAR

STREETAND NUMBER	CITY	PROVINCE OR STATE	COUNTRY	FROM MONTH	FROM YEAR	TO MONTH	TO YEAR

APPLICANT'S EMPLOYMENT LAST FIVE YEARS. (IF NONE, SO STATE) LIST PRESENT EMPLOYMENT FIRST

FULL NAME AND ADDRESS OF EMPLOYER	OCCUPATION (SPECIFY)	FROM MONTH	FROM YEAR	TO MONTH	TO YEAR
				PRESENT TIME	

Show below last occupation abroad if not shown above. (Include all information requested above.)

THIS FORM IS SUBMITTED IN CONNECTION WITH APPLICATION FOR: ☐ NATURALIZATION ☐ STATUS AS PERMANENT RESIDENT ☐ OTHER (SPECIFY):	SIGNATURE OF APPLICANT DATE
Submit all four pages of this form.	If your native alphabet is other than roman letters, write your name in your native alphabet here:

PENALTIES: SEVERE PENALTIES ARE PROVIDED BY LAW FOR KNOWINGLY AND WILLFULLY FALSIFYING OR CONCEALING A MATERIAL FACT.

APPLICANT: **BE SURE TO PUT YOUR NAME AND ALIEN REGISTRATION NUMBER IN THE BOX OUTLINED BY HEAVY BORDER BELOW.**

COMPLETE THIS BOX (Family name)	(Given name)	(Middle name)	(Alien registration number)

(OTHER AGENCY USE)	**INS USE (Office of Origin)**
	OFFICE CODE: **TYPE OF CASE:** **DATE:**

(2) Rec. Br.

U.S. Department of Justice
Immigration and Naturalization Service

OMB No. 1115-0066

BIOGRAPHIC INFORMATION

(Family name) (First name) (Middle name)	☐ MALE ☐ FEMALE	BIRTHDATE (Mo.-Day-Yr.)	NATIONALITY	FILE NUMBER A-
ALL OTHER NAMES USED (Including names by previous marriages)	CITY AND COUNTRY OF BIRTH			SOCIAL SECURITY NO. (If any)

	FAMILY NAME	FIRST NAME	DATE, CITY AND COUNTRY OF BIRTH (If known)	CITY AND COUNTRY OF RESIDENCE
FATHER				
MOTHER (Maiden name)				

HUSBAND (If none, so state) OR WIFE	FAMILY NAME (For wife, give maiden name)	FIRST NAME	BIRTHDATE	CITY & COUNTRY OF BIRTH	DATE OF MARRIAGE	PLACE OF MARRIAGE

FORMER HUSBANDS OR WIVES (if none, so state)

FAMILY NAME (For wife, give maiden name)	FIRST NAME	BIRTHDATE	DATE & PLACE OF MARRIAGE	DATE AND PLACE OF TERMINATION OF MARRIAGE

APPLICANT'S RESIDENCE LAST FIVE YEARS. LIST PRESENT ADDRESS FIRST

STREET AND NUMBER	CITY	PROVINCE OR STATE	COUNTRY	FROM MONTH	FROM YEAR	TO MONTH	TO YEAR
						PRESENT TIME	

APPLICANT'S LAST ADDRESS OUTSIDE THE UNITED STATES OF MORE THAN ONE YEAR

STREETAND NUMBER	CITY	PROVINCE OR STATE	COUNTRY	FROM MONTH	FROM YEAR	TO MONTH	TO YEAR

APPLICANT'S EMPLOYMENT LAST FIVE YEARS. (IF NONE, SO STATE) LIST PRESENT EMPLOYMENT FIRST

FULL NAME AND ADDRESS OF EMPLOYER	OCCUPATION (SPECIFY)	FROM MONTH	FROM YEAR	TO MONTH	TO YEAR
				PRESENT TIME	

Show below last occupation abroad if not shown above. (Include all information requested above.)

THIS FORM IS SUBMITTED IN CONNECTION WITH APPLICATION FOR: ☐ NATURALIZATION ☐ STATUS AS PERMANENT RESIDENT ☐ OTHER (SPECIFY):	SIGNATURE OF APPLICANT DATE
Submit all four pages of this form.	If your native alphabet is other than roman letters, write your name in your native alphabet here:

PENALTIES: SEVERE PENALTIES ARE PROVIDED BY LAW FOR KNOWINGLY AND WILLFULLY FALSIFYING OR CONCEALING A MATERIAL FACT.

APPLICANT: **BE SURE TO PUT YOUR NAME AND ALIEN REGISTRATION NUMBER IN THE BOX OUTLINED BY HEAVY BORDER BELOW.**

COMPLETE THIS BOX (Family name)	(Given name)	(Middle name)	(Alien registration number)

(OTHER AGENCY USE)	INS USE (Office of Origin) OFFICE CODE: TYPE OF CASE: DATE:

Form G-325A (Rev. 09/11/00) Y Page 3

U.S. Department of Justice
Immigration and Naturalization Service

OMB No. 1115-0066

BIOGRAPHIC INFORMATION

(Family name) (First name) (Middle name)	☐ MALE ☐ FEMALE	BIRTHDATE (Mo.-Day-Yr.)	NATIONALITY	FILE NUMBER A-
ALL OTHER NAMES USED (Including names by previous marriages)	CITY AND COUNTRY OF BIRTH			SOCIAL SECURITY NO. (If any)

	FAMILY NAME	FIRST NAME	DATE, CITY AND COUNTRY OF BIRTH (If known)	CITY AND COUNTRY OF RESIDENCE
FATHER				
MOTHER (Maiden name)				

HUSBAND (If none, so state) OR WIFE	FAMILY NAME (For wife, give maiden name)	FIRST NAME	BIRTHDATE	CITY & COUNTRY OF BIRTH	DATE OF MARRIAGE	PLACE OF MARRIAGE

FORMER HUSBANDS OR WIVES (if none, so state)

FAMILY NAME (For wife, give maiden name)	FIRST NAME	BIRTHDATE	DATE & PLACE OF MARRIAGE	DATE AND PLACE OF TERMINATION OF MARRIAGE

APPLICANT'S RESIDENCE LAST FIVE YEARS. LIST PRESENT ADDRESS FIRST

STREET AND NUMBER	CITY	PROVINCE OR STATE	COUNTRY	FROM MONTH	FROM YEAR	TO MONTH	TO YEAR
						PRESENT TIME	

APPLICANT'S LAST ADDRESS OUTSIDE THE UNITED STATES OF MORE THAN ONE YEAR

STREETAND NUMBER	CITY	PROVINCE OR STATE	COUNTRY	FROM MONTH	FROM YEAR	TO MONTH	TO YEAR

APPLICANT'S EMPLOYMENT LAST FIVE YEARS. (IF NONE, SO STATE) LIST PRESENT EMPLOYMENT FIRST

FULL NAME AND ADDRESS OF EMPLOYER	OCCUPATION (SPECIFY)	FROM MONTH	FROM YEAR	TO MONTH	TO YEAR
				PRESENT TIME	

Show below last occupation abroad if not shown above. (Include all information requested above.)

THIS FORM IS SUBMITTED IN CONNECTION WITH APPLICATION FOR:
☐ NATURALIZATION ☐ STATUS AS PERMANENT RESIDENT
☐ OTHER (SPECIFY):

SIGNATURE OF APPLICANT DATE

Submit all four pages of this form.

If your native alphabet is other than roman letters, write your name in your native alphabet here:

PENALTIES: SEVERE PENALTIES ARE PROVIDED BY LAW FOR KNOWINGLY AND WILLFULLY FALSIFYING OR CONCEALING A MATERIAL FACT.

APPLICANT: **BE SURE TO PUT YOUR NAME AND ALIEN REGISTRATION NUMBER IN THE BOX OUTLINED BY HEAVY BORDER BELOW.**

COMPLETE THIS BOX (Family name) (Given name) (Middle name) (Alien registration number)

(OTHER AGENCY USE)

INS USE (Office of Origin)

OFFICE CODE:

TYPE OF CASE:

DATE:

(4) Consul

Form G-325A (Rev. 09/11/00) Y Page 4

OMB No. 1115-0117

U.S. Department of Justice
Immigration and Naturalization Service

Petition for Amerasian, Widow(er), or Special Immigrant

START HERE - Please Type or Print

Part 1. Information about person or organization filing this petition.

(Individuals should use the top name line; organizations should use the second line.) If you are a self-petitioning spouse or child and do not want INS to send notices about this petition to your home, you may show an alternate mailing address here. If you are filing for yourself and do not want to use an alternate mailing address, skip to part 2.

Family Name	Given Name	Middle Initial

Company or Organization Name

Address - C/O

Street Number and Name	Apt. #

City	State or Province

Country	Zip/Postal Code

U.S. Social Security #	A #	IRS Tax # *(if any)*

Part 2. Classification Requested (check one):

a. ☐ Amerasian
b. ☐ Widow(er) of a U.S. citizen who died within the past two (2) years
c. ☐ Special Immigrant Juvenile
d. ☐ Special Immigrant Religious Worker
e. ☐ Special Immigrant based on employrnent with the Panama Canal Company, Canal Zone Government or U.S. Government in the Canal Zone
f. ☐ Special Immigrant Physician
g. ☐ Special Immigrant International Organization Employee or family member
h. ☐ Special Immigrant Armed Forces Member
i. ☐ Self-Petitioning Spouse of Abusive U.S. Citizen or Lawful Permanent Resident
j. ☐ Self-Petitioning Child of Abusive U.S. Citizen or Lawful Permanent Resident
k. ☐ Other, explain: ____________________

Part 3. Information about the person this petition is for.

Family Name	Given Name	Middle Initial

Address - C/O

Street Number and Name	Apt. #

City	State or Province

Country	Zip/Postal Code

Date of Birth *(Month/Day/Year)*	Country of Birth

U.S. Social Security #	A # *(if any)*

Marital Status: ☐ Single ☐ Married ☐ Divorced ☐ Widowed

Complete the items below if this person is in the United States:

Date of Arrival *(Month/Day/Year)*	I-94#
Current Nonimmigrant Status	Expires on *(Month/Day/Year)*

FOR INS USE ONLY

Returned	Receipt
Resubmitted	
Reloc Sent	
Reloc Rec'd	
☐ Petitioner/ Applicant Interviewed ☐ Benefitiary Interviewed	

☐ I-485 Filed Concurrently
☐ Bene "A" File Reviewed

Classification

Consulate

Priority Date

Remarks:

Action Block

To Be Completed by
***Attorney or Representative,* if any**

☐ Fill in box if G-28 is attached to represent the applicant

VOLAG#

ATTY State License #

Continued on back.

Part 4. Processing Information.

Below give to United States Consulate you want notified if this petition is approved and if any requested adjustment of status cannot be granted.

American Consulate: City	Country

If you gave a United States address in Part 3, print the person's foreign address below. If his/her native alphabet does not use Roman letters, print his/her name and foreign address in the native alphabet.

Name	Address

Sex of the person this petition is for.	☐ Male	☐ Female
Are you filing any other petitions or applications with this one?	☐ No	☐ Yes (How many? ______)
Is the person this petition is for in exclusion or deportation proceedings?	☐ No	☐ Yes (Explain an a separate sheet of paper)
Has the person this petition is for ever worked in the U.S. without permission?	☐ No	☐ Yes (Explain an a separate sheet of paper)
Is an application for adjustment of status attached to this petition?	☐ No	☐ Yes

Part 5. Complete only if filing for an Amerasian.

Section A. Information about the mother of the Amerasian

Family Name	Given Name	Middle Initial

Living? ☐ No (Give date of death ______) ☐ Yes (complete address line below) ☐ Unknown (attach a full explanation)

Address

Section B. Information about the father of the Amerasian: If possible, attach a notarized statement from the father regarding parentage. Explain on separate paper any question you cannot fully answer in the space provided on this form.

Family Name	Given Name	Middle Initial

Date of Birth (Month/Day/Year)	Country of Birth

Living? ☐ No (give date of death ______) ☐ Yes (complete address line below) ☐ Unknown (attach a full explanation)

Home Address

Home Phone #	Work Phone #

At the time the Amerasian was conceived:

☐ The father was in the military (indicate branch of service below - and give service number here): ______

☐ Army ☐ Air Force ☐ Navy ☐ Marine Corps ☐ Coast Guard

☐ The father was a civilian employed abroad. Attach a list of names and addresses of organizations which employed him at that time.

☐ The father was not in the military, and was not a civilian employed abroad. (Attach a full explanation of the circumstances.)

Part 6. Complete only if filing for a Special Immigrant Juvenile Court Dependent.

Section A. Information about the Juvenile

List any other names used.

Answer the following questions regarding the person this petition is for. If you answer "no," explain on a separate sheet of paper.

Is he or she still dependent upon the juvenile court or still legally committed to or under the custody of an agency or department of a state?	☐ No	☐ Yes
Does he/she continue to be eligible for long term foster care?	☐ No	☐ Yes

Continued on next page.

Part 7. Complete only if filing as a Widow/Widower, a Self-petitioning Spouse of an Abuser, or as a Self-petitioning Child of an Abuser.

Section A. Information about the U.S. citizen husband or wife who died or about the U.S. citizen or lawful permanent resident abuser.

Family Name	Given Name	Middle Initial

Date of Birth *(Month/Day/Year)*	Country of Birth	Date of Death *(Month/Day/Year)*

He or she is now, or was at time of death a (check one):

- ☐ U.S. citizen born in the United States.
- ☐ U.S. citizen born abroad to U.S. citizen parents.
- ☐ U.S. citizen through Naturalization *(Show A #)* ____________
- ☐ U.S. lawful permanent resident (Show A #) ____________
- ☐ Other, explain ____________

Section B. Additional Information about you.

How many times have you been married?	How many times was the person in Section A married?	Give the date and place you and the person in Section A were married. *(If you are a self-petitioning child, write: "N/A")*

When did you live with the person named in Section A? From *(Month/Year)*____________ until *(Month/Year)* ____________

If you are filing as a widow/widower, were you legally separated at the time of to U.S citizens's death? ☐ No ☐ Yes, *(attach explanation).*

Give the last address at which you lived together with the person named in Section A, and show the last date that you lived together with that person at that address:

If you we filing as a self-petitioning spouse, have any of your children filed separate self-petitions? ☐ No ☐ Yes *(show child(ren)'s full names):*

Part 8. Information about the spouse and children of the person this petition is for.

A widow/widower or a self-petitioning spouse of an abusive citizen or lawful permanent resident should also list the children of the deceased spouse or of the abuser.

A. Family Name	Given Name	Middle Initial	Date of Birth *(Month/Day/Year)*
Country of Birth	Relationship ☐ Spouse ☐ Child		A #
B. Family Name	Given Name	Middle Initial	Date of Birth *(Month/Day/Year)*
Country of Birth	Relationship ☐ Child		A #
C. Family Name	Given Name	Middle Initial	Date of Birth *(Month/Day/Year)*
Country of Birth	Relationship ☐ Child		A #
D. Family Name	Given Name	Middle Initial	Date of Birth *(Month/Day/Year)*
Country of Birth	Relationship ☐ Child		A #
E. Family Name	Given Name	Middle Initial	Date of Birth *(Month/Day/Year)*
Country of Birth	Relationship ☐ Child		A #
F. Family Name	Given Name	Middle Initial	Date of Birth *(Month/Day/Year)*
Country of Birth	Relationship ☐ Child		A #

G. Family Name	Given Name	Middle Initial	Date of Birth *(Month/Day/Year)*
Country of Birth	Relationship ☐ Child		A#
H. Family Name	Given Name	Middle Initial	Date of Birth *(Month/Day/Year)*
Country of Birth	Relationship ☐ Child		A#

Part 9. Signature. *Read the information on penalties in the instructions before completing this part. If you are going to file this petition at an INS office in the United States, sign below. If you are going to file it at a U.S. consulate or INS office overseas, sign in front of a U.S. INS or consular official.*

I certify, or, if outside the United States, I swear or affirm, under penalty of perjury under the laws of the United States of America, that this petition and the evidence submitted with it is all true and correct. If filing this on behalf at an organization, I certify that I am empowered to do so by that organization. I authorize the release of any information from my records, or from the petitioning organization's records, which the Immigration and Naturalization Service needs to determine eligibility for the benefit being sought.

Signature		Date
Signature of INS or Consular Official	Print Name	Date

Please Note: If you do not completely fill out this form or fail to submit required documents listed in the instructions, the person(s) filed for may not be found eligible for a requested benefit and it may have to be denied.

Part 10. Signature of person preparing form if other than above. (sign below)

I declare that I prepared this application at the request of the above person and it is based on all information of which I have knowledge.

Signature	Print Your Name	Date
Firm Name and Address		

OMB No. 1115-0053

U.S. Department of Justice
Immigration and Naturalization Service

Form I-485, Application to Register Permanent Resident or Adjust Status

START HERE - Please Type or Print

Part 1. Information About You.

Family Name	Given Name	Middle Initial
Address - C/O		
Street Number and Name		Apt. #
City		
State	Zip Code	
Date of Birth (month/day/year)	Country of Birth	
Social Security #	A # (if any)	
Date of Last Arrival (month/day/year)	I-94 #	
Current INS Status	Expires on (month/day/year)	

Part 2. Application Type. *(check one)*

I am applying for an adjustment to permanent resident status because:

a. ☐ an immigrant petition giving me an immediately available immigrant visa number has been approved. (Atttach a copy of the approval notice-- or a relative, special immigrant juvenile or special immigrant military visa petition filed with this application that will give you an immediately available visa number, if approved.)

b. ☐ my spouse or parent applied for adjustment of status or was granted lawful permanent residence in an immigrant visa category that allows derivative status for spouses and children.

c. ☐ I entered as a K-1 fiance(e) of a U.S. citizen whom I married within 90 days of entry, or I am the K-2 child of such a fiance(e). [Attach a copy of the fiance(e) petition approval notice and the marriage certificate.]

d. ☐ I was granted asylum or derivative asylum status as the spouse or child of a person granted asylum and am eligible for adjustment.

e. ☐ I am a native or citizen of Cuba admitted or paroled into the U.S. after January 1, 1959, and thereafter have been physically present in the U.S. for at least one year.

f. ☐ I am the husband, wife or minor unmarried child of a Cuban described in (e) and am residing with that person, and was admitted or paroled into the U.S. after January 1, 1959, and thereafter have been physically present in the U.S. for at least one year.

g. ☐ I have continuously resided in the U.S. since before January 1, 1972.

h. ☐ Other basis of eligibility. Explain. (If additional space is needed, use a separate piece of paper.)

____

____

I am already a permanent resident and am applying to have the date I was granted permanent residence adjusted to the date I originally arrived in the U.S. as a nonimmigrant or parolee, or as of May 2,1964, whichever date is later, and: *(Check one)*

i. ☐ I am a native or citizen of Cuba and meet the description in (e), above.

j. ☐ I am the husband, wife or minor unmarried child of a Cuban, and meet the description in (f), above.

FOR INS USE ONLY

Returned	Receipt
Resubmitted	
Reloc Sent	
Reloc Rec'd	
Applicant Interviewed	

Section of Law
- ☐ Sec. 209(b), INA
- ☐ Sec. 13, Act of 9/11/57
- ☐ Sec. 245, INA
- ☐ Sec. 249, INA
- ☐ Sec. 2 Act of 11/2/66
- ☐ Sec. 2 Act of 11/2/66
- ☐ Other ____________

Country Chargeable

Eligibility Under Sec. 245
- Approved Visa Petition
- Dependent of Principal Alien
- Special Immigrant
- Other ____________

Preference

Action Block

To be Completed by *Attorney or Representative,* if any

☐ Fill in box if G-28 is attached to represent the applicant.

VOLAG #

ATTY State License #

Continued on back

Part 3. Processing Information.

A. City/Town/Village of Birth	Current Occupation
Your Mother's First Name	Your Father's First Name

Give your name exactly how it appears on your Arrival /Departure Record (Form 1-94)

Place of Last Entry Into the U.S. (City/State)	In what status did you last enter? *(Visitor, student, exchange alien, crewman, temporary worker, without inspection, etc.)*
Were you inspected by a U.S. Immigration Officer? ☐ Yes ☐ No	
Nonimmigrant Visa Number	Consulate Where Visa Was Issued
Date Visa Was Issued (month/day/year) — Sex: ☐ Male ☐ Female	Marital Status ☐ Married ☐ Single ☐ Divorced ☐ Widowed

Have you ever before applied for permanent resident status in the U.S.? ☐ No ☐ Yes If you checked "Yes," give date and place of filing and final disposition.

B. List your present husband/wife and all your sons and daughters. (If you have none, write "none." If additional space is needed, use a separate piece of paper.)

Family Name	Given Name	Middle Initial	Date of Birth (month/day/year)
Country of Birth	Relationship	A #	Applying with You? ☐ Yes ☐ No
Family Name	Given Name	Middle Initial	Date of Birth (month/day/year)
Country of Birth	Relationship	A #	Applying with You? ☐ Yes ☐ No
Family Name	Given Name	Middle Initial	Date of Birth (month/day/year)
Country of Birth	Relationship	A #	Applying with You? ☐ Yes ☐ No
Family Name	Given Name	Middle Initial	Date of Birth (month/day/year)
Country of Birth	Relationship	A #	Applying with You? ☐ Yes ☐ No
Family Name	Given Name	Middle Initial	Date of Birth (month/day/year)
Country of Birth	Relationship	A #	Applying with You? ☐ Yes ☐ No

C. List your present and past membership in or affiliation with every political organization, association, fund, foundation, party, club, society or similar group in the United States or in other places since your 16th birthday. Include any foreign military service in this part. If none, write "none." Include the name(s) of the organization(s), location(s), dates of membership from and to, and the nature of the organization (s). If additional space is needed, use a separate piece of paper.

Part 3. Processing Information. *(Continued)*

Please answer the following questions. (If your answer is **"Yes"** to any one of these questions, explain on a separate piece of paper. Answering **"Yes"** does not necessarily mean that you are not entitled to adjust your status or register for permanent residence.)

1. Have you ever, in or outside the U. S.:
   a. knowingly committed any crime of moral turpitude or a drug-related offense for which you have not been arrested? ☐ Yes ☐ No
   b. been arrested, cited, charged, indicted, fined or imprisoned for breaking or violating any law or ordinance, excluding traffic violations? ☐ Yes ☐ No
   c. been the beneficiary of a pardon, amnesty, rehabilitation decree, other act of clemency or similar action? ☐ Yes ☐ No
   d. exercised diplomatic immunity to avoid prosecution for a criminal offense in the U. S.? ☐ Yes ☐ No
2. Have you received public assistance in the U.S. from any source, including the U.S. government or any state, county, city or municipality (other than emergency medical treatment), or are you likely to receive public assistance in the future? ☐ Yes ☐ No
3. Have you ever:
   a. within the past ten years been a prostitute or procured anyone for prostitution, or intend to engage in such activities in the future? ☐ Yes ☐ No
   b. engaged in any unlawful commercialized vice, including, but not limited to, illegal gambling? ☐ Yes ☐ No
   c. knowingly encouraged, induced, assisted, abetted or aided any alien to try to enter the U.S. illegally? ☐ Yes ☐ No
   d. illicitly trafficked in any controlled substance, or knowingly assisted, abetted or colluded in the illicit trafficking of any controlled substance? ☐ Yes ☐ No
4. Have you ever engaged in, conspired to engage in, or do you intend to engage in, or have you ever solicited membership or funds for, or have you through any means ever assisted or provided any type of material support to, any person or organization that has ever engaged or conspired to engage, in sabotage, kidnapping, political assassination, hijacking or any other form of terrorist activity? ☐ Yes ☐ No
5. Do you intend to engage in the U.S. in:
   a. espionage? ☐ Yes ☐ No
   b. any activity a purpose of which is opposition to, or the control or overthrow of, the government of the United States, by force, violence or other unlawful means? ☐ Yes ☐ No
   c. any activity to violate or evade any law prohibiting the export from the United States of goods, technology or sensitive information? ☐ Yes ☐ No
6. Have you ever been a member of, or in any way affiliated with, the Communist Party or any other totalitarian party? ☐ Yes ☐ No
7. Did you, during the period from March 23, 1933 to May 8, 1945, in association with either the Nazi Government of Germany or any organization or government associated or allied with the Nazi Government of Germany, ever order, incite, assist or otherwise participate in the persecution of any person because of race, religion, national origin or political opinion? ☐ Yes ☐ No
8. Have you ever engaged in genocide, or otherwise ordered, incited, assisted or otherwise participated in the killing of any person because of race, religion, nationality, ethnic origin or political opinion? ☐ Yes ☐ No
9. Have you ever been deported from the U.S., or removed from the U.S. at government expense, excluded within the past year, or are you now in exclusion or deportation proceedings? ☐ Yes ☐ No
10. Are you under a final order of civil penalty for violating section 274C of the Immigration and Nationality Act for use of fradulent documents or have you, by fraud or willful misrepresentation of a material fact, ever sought to procure, or procured, a visa, other documentation, entry into the U.S. or any immigration benefit? ☐ Yes ☐ No
11. Have you ever left the U.S. to avoid being drafted into the U.S. Armed Forces? ☐ Yes ☐ No
12. Have you ever been a J nonimmigrant exchange visitor who was subject to the two-year foreign residence requirement and not yet complied with that requirement or obtained a waiver? ☐ Yes ☐ No
13. Are you now withholding custody of a U.S. citizen child outside the U.S. from a person granted custody of the child? ☐ Yes ☐ No
14. Do you plan to practice polygamy in the U.S.? ☐ Yes ☐ No

Continued on back

Part 4. Signature.

(Read the information on penalties in the instructions before completing this section. You must file this application while in the United States.)

I certify, under penalty of perjury under the laws of the United States of America, that this application and the evidence submitted with it is all true and correct. I authorize the release of any information from my records which the INS needs to determine eligibility for the benefit I am seeking.

Selective Service Registration. The following applies to you if you are a man at least 18 years old, but not yet 26 years old, who is required to register with the Selective Service System: I understand that my filing this adjustment of status application with the Immigration and Naturalization Service authorizes the INS to provide certain registration information to the Selective Service System in accordance with the Military Selective Service Act. Upon INS acceptance of my application, I authorize INS to transmit to the Selective Service System my name, current address, Social Security number, date of birth and the date I filed the application for the purpose of recording my Selective Service registration as of the filing date. If, however, the INS does not accept my application, I further understand that, if so required, I am responsible for registering with the Selective Service by other means, provided I have not yet reached age 26.

Signature	*Print Your Name*	*Date*	*Daytime Phone Number*

Please Note: *If you do not completely fill out this form or fail to submit required documents listed in the instructions, you may not be found eligible for the requested benefit and this application may be denied.*

Part 5. Signature of Person Preparing Form, If Other Than Above. *(Sign Below)*

I declare that I prepared this application at the request of the above person and it is based on all information of which I have knowledge.

Signature	*Print Your Name*	*Date*	*Daytime Phone Number*

Firm Name and Address

OMB No. 1615-0023 (Expires 05-31-05)

U.S. Department of Homeland Security
Bureau of Citizenship Immigration and Service

Supplement A to Form I-485
Adjustment of Status Under Section 245(i)

NOTE: Use this form only if you are applying to adjust status to that of a lawful permanent resident under section 245(i) of the Immigration and Nationality Act.

Part A. Information about you.

CIS Use Only

Last Name | First Name | Middle Name

Address: In Care Of

Street Number and Name | Apt. #

City | State | Zip Code

Alien Registration Number (A #) if any | Date of Birth *(mm/dd/yyyy)*

Country of Birth | Country of Citizenship/Nationality

Part B. Eligibility. *(Check the correct response.)*

1. I am filing Supplement A to Form I-485 because:

a. ☐ I am the beneficiary of a visa petition filed on or before January 14, 1998.
b. ☐ I am the beneficiary of a visa petition filed on or after January 15, 1998, and on or before April 30, 2001.
c. ☐ I am the beneficiary of an application for a labor certification filed on or before January 14, 1998.
d. ☐ I am the beneficiary of an application for a labor certification filed on or after January 15, 1998, and on or before April 30, 2001.

If you checked box b or d in Question 1, you must submit evidence demonstrating that you were physically present in the United States on December 21, 2000.

2. And I fall into one or more of these categories: ***(Check all that apply to you.)***

a. ☐ I entered the United States as an alien crewman;
b. ☐ I have accepted employment without authorization;
c. ☐ I am in unlawful immigration status because I entered the United States without inspection or I remained in the United States past the expiration of the period of my lawful admission;
d. ☐ I have failed (except through no fault of my own or for technical reasons) to maintain, continuously, lawful status;
e. ☐ I was admitted to the United States in transit without a visa;
f. ☐ I was admitted as a nonimmigrant visitor without a visa;
g. ☐ I was admitted to the United States as a nonimmigrant in the S classification; or
h. ☐ I am seeking employment-based adjustment of status and am not in lawful nonimmigrant status.

Part C. Additional eligibility information.

1. Are you applying to adjust status based on any of the below reasons?

a. You were granted asylum in the United States;
b. You have continuously resided in the United States since January 1, 1972;
c. You entered as a K-1 fiance'(e) of a U.S. citizen;
d. You have an approved Form I-360, Petition for Amerasian, Widow(er), Battered or Abused Spouse or Child, or Special Immigrant, and are applying for adjustment as a special immigrant juvenile court dependent or a special immigrant who has served in the U.S. armed forces, or a battered or abused spouse or child;
e. You are a native or citizen of Cuba, or the spouse or child of such alien, who was not lawfully inspected or admitted to the United States;
f. You are a special immigrant retired international organization employee or family member;
g. You are a special immigrant physician;

Part C. Additional eligibility information *(Continued)*.

h. You are a public interest parolee, who was denied refugee status, and are from the former Soviet Union, Vietnam, Laos or Cambodia (a "Lautenberg Parolee" under Public Law 101-167); or

i. You are eligible under the Immigration Nursing Relief Act.

☐ **NO.** I am not applying for adjustment of status for any of these reasons. *(Go to next question.)*

☐ **YES.** I am applying for adjustment of status for any one of these reasons. **(If you answered "YES," do not file this form.)**

2. Do any of the following conditions describe you?

a. You are already a lawful permanent resident of the United States.

b. You have continuously maintained lawful immigration status in the United States since November 5, 1986.

c. You are applying to adjust status as the spouse or unmarried minor child of a U.S. citizen or the parent of a U.S. citizen child at least 21 years of age, and you were inspected and lawfully admitted to the United States.

☐ **NO.** None of these conditions describe me. *(Go to next question.)*

☐ **YES. If you answered "YES," do not file this form.**

Part D. Fees.

Aliens filing this form with Form I-485 need to pay the following fees:

- $ **315.00** Fee required with Form I-485 for applicants over the age of 14 years and **$215.00** for applicants under 14.
- $ **70.00** Biometric services fee for having your fingerprints taken. If required, the CIS may also take your photograph and signatur as part of the biometric services. Applicants younger than 14 years or older than 79 do not have to pay the biometric services fee.
- **$ 1,000.00** Fee required with Supplement A Form.

If you filed Form I-485 separately, attach a copy of your filing receipt and pay only the additional sum of **$1,000.00**.

There are two categories of applicants using this form who do not need to pay the **$1,000.00** fee:

1. Applicants under the age of 17 years; and
2. Applicants who are an unmarried son or daughter of a legalized alien and less than 21 years of age, or the spouse of a legalized alien, and have attached a copy of a CIS (or former INS) receipt or approval notice showing that a Form I-817, Application for Family Unity Benefits, has been properly filed.

Part E. Signature. *Read the information on penalties in the instructions before completing this section.*

I certify, under penalty of perjury under the laws of the United States of America, that this application and the evidence submitted with it is all true and correct. I authorize the release of any information from my records that the Bureau of Citizenship and Immigration Services needs to determine eligibility for the benefit being sought.

Signature	Print Name	Date

Part F. Signature of person preparing form, if other than above. *Read the information on penalties in the instructions before completing this section.*

I certify, under penalty of perjury under the laws of the United States of America, that I prepared this form at the request of the above person and that to the best of my knowledge the contents of this application are all true and correct.

Signature	Print Name	Date

Firm Name and Address	Daytime Phone Number *(Area Code and Number)*
	( )
	Fax Number *(Area Code and Number)*
	( )

OMB No. 1115-0093; Expires 7/31/04

U.S. Department of Justice
Immigration and Naturalization Service

Application to Extend/Change Nonimmigrant Status

START HERE - Please Type or Print.

Part 1. Information about you.

Family Name	Given Name	Middle Initial

Address - In care of -

Street Number and Name	Apt. #

City	State	Zip Code	Daytime Phone #

Country of Birth	Country of Citizenship

Date of Birth (MM/DD/YYYY)	Social Security # (if any)	A # (if any)

Date of Last Arrival Into the U.S.	I-94 #
Current Nonimmigrant Status	Expires on (MM/DD/YYYY)

Part 2. Application type. *(See instructions for fee.)*

1. I am applying for: *(Check one.)*
   a. ☐ An extension of stay in my current status.
   b. ☐ A change of status. The new status I am requesting is: ________
   c. ☐ Other: *(Describe grounds of eligibility.)* ________
2. Number of people included in this application: *(Check one.)*
   a. ☐ I am the only applicant.
   b. ☐ Members of my family are filing this application with me.
   The total number of people (including me) in the application is: ________
   (Complete the supplement for each co-applicant.)

Part 3. Processing information.

1. I/We request that my/our current or requested status be extended until (MM/DD/YYYY): ________
2. Is this application based on an extension or change of status already granted to your spouse, child or parent?
   ☐ No ☐ Yes, Receipt # ________
3. Is this application based on a separate petition or application to give your spouse, child or parent an extension or change of status? ☐ No ☐ Yes, filed with this I-539.
   ☐ Yes, filed previously and pending with INS. INS receipt number: ________
4. If you answered "Yes" to Question 3, give the name of the petitioner or applicant:

   If the petition or application is pending with INS, also give the following information:

   Office filed at ________ Filed on (MM/DD/YYYY) ________

Part 4. Additional information.

1. For applicant #1, provide passport information: Country of Issuance	Valid to: (MM/DD/YYYY)

2. Foreign Address: Street Number and Name	Apt. #

City or Town	State or Province
Country	Zip/Postal Code

FOR INS USE ONLY

Returned	Receipt
Date	
Resubmitted	
Date	
Reloc Sent	
Date	
Reloc Rec'd	
Date	
☐ Applicant Interviewed on ________ Date	

☐ *Extension Granted to (Date):* ________

Change of Status/Extension Granted
New Class: From *(Date)*: ________ To *(Date)*: ________

If Denied:
☐ Still within period of stay
☐ S/D to: ________
☐ Place under docket control

Remarks:

Action Block

To be Completed by *Attorney or Representative,* if any

☐ Fill in box if G-28 is attached to represent the applicant.

ATTY State License #

Part 4. Additional information.

3. Answer the following questions. If you answer "Yes" to any question, explain on separate sheet of paper.	Yes	No
a. Are you, or any other person included on the application, an applicant for an immigrant visa?		
b. Has an immigrant petition ever been filed for you or for any other person included in this application?		
c. Has a Form I-485, Application to Register Permanent Residence or Adjust Status, ever been filed by you or by any other person included in this application?		
d. Have you, or any other person included in this application, ever been arrested or convicted of any criminal offense since last entering the U.S.?		
e. Have you, or any other person included in this application, done anything that violated the terms of the nonimmigrant status you now hold?		
f. Are you, or any other person included in this application, now in removal proceedings?		
g. Have you, or any other person included in this application, been employed in the U.S. since last admitted or granted an extension or change of status?		

- If you answered "Yes" to Question 3f, give the following information concerning the removal proceedings on the attached page entitled "**Part 4. Additional information. Page for answers to 3f and 3g.**" Include the name of the person in removal proceedings and information on jurisdiction, date proceedings began and status of proceedings.
- If you answered "No" to Question 3g, fully describe how you are supporting yourself on the attached page entitled "**Part 4. Additional information. Page for answers to 3f and 3g.**" Include the source, amount and basis for any income.
- If you answered "Yes" to Question 3g, fully describe the employment on the attached page entitled "**Part 4. Additional information. Page for answers to 3f and 3g.**" Include the name of the person employed, name and address of the employer, weekly income and whether the employment was specifically authorized by INS.

Part 5. Signature. *(Read the information on penalties in the instructions before completing this section. You must file this application while in the United States.)*

I certify, under penalty of perjury under the laws of the United States of America, that this application and the evidence submitted with it is all true and correct. I authorize the release of any information from my records which the Immigration and Naturalization Service needs to determine eligibility for the benefit I am seeking.

Signature	Print your Name	Date

Please note: *If you do not completely fill out this form, or fail to submit required documents listed in the instructions, you may not be found eligible for the requested benefit and this application will have to be denied.*

Part 6. Signature of person preparing form, if other than above. *(Sign below.)*

I declare that I prepared this application at the request of the above person and it is based on all information of which I have knowledge.

Signature	Print your Name	Date
Firm Name and Address	Daytime Phone Number *(Area Code and Number)*	
	Fax Number *(Area Code and Number)*	

(Please remember to enclose the mailing label with your application.)

Part 4. Additional information. Page for answers to 3f and 3g.

If you answered "Yes" to Question 3f in Part 4 on page 3 of this form, give the following information concerning the removal proceedings. Include the name of the person in removal proceedings and information on jurisdiction, date proceedings began and status of procedings.

If you answered "No" to Question 3g in Part 4 on page 3 of this form, fully describe how you are supporting yourself. Include the source, amount and basis for any income.

If you answered "Yes" to Question 3g in Part 4 on page 3 of this form, fully describe the employment. Include the name of the person employed, name and address of the employer, weekly income and whether the employment was specifically authorized by INS.

Supplement -1

Attach to Form I-539 when more than one person is included in the petition or application.

(List each person separately. Do not include the person named in the form.)

Family Name	Given Name	Middle Name	Date of Birth (MM/DD/YYYY)
Country of Birth	Country of Citizenship	Social Security # (if any)	A # (if any)
Date of Arrival (MM/DD/YYYY)		I-94 #	
Current Nonimmigrant Status:		Expires On (MM/DD/YYYY)	
Country Where Passport Issued		Expiration Date (MM/DD/YYYY)	

Family Name	Given Name	Middle Name	Date of Birth (MM/DD/YYYY)
Country of Birth	Country of Citizenship	Social Security # (if any)	A # (if any)
Date of Arrival (MM/DD/YYYY)		I-94 #	
Current Nonimmigrant Status:		Expires On (MM/DD/YYYY)	
Country Where Passport Issued		Expiration Date (MM/DD/YYYY)	

Family Name	Given Name	Middle Name	Date of Birth (MM/DD/YYYY)
Country of Birth	Country of Citizenship	Social Security # (if any)	A # (if any)
Date of Arrival (MM/DD/YYYY)		I-94 #	
Current Nonimmigrant Status:		Expires On (MM/DD/YYYY)	
Country Where Passport Issued		Expiration Date (MM/DD/YYYY)	

Family Name	Given Name	Middle Name	Date of Birth (MM/DD/YYYY)
Country of Birth	Country of Citizenship	Social Security # (if any)	A # (if any)
Date of Arrival (MM/DD/YYYY)		I-94 #	
Current Nonimmigrant Status:		Expires On (MM/DD/YYYY)	
Country Where Passport Issued		Expiration Date (MM/DD/YYYY)	

Family Name	Given Name	Middle Name	Date of Birth (MM/DD/YYYY)
Country of Birth	Country of Citizenship	Social Security # (if any)	A # (if any)
Date of Arrival (MM/DD/YYYY)		I-94 #	
Current Nonimmigrant Status:		Expires On (MM/DD/YYYY)	
Country Where Passport Issued		Expiration Date (MM/DD/YYYY)	

If you need additional space, attach a separate sheet(s) of paper.

Place your name, A # if any, date of birth, form number and application date at the top of the sheet(s) of paper.

U.S. Department of Homeland Security
Bureau of Citizenship and Immigration Services

U.S. Department of Justice
Executive Office for Immigration Review

OMB No. 1615-0067; Expires 9/30/03

Application for Asylum and for Withholding of Removal

Start Here - Please Type or Print. **USE BLACK INK. SEE THE SEPARATE INSTRUCTION PAMPHLET FOR INFORMATION ABOUT ELIGIBILITY AND HOW TO COMPLETE AND FILE THIS APPLICATION.** (Note: There is NO filing fee for this application.)

Please check the box if you also want to apply for withholding of removal under the Convention Against Torture. ☐

PART A. I. INFORMATION ABOUT YOU

1. Alien Registration Number(s)(A#'s)*(If any)*		2. Social Security No. *(If any)*
3. Complete Last Name	4. First Name	5. Middle Name
6. What other names have you used? *(Include maiden name and aliases.)*		
7. Residence in the U.S. C/O		Telephone Number
Street Number and Name		Apt. No.
City	State	ZIP Code
8. Mailing Address in the U.S., if other than above		Telephone Number
Street Number and Name		Apt. No.
City	State	ZIP Code

9. Sex ☐ Male ☐ Female

10. Marital Status: ☐ Single ☐ Married ☐ Divorced ☐ Widowed

11. Date of Birth *(Mo/Day/Yr)*	12. City and Country of Birth		
13. Present Nationality *(Citizenship)*	14. Nationality at Birth	15. Race, Ethnic or Tribal Group	16. Religion

17. *Check the box, a through c that applies:* a. ☐ I have never been in immigration court proceedings.
b. ☐ I am now in immigration court proceedings. c. ☐ I am **not** now in immigration court proceedings, but I have been in the past.

18. *Complete 18 a through c.*
a. When did you last leave your country? *(Mo/Day/Yr)* ______________ b. What is your current I-94 Number, if any? ______________

c. Please list each entry to the U.S. beginning with your most recent entry.
List date (Mo/Day/Yr), place, and your status for each entry. (Attach additional sheets as needed.)

Date __________ Place ____________________ Status __________ Date Status Expires
Date __________ Place ____________________ Status __________
Date __________ Place ____________________ Status __________
Date __________ Place ____________________ Status __________

19. What country issued your last passport or travel document?	20. Passport # Travel Document #	21. Expiration Date *(Mo/Day/Yr)*
22. What is your native language?	23. Are you fluent in English? ☐ Yes ☐ No	24. What other languages do you speak fluently?

FOR EOIR USE ONLY	**FOR BCIS USE**
	Action: Interview Date: __________ **Decision:** __ Approval Date: __________ __ Denial Date: __________ __ Referral Date: __________ Asylum Officer ID# __________

PART A. II. INFORMATION ABOUT YOUR SPOUSE AND CHILDREN

Your Spouse. ☐ I am not married. (Skip to ***Your Children**, below.)*

1. Alien Registration Number (A#) *(If any)*	2. Passport/ID Card No. *(If any)*	3. Date of Birth *(Mo/Day/Yr)*	4. Social Security No. *(If any)*
5. Complete Last Name	6. First Name	7. Middle Name	8. Maiden Name
9. Date of Marriage *(Mo/Day/Yr)*	10. Place of Marriage	11. City and Country of Birth	
12. Nationality *(Citizenship)*	13. Race, Ethnic or Tribal Group	14. Sex ☐ Male ☐ Female	
15. Is this person in the U.S.? ☐ Yes *(Complete blocks 16 to 24.)* ☐ No *(Specify location)*			
16. Place of last entry in the U.S. ?	17. Date of last entry in the U.S. *(Mo/Day/Yr)*	18. I-94 No. *(If any)*	19. Status when last admitted *(Visa type, if any)*
20. What is your spouse's current status?	21. What is the expiration date of his/her authorized stay, if any? *(Mo/Day/Yr)*	22. Is your spouse in immigration court proceedings? ☐ Yes ☐ No	23. If previously in the U.S., date of previous arrival *(Mo/Day/Yr)*
24. If in the U.S., is your spouse to be included in this application? *(Check the appropriate box.)* ☐ Yes *(Attach one (1) photograph of your spouse in the upper right hand corner of page 9 on the extra copy of the application submitted for this person.)* ☐ No			

Your Children. Please list **ALL** of your children, regardless of age, location, or marital status.

☐ I do not have any children. *(Skip to Part A. III., **Information about Your Background.**)*
☐ I do have children. Total number of children ________

(Use Supplement A Form I-589 or attach additional pages and documentation if you have more than four (4) children.)

1. Alien Registration Number (A#) *(If any)*	2. Passport/ID Card No. *(If any)*	3. Marital Status *(Married, Single, Divorced, Widowed)*	4. Social Security No. *(If any)*
5. Complete Last Name	6. First Name	7. Middle Name	8. Date of Birth *(Mo/Day/Yr)*
9. City and Country of Birth	10. Nationality *(Citizenship)*	11. Race, Ethnic or Tribal Group	12. Sex ☐ Male ☐ Female
13. Is this child in the U.S.? ☐ Yes *(Complete blocks 14 to 21.)* ☐ No *(Specify Location)*			
14. Place of last entry in the U.S.?	15. Date of last entry in the U.S.? *(Mo/Day/Yr)*	16. I-94 No. *(If any)*	17. Status when last admitted *(Visa type, if any)*
18. What is your child's current status?	19. What is the expiration date of his/her authorized stay, if any? *(Mo/Day/Yr)*	20. Is your child in immigration court proceedings? ☐ Yes ☐ No	
21. If in the U.S., is this child to be included in this application? *(Check the appropriate box.)* ☐ Yes *(Attach one (1) photograph of your child in the upper right hand corner of page 9 on the extra copy of the application submitted for this person.)* ☐ No			

PART A. II. INFORMATION ABOUT YOUR SPOUSE AND CHILDREN Continued

1. Alien Registration Number (A#) *(If any)*	2. Passport/IDCard No. *(If any)*	3. Marital Status *(Married, Single, Divorced, Widowed)*	4. Social Security No. *(If any)*
5. Complete Last Name	6. First Name	7. Middle Name	8. Date of Birth *(Mo/Day/Yr)*
9. City and Country of Birth	10. Nationality *(Citizenship)*	11. Race, Ethnic or Tribal Group	12. Sex ☐ Male ☐ Female
13. Is this child in the U.S.? ☐ Yes *(Complete blocks 14 to 21.)* ☐ No *(Specify Location)*			
14. Place of last entry in the U.S.?	15. Date of last entry in the U.S. ? *(Mo/Day/Yr)*	16. I-94 No. *(If any)*	17. Status when last admitted *(Visa type, if any)*
18. What is your child's current status?	19. What is the expiration date of his/her authorized stay,*(if any)? (Mo/Day/Yr)*	20. Is your child in immigration court proceedings? ☐ Yes ☐ No	
21. If in the U.S., is this child to be included in this application? *(Check the appropriate box.)* ☐ Yes *(Attach one (1) photograph of your child in the upper right hand corner of page 9 on the extra copy of the application submitted for this person.)* ☐ No			

1. Alien Registration Number *(A#) (If any)*	2. Passport/ID Card No.*(If any)*	3. Marital Status *(Married, Single, Divorced, Widowed)*	4. Social Security No. *(If any)*
5. Complete Last Name	6. First Name	7. Middle Name	8. Date of Birth *(Mo/Day/Yr)*
9. City and Country of Birth	10. Nationality *(Citizenship)*	11. Race, Ethnic or Tribal Group	12. Sex ☐ Male ☐ Female
13. Is this child in the U.S. ? ☐ Yes *(Complete blocks 14 to 21.)* ☐ No *(Specify Location)*			
14. Place of last entry in the U.S.?	15. Date of last entry in the U.S.? *(Mo/Day/Yr)*	16. I-94 No. *(If any)*	17. Status when last admitted *(Visa type, if any)*
18. What is your child's current status?	19. What is the expiration date of his/her authorized stay, if any? *(Mo/Day/Yr)*	20. Is your child in immigration court proceedings? ☐ Yes ☐ No	
21. If in the U.S., is this child to be included in this application? *(Check the appropriate box.)* ☐ Yes *(Attach one (1) photograph of your child in the upper right hand corner of page 9 on the extra copy of the application submitted for this person.)* ☐ No			

1. Alien Registration Number (A#) *(If any)*	2. Passport/ID Card No. *(If any)*	3. Marital Status *(Married, Single, Divorced, Widowed)*	4. Social Security No. *(If any)*
5. Complete Last Name	6. First Name	7. Middle Name	8. Date of Birth *(Mo/Day/Yr)*
9. City and Country of Birth	10. Nationality *(Citizenship)*	11. Race, Ethnic or Tribal Group	12. Sex ☐ Male ☐ Female
13. Is this child in the U.S.? ☐ Yes *(Complete blocks 14 to 21.)* ☐ No *(Specify Location)*			
14. Place of last entry in the U.S.?	15. Date of last entry in the U.S.? *(Mo/Day/Yr)*	16. I-94 No. (If *any)*	17. Status when last admitted *(Visa type, if any)*
18. What is your child's current status?	19. What is the expiration date of his/her authorized stay, if any? *(Mo/Day/Yr)*	20. Is your child in immigration court proceedings? ☐ Yes ☐ No	
21. If in the U.S., is this child to be included in this application? *(Check the appropriate box.)* ☐ Yes *(Attach one (1) photograph of your child in the upper right hand corner of page 9 on the extra copy of the application submitted for this person.)* ☐ No			

PART A. III. INFORMATION ABOUT YOUR BACKGROUND

1. Please list your last address where you lived before coming to the U.S. If this is not the country where you fear persecution, also list the last address in the country where you fear persecution. *(List Address, City/Town, Department, Province, or State, and Country.) (Use Supplement B Form I-589 or additional sheets of paper if necessary.)*

Number and Street *(Provide if available)*	City/Town	Department, Province or State	Country	Dates From *(Mo/Yr)*	To *(Mo/Yr)*

2. Provide the following information about your residences during the last five years. List your present address first. *(Use Supplement Form B or additional sheets of paper if necessary.)*

Number and Street	City/Town	Department, Province or State	Country	Dates From *(Mo/Yr)*	To *(Mo/Yr)*

3. Provide the following information about your education, beginning with the most recent. *(Use Supplement B Form I-589 or additional sheets of paper if necessary.)*

Name of School	Type of School	Location (Address)	Attended From *(Mo/Yr)*	To *(Mo/Yr)*

4. Provide the following information about your employment during the last five years. List your present employment first. *(Use Supplement Form B or additional sheets of paper if necessary.)*

Name and Address of Employer	Your Occupation	Dates From *(Mo/Yr)*	To *(Mo/Yr)*

5. Provide the following information about your parents and siblings (brother and sisters). Check box if the person is deceased. *(Use Supplement B Form I-589 or additional sheets of paper if necessary.)*

Name	City/Town and Country of Birth	Current Location
Mother		☐ Deceased
Father		☐ Deceased
Siblings		☐ Deceased
		☐ Deceased

PART B. INFORMATION ABOUT YOUR APPLICATION

(Use Supplement B Form I-589 or attach additional sheets of paper as needed to complete your responses to the questions contained in PART B.)

When answering the following questions about your asylum or other protection claim (withholding of removal under 241(b)(3) of the Act or withholding of removal under the Convention Against Torture) you should provide a detailed and specific account of the basis of your claim to asylum or other protection. To the best of your ability, provide specific dates, places, and descriptions about each event or action described. You should attach documents evidencing the general conditions in the country from which you are seeking asylum or other protection and the specific facts on which you are relying to support your claim. If this documentation is unavailable or you are not providing this documentation with your application, please explain why in your responses to the following questions. Refer to Instructions, Part 1: Filing Instructions, Section II, "Basis of Eligibility," Parts A - D, Section V, "Completing the Form," Part B, and Section VII, "Additional Documents that You Should Submit" for more information on completing this section of the form.

1. Why are you applying for asylum or withholding of removal under section 241(b)(3) of the Act, or for withholding of removal under the Convention Against Torture? Check the appropriate box (es) below and then provide detailed answers to questions A and B below:

   I am seeking asylum or withholding of removal based on

   ☐ Race
   ☐ Religion
   ☐ Nationality
   ☐ Political opinion
   ☐ Membership in a particular social group
   ☐ Torture Convention

   A. Have you, your family, or close friends or colleagues ever experienced harm or mistreatment or threats in the past by anyone?
      ☐ No ☐ Yes If your answer is "Yes," explain in detail:

      1) What happened;
      2) When the harm or mistreatment or threats occurred;
      3) Who caused the harm or mistreatment or threats; and
      4) Why you believe the harm or mistreatment or threats occurred.

   B. Do you fear harm or mistreatment if you return to your home country?
      ☐ No ☐ Yes If your answer is "Yes," explain in detail:

      1) What harm or mistreatment you fear;
      2) Who you believe would harm or mistreat you; and
      3) Why you believe you would or could be harmed or mistreated.

PART B. INFORMATION ABOUT YOUR APPLICATION Continued

2. Have you or your family members ever been accused, charged, arrested, detained, interrogated, convicted and sentenced, or imprisoned in any country other than the United States?

   ☐ No ☐ Yes If "Yes," explain the circumstances and reasons for the action.

3. A. Have you or your family members ever belonged to or been associated with any organizations or groups in your home country, such as, but not limited to, a political party, student group, labor union, religious organization, military or paramilitary group, civil patrol, guerrilla organization, ethnic group, human rights group, or the press or media?

   ☐ No ☐ Yes If "Yes," describe for each person the level of participation, any leadership or other positions held, and the length of time you or your family members were involved in each organization or activity.

   B. Do you or your family members continue to participate in any way in these organizations or groups?

   ☐ No ☐ Yes If "Yes," describe for each person, your or your family members' current level of participation, any leadership or other positions currently held, and the length of time you or your family members have been involved in each organization or group.

4. Are you afraid of being subjected to torture in your home country or any other country to which you may be returned?

   ☐ No ☐ Yes If "Yes," explain why you are afraid and describe the nature of the torture you fear, by whom, and why it would be inflicted.

PART C. ADDITIONAL INFORMATION ABOUT YOUR APPLICATION

(Use Supplement B Form I-589 or attach additional sheets of paper as needed to complete your responses to the questions contained in Part C.)

1. Have you, your spouse, your child(ren), your parents, or your siblings ever applied to the United States Government for refugee status, asylum, or withholding of removal? ☐ No ☐ Yes

   If "Yes" explain the decision and what happened to any status you, your spouse, your child(ren), your parents, or your siblings received as a result of that decision. Please indicate whether or not you were included in a parent or spouse's application. If so, please include your parent or spouse's A- number in your response. If you have been denied asylum by an Immigration Judge or the Board of Immigration Appeals, please describe any change(s) in conditions in your country or your own personal circumstances since the date of the denial that may affect your eligibility for asylum.

2. A. After leaving the country from which you are claiming asylum, did you or your spouse or child(ren), who are now in the United States, travel through or reside in any other country before entering the United States? ☐ No ☐ Yes

   B. Have you, your spouse, your child(ren), or other family members such as your parents or siblings ever applied for or received any lawful status in any country other than the one from which you are now claiming asylum? ☐ No ☐ Yes

   If "Yes" to either or both questions (2A and/or 2B), provide for each person the following: the name of each country and the length of stay; the person's status while there; the reasons for leaving; whether the person is entitled to return for lawful residence purposes; and whether the person applied for refugee status or for asylum while there, and, if not, why he or she did not do so.

3. Have you, your spouse, or child(ren) ever ordered, incited, assisted, or otherwise participated in causing harm or suffering to any person because of his or her race, religion, nationality, membership in a particular social group or belief in a particular political opinion?

   ☐ No ☐ Yes If "Yes," describe in detail each such incident and your own or your spouse's or child(ren)'s involvement.

PART C. ADDITIONAL INFORMATION ABOUT YOUR APPLICATION Continued

4. After you left the country where you were harmed or fear harm, did you return to that country?

☐ No ☐ Yes If "Yes," describe in detail the circumstances of your visit (for example, the date(s) of the trip(s), the purpose(s) of the trip(s), and the length of time you remained in that country for the visit(s)).

5. Are you filing the application more than one year after your last arrival in the United States?

☐ No ☐ Yes If "Yes," explain why you did not file within the first year after you arrived. You should be prepared to explain at your interview or hearing why you did not file your asylum application within the first year after you arrived. For guidance in answering this question, see Instructions, Part 1: Filing Instructions, Section V. "Completing the Form," Part C.

6. Have you or any member of your family included in the application ever committed any crime and/or been arrested, charged, convicted and sentenced for any crimes in the United States?

☐ No ☐ Yes If "Yes," for each instance, specify in your response what occurred and the circumstances; dates; length of sentence received; location; the duration of the detention or imprisonment; the reason(s) for the detention or conviction; any formal charges that were lodged against you or your relatives included in your application; the reason(s) for release. Attach documents referring to these incidents, if they are available, or an explanation of why documents are not available.

PART D. YOUR SIGNATURE

After reading the information regarding penalties in the instructions, complete and sign below. If someone helped you prepare this application, he or she must complete Part E.

I certify, under penalty of perjury under the laws of the United States of America, that this application and the evidence submitted with it are all true and correct. Title 18, United States Code, Section 1546, provides in part: "Whoever knowingly makes under oath, or as permitted under penalty of perjury under Section 1746 of Title 28, United States Code, knowingly subscribes as true, any false statement with respect to a material fact in any application, affidavit, or knowingly presents any such application, affidavit, or other document required by the immigration laws or regulations prescribed thereunder, or knowingly presents any such application, affidavit, or other document containing any such false statement or which fails to contain any reasonable basis in law or fact - shall be fined in accordance with this title or imprisoned not more than five years, or both." I authorize the release of any information from my record which the Bureau of Citizenship and Immigration Services needs to determine eligibility for the benefit I am seeking.	Staple your photograph here or the photograph of the family member to be included on the extra copy of the application submitted for that person.

***WARNING:* Applicants who are in the United States illegally are subject to removal if their asylum or withholding claims are not granted by an Asylum Officer or an Immigration Judge. Any information provided in completing this application may be used as a basis for the institution of, or as evidence in, removal proceedings even if the application is later withdrawn. Applicants determined to have knowingly made a frivolous application for asylum will be permanently ineligible for any benefits under the Immigration and Nationality Act. See 208(d)(6) of the Act and 8 CFR 208.20.**

Print Complete Name	Write your name in your native alphabet

Did your spouse, parent, or child(ren) assist you in completing this application? ☐ No ☐ Yes *(If "Yes," list the name and relationship.)*

_______________ _______________ _______________ _______________

(Name) *(Relationship)* *(Name)* *(Relationship)*

Did someone other than your spouse, parent, or child(ren) prepare this application? ☐ No ☐ Yes *(If "Yes," complete Part E)*

Asylum applicants may be represented by counsel. Have you been provided with a list of persons who may be available to assist you, at little or no cost, with your asylum claim? ☐ No ☐ Yes

Signature of Applicant *(The person in Part A. I.)*

[_______________________________] _______________

Sign your name so it all appears within the brackets Date *(Mo/Day/Yr)*

PART E. DECLARATION OF PERSON PREPARING FORM IF OTHER THAN APPLICANT, SPOUSE, PARENT OR CHILD

I declare that I have prepared this application at the request of the person named in Part D, that the responses provided are based on all information of which I have knowledge, or which was provided to me by the applicant and that the completed application was read to the applicant in his or her native language or a language he or she understands for verification before he or she signed the application in my presence. I am aware that the knowing placement of false information on the Form I-589 may also subject me to civil penalties under 8 U.S.C. 1324(c).

Signature of Preparer	Print Complete Name		
Daytime Telephone Number ( )	Address of Preparer: Street Number and Name		
Apt. No.	City	State	ZIP Code

PART F. TO BE COMPLETED AT INTERVIEW OR HEARING

You will be asked to complete this Part when you appear before an Asylum Officer of theU.S. Department of Homeland Security, Bureau of Citizenship and Immigration Services (BCIS), or an Immigration Judge of the U.S. Department of Justice, Executive Office for Immigration Review (EOIR) for examination.

I swear (affirm) that I know the contents of this application that I am signing, including the attached documents and supplements, that they are all true to the best of my knowledge taking into account correction(s) numbered __________ to __________ that were made by me or at my request.

Signed and sworn to before me by the above named applicant on:

_______________ _______________

Signature of Applicant Date *(Mo/Day/Yr)*

_______________ _______________

Write Your Name in Your Native Alphabet Signature of Asylum Officer or Immigration Judge

A # *(If available)*	Date
Applicant's Name	Applicant's Signature

LIST ALL OF YOUR CHILDREN, REGARDLESS OF AGE OR MARITAL STATUS.

(Use this form and attach additional pages and documentation as needed to your application if you have more than four (4) children.)

1. Alien Registration Number (A#) *(If any)*	2. Passport/ID Card No. *(If any)*	3. Marital Status *(Married, Single, Divorced, Widowed)*	4. Social Security No. *(If any)*
5. Complete Last Name	6. First Name	7. Middle Name	8. Date of Birth *(Mo/Day/Yr)*
9. City and Country of Birth	10. Nationality *(Citizenship)*	11. Race, Ethnic or Tribal Group	12. Sex ☐ Male ☐ Female
13. Is this child in the U.S.? ☐ Yes *(Complete blocks 14 to 21.)* ☐ No *(Specify Location)*			
14. Place of last entry in the U.S.?	15. Date of last entry in the U.S.? *(Mo/Day/Yr)*	16. I-94 No. *(If any)*	17. Status when last admitted *(Visa type, if any)*
18. What is your child's current status?	19. What is the expiration date of his/her authorized stay, if any? *(Mo/Day/Yr)*	20. Is your child in immigration court proceedings? ☐ Yes ☐ No	
21. If in the U.S., is this child to be included in this application? *(Check the appropriate box.)* ☐ Yes *(Attach one (1) photograph of your child in the upper right hand corner of page 9 on the extra copy of the application submitted for this person.)* ☐ No			

1. Alien Registration Number (A#) *(If any)*	2. Passport/ID Card No. *(If any)*	3. Marital Status *(Married, Single, Divorced, Widowed)*	4. Social Security No. *(If any)*
5. Complete Last Name	6. First Name	7. Middle Name	8. Date of Birth *(Mo/Day/Yr)*
9. City and Country of Birth	10. Nationality *(Citizenship)*	11. Race, Ethnic or Tribal Group	12. Sex ☐ Male ☐ Female
13. Is this child in the U.S.? ☐ Yes *(Complete blocks 14 to 21.)* ☐ No *(Specify Location)*			
14. Place of last entry in the U.S.?	15. Date of last entry in the U.S.? *(Mo/Day/Yr)*	16. I-94 No. *(If any)*	17. Status when last admitted *(Visa type, if any)*
18. What is your child's current status?	19. What is the expiration date of his/her authorized stay, if any? *(Mo/Day/Yr)*	20. Is your child in immigration court proceedings? ☐ Yes ☐ No	
21. If in the U.S., is this child to be included in this application? *(Check the appropriate box.)* ☐ Yes *(Attach one (1) photograph of your child in the upper right hand corner of page 9 on the extra copy of the application submitted for this person.)* ☐ No			

SUPPLEMENT B FORM I-589

ADDITIONAL INFORMATION ABOUT YOUR CLAIM TO ASYLUM.

A # *(If available)*	Date
Applicant's Name	Applicant's Signature

Use this as a continuation page for any information requested. Please copy and complete as needed.

PART ______

QUESTION ______

This page intentionally left blank.

U.S. Department of Justice
Immigration and Naturalization Service

OMB No. 1115-0121

Refugee/Asylee Relative Petition

START HERE - Please Type or Print

Part 1. Information about you.

Family Name	Given Name	Middle Name

Address - C/O

Street Number and Name	Apt.

City	State or Province

Country	ZIP/Postal Code	Sex: a. ☐ Male b. ☐ Female

Date of Birth *(Month/Day/Year)*	Country of Birth

A#	Social Security #

Other names used *(including maiden name)*

Present Status: *(check one)*
a. ☐ Refugee ☐ Lawful Permanent Resident based on previous Refugee status
b ☐ Asylee ☐ Lawful Permanent Resident based on previous Asylee status

Date *(Month/Day/Year)* and Place Refugee or Asylee status was granted:

If granted Refugee status, Date *(Month/Day/Year)* and Place Admitted to the United States:

If Married, Date *(Month/Day/Year)* and Place of Present Marriage:

If Previously Married, Name(s) of Prior Spouse(s):

Date(s) Previous Marriage(s) Ended: *(Month/Day/Year)*

Part 2. Information about the relationship.

The alien relative is my: a. ☐ Spouse
b. ☐ Unmarried child under 21 years of age

Number of relatives I am filing for: ________ (______of______)

Part 3. Information about your alien relative.

(If you are petitioning for more than one family member you must complete and file a separate Form I-730 for each additional family member.)

Family Name	Given Name	Middle Name

Address - C/O

Street Number and Name	Apt #

FOR INS USE ONLY

Returned	Receipt
Submitted	
Reloc Sent	
Reloc Rec'd	
☐ Petitioner Interviewed	
☐ Beneficiary Interviewed	

Consulate

Sections of Law
☐ *207 (c) (2) Spouse*
☐ *207 (c) (2) Child*
☐ *208 (b) (3) Spouse*
☐ *208 (b) (3) Child*

Remarks

Action Block

To Be Completed by *Attorney* or *Representative, If any*
☐ Fill in box if G-28 is attached to represent the applicant

Volag #

Atty State License #

Form I-730 (Rev. 09/18/00) Y

Part 3. Information about your alien relative. *Continue*

City	State or Providence	
Country	ZIP/Postal Code	Sex: a. ☐ Male b. ☐ Female
Date of Birth *(Month/Day/Year)*	Country of Birth	
Alien # (If any)	Social Security # *(If Any)*	

Other name(s) used *(including maiden name)*

If Married, Date *(Month/Day/Year)* and Place of Present Marriage:

If Previously Married, Name(s) of Prior Spouse(s):

Date(s) Previous Marriage(s) Ended: *(Month/Day/Year)*

Part 4. Processing Information.

A. Check One:
- a. ☐ The person named in Part 3 is now in the United States.
- b. ☐ The person named in Part 3 is now outside the United States. (Please indicate the location of the American Consulate or Embassy where your relative will apply for a visa.)

American Consulate/Embassy at: ____________________

City and Country

B. Is the person named in Part 3 in exclusion, deportation, or removal proceedings in the United States?
- a. ☐ No
- b. ☐ Yes (Please explain on a separate paper.)

Part 5. Signature.

Read the information on penalties in the instructions before completing this section and sign below. If someone helped you to prepare this petition, he or she must complete Part 6.

I certify or, if outside the United States, I swear or affirm, under penalty of perjury under the laws of the United States of America, that this petition and the evidence submitted with it, is all true and correct. I authorize the release of any information from my record which the Immigration and Naturalization Service needs to determine eligibility for the benefit I am seeking.

Signature	Print Name	Date	Daytime Telephone # ( )

Please Note: *If you do not completely fill out this form, or fail to submit the required documents listed in the instructions, your relative may not be found eligible for the requested benefit and this petition may be denied.*

Part 6. Signature of person preparing form if other than Petitioner above. *(Sign Below)*

I declare that I prepared this petition at the request of the above person and it is based on all of the information of which I have knowledge.

Signature	Print Name	Date	Daytime Telephone # ( )

Firm Name
and Address

OMB Approval No. 44-R1301

U.S. DEPARTMENT OF LABOR
Employment and Training Administration

APPLICATION FOR ALIEN EMPLOYMENT CERTIFICATION

IMPORTANT: READ CAREFULLY BEFORE COMPLETING THIS FORM

PRINT legibly in ink or use a typewriter. If you need more space to answer questions in this form, use a separate sheet. Identify each answer with the number of the corresponding question. SIGN AND DATE each sheet in original signature.

To knowingly furnish any false information in the preparation of this form and any supplement thereto or to aid, abet, or counsel another to do so is a felony punishable by $10,000 fine or 5 years in the penitentiary, or both (18 U.S.C. 1001)

PART A. OFFER OF EMPLOYMENT

1. Name of Alien (Family name in capital letter, First, Middle, Maiden)

2. Present Address of Alien (Number, Street, City and Town, State ZIP code or Province, Country)

3. Type of Visa (If in U.S.)

The following information is submitted as an offer of employment.

4. Name of Employer (Full name of Organization)

5. Telephone

6. Address (Number, Street, City and Town, State ZIP code)

7. Address Where Alien Will Work (if different from item 6)

8. Nature of Employer's Business Activity	9. Name of Job Title	10. Total Hours Per Week		11. Work Schedule (Hourly)	12. Rate of Pay	
		a. Basic	b. Overtime	a.m. p.m.	a. Basic $ per ______	b. Overtime $ per hour

13. Describe Fully the job to be Performed (Duties)

14. State in detail the MINIMUM education, training, and experience for a worker to perform satisfactorily the job duties described in item 13 above.

EDUCATION (Enter number of years)	Grade School	High School	College	College Degree Required (specify) / Major Field of Study
TRAINING	No. Yrs.		No. Mos.	Type of Training
EXPERIENCE	Job Offered (Number) Yrs. / Mos.		Related Occupation (Number) Yrs. / Mos.	Related Occupation (specify)

15. Other Special Requirements

16. Occupational Title of Person Who Will Be Alien's Immediate Supervisor

17. Number of Employees Alien Will Supervise

ENDORSEMENTS (Make no entry in section - for Government use only)

Date Forms Received	
L.O.	S.O.
R.O.	N.O.
Ind. Code	Occ. Code
Occ. Title	

Replaces MA 7-50A, B and C (Apr. 1970 edition) which is obsolete.

ETA 750 (Oct. 1979)

18. COMPLETE ITEMS ONLY IF JOB IS TEMPORARY			19. IF JOB IS UNIONIZED (Complete)	
a. No. of Openings To Be Filled By Aliens Under Job Offer	b. Exact Dates You Expect To Employ Alien		a. Number of Local	b. Name of Local
	From	To		c. City and State

20. STATEMENT FOR LIVE-AT-WORK JOB OFFERS (Complete for Private Household ONLY)						
a. Description of Residence		b. No. Persons residing at Place of Employment				c. Will free board and private room not shared with anyone be provided? ("X" one)
("X" one)	Number of Rooms	Adults		Children	Ages	☐ YES ☐ NO
☐ House			BOYS			
☐ Apartment			GIRLS			

21. DESCRIBE EFFORTS TO RECRUIT U.S. WORKERS AND THE RESULTS. (Specify Sources of Recruitment by Name)

22. Applications require various types of documentation. Please read Part II of the instructions to assure that appropriate supporting documentation is included with your application.

23. EMPLOYER CERTIFICATIONS

By virtue of my signature below, I HEREBY CERTIFY the following conditions of employment.

a. I have enough funds available to pay the wage or salary offered the alien.

b. The wage offered equals or exceeds the prevailing wage and I guarantee that, if a labor certification is granted, the wage paid to the alien when the alien begins work will equal or exceed the prevailing wage which is applicable at the time the alien begins work.

c. The wage offered is not based on commissions, bonuses, or other incentives, unless I guarantee a wage paid on a weekly, bi-weekly, or monthly basis.

d. I will be able to place the alien on the payroll on or before the date of the alien's proposed entrance into the United States.

e. The job opportunity does not involve unlawful discrimination by race, creed, color, national origin, age, sex, religion, handicap, or citizenship.

f. The job opportunity is not:

(1) Vacant because the former occupant is on strike or is being locked out in the course of a labor dispute involving a work stoppage.

(2) At issue in a labor dispute involving a work stoppage.

g. The job opportunity's terms, conditions and occupational environment are not contrary to Federal, State or local law.

h. The job opportunity has been and is clearly open to any qualified U.S. worker.

24. DECLARATIONS

DECLARATION OF EMPLOYER ➤ Pursuant to 28 U.S.C. 1746, I declare under penalty of perjury the foregoing is true and correct.

SIGNATURE	DATE
NAME (Type or Print)	TITLE

AUTHORIZATION OF AGENT OF EMPLOYER ➤ I HEREBY DESIGNATE the agent below to represent me for the purposes of labor certification and I TAKE FULL RESPONSIBILITY for accuracy of any representations made by my agent.

SIGNATURE OF EMPLOYER	DATE
NAME OF AGENT (Type or Print)	ADDRESS OF AGENT (Number, Street, City, State, ZIP code)

PART B. STATEMENT OF QUALIFICATIONS OF ALIEN

FOR ADVICE CONCERNING REQUIREMENTS FOR ALIEN EMPLOYMENT CERTIFICATION: If alien is in the U.S., contact nearest office of Immigration and Naturalization Service. If alien is outside U.S., contact nearest U.S. Consulate.

IMPORTANT: READ ATTACHED INSTRUCTIONS BEFORE COMPLETING THIS FORM.

Print legibly in ink or use a typewriter. If you need more space to fully answer any questions on this form, use a separate sheet. Identify each answer with the number of the corresponding question. Sign and date each sheet.

1. Name of Alien (Family name in capital letters)	First name	Middle name	Maiden name

2. Present Address (No., Street, City or Town, State or Province and ZIP code)	Country	3. Type of Visa (If in U.S.)

4. Alien's Birthdate (Month, Day, Year)	5. Birthplace (City or Town, State or Province)	Country	6. Present Nationality or Citizenship (Country)

7. Address in United States Where Alien Will Reside

8. Name and Address of Prospective Employer if Alien has job offer in U.S.	9. Occupation in which Alien is Seeking Work

10. "X" the appropriate box below and furnish the information required for the box marked

a. ☐ Alien will apply for a visa abroad at the American Consulate in →	City in Foreign Country	Foreign Country
b. ☐ Alien is in the United States and will apply for adjustment of status to that of a lawful permanent resident in the office of the Immigration and Naturalization Service at →	City	State

11. Names and Addresses of Schools, Colleges and Universities Attended (Include trade or vocational training facilities)	Field of Study	FROM Month	FROM Year	TO Month	TO Year	Degrees or Certificates Received

SPECIAL QUALIFICATIONS AND SKILLS

12. Additional Qualifications and Skills Alien Possesses and Proficiency in the use of Tools, Machines or Equipment Which Would Help Establish if Alien Meets Requirements for Occupation in Item 9.

13. List Licenses (Professional, journeyman, etc.)

14. List Documents Attached Which are Submitted as Evidence that Alien Possesses the Education, Training, Experience, and Abilities Represented

Endorsements	DATE REC. DOL
(Make no entry in this section - FOR Government Agency USE ONLY)	O.T. & C.

(Items continued on next page)

15. WORK EXPERIENCE. List all jobs held during the last three (3) years. Also, list any other jobs related to the occupation for which the alien is seeking certification as indicated in item 9.

a. NAME AND ADDRESS OF EMPLOYER

NAME OF JOB	DATE STARTED Month Year	DATE LEFT Month Year	KIND OF BUSINESS

DESCRIBE IN DETAIL THE DUTIES PERFORMED, INCLUDING THE USE OF TOOLS, MACHINES OR EQUIPMENT	NO. OF HOURS PER WEEK

b. NAME AND ADDRESS OF EMPLOYER

NAME OF JOB	DATE STARTED Month Year	DATE LEFT Month Year	KIND OF BUSINESS

DESCRIBE IN DETAIL THE DUTIES PERFORMED, INCLUDING THE USE OF TOOLS, MACHINES OR EQUIPMENT	NO. OF HOURS PER WEEK

c. NAME AND ADDRESS OF EMPLOYER

NAME OF JOB	DATE STARTED Month Year	DATE LEFT Month Year	KIND OF BUSINESS

DESCRIBE IN DETAIL THE DUTIES PERFORMED, INCLUDING THE USE OF TOOLS, MACHINES OR EQUIPMENT	NO. OF HOURS PER WEEK

16. DECLARATIONS

DECLARATION OF ALIEN ➤ ➤ Pursuant to 28 U.S.C. 1746, I declare under penalty of perjury the foregoing is true and correct.

SIGNATURE OF ALIEN	DATE

AUTHORIZATION OF AGENT OF ALIEN ➤ ➤ I hereby designate the agent below to represent me for the purposes of labor certification and I take full responsibility for accuracy of any representations made by my agent.

SIGNATURE OF ALIEN	DATE

NAME OF AGENT (Type or print)	ADDRESS OF AGENT (No., Street, City, State, ZIP code)

15. WORK EXPERIENCE.	List all jobs held during the last three (3) years. Also, list any other jobs related to the occupation for which the alien is seeking certification as indicated in item 9.		
d. NAME AND ADDRESS OF EMPLOYER			
NAME OF JOB	DATE STARTED Month Year	DATE LEFT Month Year	KIND OF BUSINESS
DESCRIBE IN DETAIL THE DUTIES PERFORMED, INCLUDING THE USE OF TOOLS, MACHINES OR EQUIPMENT			NO. OF HOURS PER WEEK
e. NAME AND ADDRESS OF EMPLOYER			
NAME OF JOB	DATE STARTED Month Year	DATE LEFT Month Year	KIND OF BUSINESS
DESCRIBE IN DETAIL THE DUTIES PERFORMED, INCLUDING THE USE OF TOOLS, MACHINES OR EQUIPMENT			NO. OF HOURS PER WEEK
f. NAME AND ADDRESS OF EMPLOYER			
NAME OF JOB	DATE STARTED Month Year	DATE LEFT Month Year	KIND OF BUSINESS
DESCRIBE IN DETAIL THE DUTIES PERFORMED, INCLUDING THE USE OF TOOLS, MACHINES OR EQUIPMENT			NO. OF HOURS PER WEEK

16. DECLARATIONS

DECLARATION OF ALIEN ➤ ➤	Pursuant to 28 U.S.C. 1746, I declare under penalty of perjury the foregoing is true and correct.
SIGNATURE OF ALIEN	DATE
AUTHORIZATION OF AGENT OF ALIEN ➤ ➤	I hereby designate the agent below to represent me for the purposes of labor certification and I take full responsibility for accuracy of any representations made by my agent.
SIGNATURE OF ALIEN	DATE
NAME OF AGENT (Type or print)	ADDRESS OF AGENT (No., Street, City, State, ZIP code)

This page intentionally left blank.

U.S. Department of Justice
Immigration and Naturalization Service

OMB No. 1115-0163; Expires 04/30/05

Application for Employment Authorization

Do Not Write in This Block.

Remarks	Action Stamp	Fee Stamp
A#		
Applicant is filing under §274a.12 ______		

☐ Application Approved. Employment Authorized / Extended *(Circle One)* until ______________ (Date).
______________ (Date).

Subject to the following conditions: ______________

☐ Application Denied.

☐ Failed to establish eligibility under 8 CFR 274a.12 (a) or (c).

☐ Failed to establish economic necessity as required in 8 CFR 274a.12(c)(14), (18) and 8 CFR 214.2(f)

I am applying for:
☐ Permission to accept employment.
☐ Replacement *(of lost employment authorization document).*
☐ Renewal of my permission to accept employment *(attach previous employment authorization document).*

1. Name (Family Name in CAPS) (First) (Middle)
2. Other Names Used (Include Maiden Name)
3. Address in the United States (Number and Street) (Apt. Number)
(Town or City) (State/Country) (ZIP Code)
4. Country of Citizenship/Nationality
5. Place of Birth (Town or City) (State/Province) (Country)
6. Date of Birth
7. Sex ☐ Male ☐ Female
8. Marital Status ☐ Married ☐ Single ☐ Widowed ☐ Divorced
9. Social Security Number (Include all Numbers you have ever used) (if any)
10. Alien Registration Number (A-Number) or I-94 Number (if any)

11. Have you ever before applied for employment authorization from INS?
☐ Yes (If yes, complete below) ☐ No
Which INS Office? Date(s)
Results (Granted or Denied - attach all documentation)
12. Date of Last Entry into the U.S. (Month/Day/Year)
13. Place of Last Entry into the U.S.
14. Manner of Last Entry (Visitor, Student, etc.)
15. Current Immigration Status (Visitor, Student, etc.)
16. Go to Part 2 of the Instructions, Eligibility Categories. In the space below, place the letter and number of the category you selected from the instructions (For example, (a)(8), (c)(17)(iii), etc.).
Eligibility under 8 CFR 274a.12
( ) ( ) ( )

Certification.

Your Certification: I certify, under penalty of perjury under the laws of the United States of America, that the foregoing is true and correct. Furthermore, I authorize the release of any information which the Immigration and Naturalization Service needs to determine eligibility for the benefit I am seeking. I have read the Instructions in Part 2 and have identified the appropriate eligibility category in Block 16.

Signature Telephone Number Date

Signature of Person Preparing Form, If Other Than Above: I declare that this document was prepared by me at the request of the applicant and is based on all information of which I have any knowledge.

Print Name Address *Signature* Date

Initial Receipt	Resubmitted	Relocated		Completed		
		Rec'd	Sent	Approved	Denied	Returned

This page intentionally left blank.

OMB No. 1115-0214

U.S. Department of Justice
Immigration and Naturalization Service

Affidavit of Support Under Section 213A of the Act

START HERE - Please Type or Print

Part 1. Information on Sponsor (You)

Last Name	First Name	Middle Name	
Mailing Address *(Street Number and Name)*		Apt/Suite Number	
City		State or Province	
Country		ZIP/Postal Code	Telephone Number

Place of Residence if different from above *(Street Number and Name)*		Apt/Suite Number
City		State or Province
Country	ZIP/Postal Code	Telephone Number
Date of Birth *(Month, Day, Year)*	Place of Birth *(City, State, Country)*	Are you a U.S. Citizen? ☐ Yes ☐ No
Social Security Number	A-Number *(If any)*	

FOR AGENCY USE ONLY

This Affidavit	Receipt
[ ] Meets [ ] Does not meet Requirements of Section 213A	
Officer or I.J. Signature	
Location	
Date	

Part 2. Basis for Filing Affidavit of Support

I am filing this affidavit of support because *(check one)*:

a. ☐ I filed/am filing the alien relative petition.

b. ☐ I filed/am filing an alien worker petition on behalf of the intending immigrant, who is related to me as my ______________________.
(relationship)

c. ☐ I have ownership interest of at least 5% ______________________.
(name of entity which filed visa petition)
which filed an alien worker petition on behalf of the intending immigrant, who is related to me as my ______________________.
(relationship)

d. ☐ I am a joint sponsor willing to accept the legal obligations with any other sponsor(s).

Part 3. Information on the Immigrant(s) You Are Sponsoring

Last Name		First Name	Middle Name
Date of Birth *(Month, Day, Year)*		Sex ☐ Male ☐ Female	Social Security Number *(If any)*
Country of Citizenship		A-Number *(If any)*	
Current Address *(Street Number and Name)*		Apt/Suite Number	City
State/Province	Country	ZIP/Postal Code	Telephone Number

List any spouse and/or children immigrating with the immigrant named above in this Part: *(Use additional sheet of paper if necessary.)*

Name	Relationship to Sponsored Immigrant			Date of Birth			A-Number *(If any)*	Social Security *(If any)*
	Spouse	Son	Daughter	Mo.	Day	Yr.		

Part 4. Eligibility to Sponsor

To be a sponsor you must be a U.S. citizen or national or a lawful permanent resident. If you are not the petitioning relative, you must provide proof of status. To prove status, U.S. citizens or nationals must attach a copy of a document proving status, such as a U.S. passport, birth certificate, or certificate of naturalization, and lawful permanent residents must attach a copy of both sides of their Permanent Resident Card (Form I-551).

The determination of your eligibility to sponsor an immigrant will be based on an evaluation of your demonstrated ability to maintain an annual income at or above 125 percent of the Federal poverty line (100 percent if you are a petitioner sponsoring your spouse or child and you are on active duty in the U.S. Armed Forces). The assessment of your ability to maintain an adequate income will include your current employment, household size, and household income as shown on the Federal income tax returns for the 3 most recent tax years. Assets that are readily converted to cash and that can be made available for the support of sponsored immigrants if necessary, including any such assets of the immigrant(s) you are sponsoring, may also be considered.

The greatest weight in determining eligibility will be placed on current employment and household income. If a petitioner is unable to demonstrate ability to meet the stated income and asset requirements, a joint sponsor who *can* meet the income and asset requirements is needed. Failure to provide adequate evidence of income and/or assets or an affidavit of support completed by a joint sponsor will result in denial of the immigrant's application for an immigrant visa or adjustment to permanent resident status.

A. Sponsor's Employment

I am: 1. ☐ Employed by ______________________ *(Provide evidence of employment)*

Annual salary __________ or hourly wage $ __________ *(for* ______ *hours per week)*

2. ☐ Self employed ______________________ *(Name of business)*

Nature of employment or business ______________________

3. ☐ Unemployed or retired since ______________________

B. Sponsor's Household Size

Number

1. Number of persons (related to you by birth, marriage, or adoption) living in your residence, including yourself *(Do NOT include persons being sponsored in this affidavit.)* ________
2. Number of immigrants being sponsored in this affidavit *(Include all persons in Part 3.)* ________
3. Number of immigrants **NOT** living in your household whom you are obligated to support under a previously signed Form I-864. ________
4. Number of persons who are otherwise dependent on you, as claimed in your tax return for the most recent tax year. ________
5. Total household size. ***(Add lines 1 through 4.)*** **Total** ________

List persons below who are included in lines 1 or 3 for whom you previously have submitted INS Form I-864, *if your support obligation has not terminated.*

(If additional space is needed, use additional paper)

Name	A-Number	Date Affidavit of Support Signed	Relationship

Part 4. Eligibility to Sponsor *(Continued)*

C. Sponsor's Annual Household Income

Enter total unadjusted income from your Federal income tax return for the most recent tax year below. If you last filed a joint income tax return but are using only your *own* income to qualify, list total earnings from your W-2 Forms, or, *if* necessary to reach the required income for your household size, include income from other sources listed on your tax return. If your *individual* income does not meet the income requirement for your household size, you may also list total income for anyone related to you by birth, marriage, or adoption currently living with you in your residence if they have lived in your residence for the previous 6 months, or any person shown as a dependent on your Federal income tax return for the most recent tax year, even if not living in the household. For their income to be considered, household members or dependents must be willing to make their income available for support of the sponsored immigrant(s) and to complete and sign Form I-864A, Contract Between Sponsor and Household Member. A sponsored immigrant/household member only need complete Form I-864A if his or her income will be used to determine your ability to support a spouse and/or children immigrating with him or her.

You must attach evidence of current employment and copies of income tax returns as filed with the IRS for the most recent 3 tax years for yourself and all persons whose income is listed below. See "Required Evidence " in Instructions. Income from all 3 years will be considered in determining your ability to support the immigrant(s) you are sponsoring.

☐ I filed a single/separate tax return for the most recent tax year.
☐ I filed a joint return for the most recent tax year which includes only my own income.
☐ I filed a joint return for the most recent tax year which includes income for my spouse and myself.
  ☐ I am submitting documentation of my individual income (Forms W-2 and 1099).
  ☐ I am qualifying using my spouse's income; my spouse is submitting a Form I-864A.

Indicate most recent tax year ______________
(tax year)

Sponsor's individual income $______________

or

Sponsor and spouse's combined income $______________
(If spouse's income is to be considered, spouse must submit Form I-864A.)

Income of other qualifying persons.
(List names; include spouse if applicable. Each person must complete Form I-864A.)

______________________________ $______________
______________________________ $______________
______________________________ $______________

Total Household Income $______________

Explain on separate sheet of paper if you or any of the above listed individuals were not required to file Federal income tax returns for the most recent 3 years, or if other explanation of income, employment, or evidence is necessary.

D. Determination of Eligibility Based on Income

1. ☐ I am subject to the 125 percent of poverty line requirement for sponsors.
☐ I am subject to the 100 percent of poverty line requirement for sponsors on active duty in the U.S. Armed Forces sponsoring their spouse or child.

2. Sponsor's total household size, from Part 4.B., line 5 ______________.

3. Minimum income requirement from the Poverty Guidelines chart for the year of ______________ *(year)* is $__________ for this household size.

If you are currently employed and your household income for your household size is equal to or greater than the applicable poverty line requirement (from line D.3.), you do not need to list assets (Parts 4.E. and 5) or have a joint sponsor (Part 6) unless you are requested to do so by a Consular or Immigration Officer. You may skip to Part 7, Use of the Affidavit of Support to Overcome Public Charge Ground of Admissibility. **Otherwise, you should continue with Part 4.E.**

Part 4. Eligibility to Sponsor *(Continued)*

E. Sponsor's Assets and Liabilities

Your assets and those of your qualifying household members and dependents may be used to demonstrate ability to maintain an income at or above 125 percent (or 100 percent, if applicable) of the poverty line *if* they are available for the support of the sponsored immigrant(s) and can readily be converted into cash within 1 year. The household member, other than the immigrant(s) you are sponsoring, must complete and sign Form I-864A, Contract Between Sponsor and Household Member. List the cash value of each asset *after* any debts or liens are subtracted. Supporting evidence must be attached to establish location, ownership, date of acquisition, and value of each asset listed, including any liens and liabilities related to each asset listed. See "Evidence of Assets" in Instructions.

Type of Asset	Cash Value of Assets *(Subtract any debts)*
Savings deposits	$
Stocks, bonds, certificates of deposit	$
Life insurance cash value	$
Real estate	$
Other *(specify)*	$
Total Cash Value of Assets	$ ________________

Part 5. Immigrant's Assets and Offsetting Liabilities

The sponsored immigrant's assets may also be used in support of your ability to maintain income at or above 125 percent of the poverty line *if* the assets are or will be available in the United States for the support of the sponsored immigrant(s) and can readily be converted into cash within 1 year.

The sponsored immigrant should provide information on his or her assets in a format similar to part 4.E. above. Supporting evidence must be attached to establish location, ownership, and value of each asset listed, including any liens and liabilities for each asset listed. See "Evidence of Assets" in Instructions.

Part 6. Joint Sponsors

If household income and assets do not meet the appropriate poverty line for your household size, a joint sponsor is required. There may be more than one joint sponsor, but each joint sponsor must individually meet the 125 percent of poverty line requirement based on his or her household income and/or assets, including any assets of the sponsored immigrant. By submitting a separate Affidavit of Support under Section 213A of the Act (Form I-864), a joint sponsor accepts joint responsibility with the petitioner for the sponsored immigrant(s) until they become U.S. citizens, can be credited with 40 quarters of work, leave the United States permanently, or die.

Part 7. Use of the Affidavit of Support to Overcome Public Charge Ground of Inadmissibility

Section 212(a)(4)(C) of the Immigration and Nationality Act provides that an alien seeking permanent residence as an immediate relative (including an orphan), as a family-sponsored immigrant, or as an alien who will accompany or follow to join another alien is considered to be likely to become a public charge and is inadmissible to the United States unless a sponsor submits a legally enforceable affidavit of support on behalf of the alien. Section 212(a)(4)(D) imposes the same requirement on an employment-based immigrant, and those aliens who accompany or follow to join the employment- based immigrant, if the employment-based immigrant will be employed by a relative, or by a firm in which a relative owns a significant interest. Separate affidavits of support are required for family members at the time they immigrate if they are not included on this affidavit of support or do not apply for an immigrant visa or adjustment of status within 6 months of the date this affidavit of support is originally signed. The sponsor must provide the sponsored immigrant(s) whatever support is necessary to maintain them at an income that is at least 125 percent of the Federal poverty guidelines.

I submit this affidavit of support in consideration of the sponsored immigrant(s) not being found inadmissible to the United States under section 212(a)(4)(C) (or 212(a)(4)(D) for an employment-based immigrant) and to enable the sponsored immigrant(s) to overcome this ground of inadmissibility. I agree to provide the sponsored immigrant(s) whatever support is necessary to maintain the sponsored immigrant(s) at an income that is at least 125 percent of the Federal poverty guidelines. I understand that my obligation will continue until my death or the sponsored immigrant(s) have become U.S. citizens, can be credited with 40 quarters of work, depart the United States permanently, or die.

Part 7. Use of the Affidavit of Support to Overcome Public Charge Grounds *(Continued)*

Notice of Change of Address.

Sponsors are required to provide written notice of any change of address within 30 days of the change in address until the sponsored immigrant(s) have become U.S. citizens, can be credited with 40 quarters of work, depart the United States permanently, or die. To comply with this requirement, the sponsor must complete INS Form I-865. Failure to give this notice may subject the sponsor to the civil penalty established under section 213A(d)(2) which ranges from $250 to $2,000, unless the failure to report occurred with the knowledge that the sponsored immigrant(s) had received means-tested public benefits, in which case the penalty ranges from $2,000 to $5,000.

If my address changes for any reason before my obligations under this affidavit of support terminate, I will complete and file INS Form I-865, Sponsor's Notice of Change of Address, within 30 days of the change of address. I understand that failure to give this notice may subject me to civil penalties.

Means-tested Public Benefit Prohibitions and Exceptions.

Under section 403(a) of Public Law 104-193 (Welfare Reform Act), aliens lawfully admitted for permanent residence in the United States, with certain exceptions, are ineligible for most Federally-funded means-tested public benefits during their first 5 years in the United States. This provision does not apply to public benefits specified in section 403(c) of the Welfare Reform Act or to State public benefits, including emergency Medicaid; short-term, non-cash emergency relief; services provided under the National School Lunch and Child Nutrition Acts; immunizations and testing and treatment for communicable diseases; student assistance under the Higher Education Act and the Public Health Service Act; certain forms of foster-care or adoption assistance under the Social Security Act; Head Start programs; means-tested programs under the Elementary and Secondary Education Act; and Job Training Partnership Act programs.

Consideration of Sponsor's Income in Determining Eligibility for Benefits.

If a permanent resident alien is no longer statutorily barred from a Federally-funded means-tested public benefit program and applies for such a benefit, the income and resources of the sponsor and the sponsor's spouse will be considered (or deemed) to be the income and resources of the sponsored immigrant in determining the immigrant's eligibility for Federal means-tested public benefits. Any State or local government may also choose to consider (or deem) the income and resources of the sponsor and the sponsor's spouse to be the income and resources of the immigrant for the purposes of determining eligibility for their means-tested public benefits. The attribution of the income and resources of the sponsor and the sponsor's spouse to the immigrant will continue until the immigrant becomes a U.S. citizen or has worked or can be credited with 40 qualifying quarters of work, provided that the immigrant or the worker crediting the quarters to the immigrant has not received any Federal means-tested public benefit during any creditable quarter for any period after December 31, 1996.

I understand that, under section 213A of the Immigration and Nationality Act (the Act), as amended, this affidavit of support constitutes a contract between me and the U.S. Government. This contract is designed to protect the United States Government, and State and local government agencies or private entities that provide means-tested public benefits, from having to pay benefits to or on behalf of the sponsored immigrant(s), for as long as I am obligated to support them under this affidavit of support. I understand that the sponsored immigrants, or any Federal, State, local, or private entity that pays any means-tested benefit to or on behalf of the sponsored immigrant(s), are entitled to sue me if I fail to meet my obligations under this affidavit of support, as defined by section 213A and INS regulations.

Civil Action to Enforce.

If the immigrant on whose behalf this affidavit of support is executed receives any Federal, State, or local means-tested public benefit before this obligation terminates, the Federal, State, or local agency or private entity may request reimbursement from the sponsor who signed this affidavit. If the sponsor fails to honor the request for reimbursement, the agency may sue the sponsor in any U.S. District Court or any State court with jurisdiction of civil actions for breach of contract. INS will provide names, addresses, and Social Security account numbers of sponsors to benefit-providing agencies for this purpose. Sponsors may also be liable for paying the costs of collection, including legal fees.

Part 7. Use of the Affidavit of Support to Overcome Public Charge Grounds *(Continued)*

I acknowledge that section 213A(a)(1)(B) of the Act grants the sponsored immigrant(s) and any Federal, State, local, or private agency that pays any means-tested public benefit to or on behalf of the sponsored immigrant(s) standing to sue me for failing to meet my obligations under this affidavit of support. I agree to submit to the personal jurisdiction of any court of the United States or of any State, territory, or possession of the United States if the court has subject matter jurisdiction of a civil lawsuit to enforce this affidavit of support. I agree that no lawsuit to enforce this affidavit of support shall be barred by any statute of limitations that might otherwise apply, so long as the plaintiff initiates the civil lawsuit no later than ten (10) years after the date on which a sponsored immigrant last received any means-tested public benefits.

Collection of Judgment.

I acknowledge that a plaintiff may seek specific performance of my support obligation. Furthermore, any money judgment against me based on this affidavit of support may be collected through the use of a judgment lien under 28 U.S.C 3201, a writ of execution under 28 U.S.C 3203, a judicial installment payment order under 28 U.S.C 3204, garnishment under 28 U.S.C 3205, or through the use of any corresponding remedy under State law. I may also be held liable for costs of collection, including attorney fees.

Concluding Provisions.

I, ________________________________, certify under penalty of perjury under the laws of the United States that:

(a) I know the contents of this affidavit of support signed by me;
(b) All the statements in this affidavit of support are true and correct,
(c) I make this affidavit of support for the consideration stated in Part 7, freely, and without any mental reservation or purpose of evasion;
(d) Income tax returns submitted in support of this affidavit are true copies of the returns filed with the Internal Revenue Service; and
(e) Any other evidence submitted is true and correct.

________________________________ ________________________
(Sponsor's Signature) *(Date)*

Subscribed and sworn to (or affirmed) before me this

__________ day of ________________, ______________
(Month) *(Year)*

at ________________________________.

My commission expires on ______________________.

____
(Signature of Notary Public or Officer Administering Oath)

____
(Title)

Part 8. If someone other than the sponsor prepared this affidavit of support, that person must complete the following:

I certify under penalty of perjury under the laws of the United States that I prepared this affidavit of support at the sponsor's request, and that this affidavit of support is based on all information of which I have knowledge.

Signature	Print Your Name	Date	Daytime Telephone Number
Firm Name and Address			

DIVERSITY VISA APPLICATION

ATTACH RECENT PHOTOGRAPH OF THE APPLICANT, THE APPLICANT'S SPOUSE AND ALL CHILDREN (2" x 2"). SEPARATE PHOTOS MUST BE ATTACHED FOR EACH FAMILY MEMBER. PRINT THE NAME AND DATE OF BIRTH OF EACH FAMILY MEMBER ON THE BACK OF EACH PHOTO.

A. NAME ____

LAST FIRST MIDDLE

B. DATE OF BIRTH ______________________________________

DAY/MONTH/YEAR

PLACE OF BIRTH ______________________________________

(CITY, PROVINCE OR OTHER POLITICAL SUBDIVISION, AND COUNTRY)

C. APPLICANT'S NATIVE COUNTRY IF DIFFERENT FROM COUNTRY OF BIRTH

____

D. INFORMATION CONCERNING SPOUSE

FULL NAME (LAST/FIRST/MIDDLE)	DATE OF BIRTH (D/M/Y)	PLACE OF BIRTH (CITY, POLITICAL SUBDIVISION, AND COUNTRY)

E. INFORMATION CONCERNING CHILDREN

FULL NAME (LAST/FIRST/MIDDLE)	DATE OF BIRTH (D/M/Y)	PLACE OF BIRTH (CITY, POLITICAL SUBDIVISION, AND COUNTRY)

(ATTACH INFORMATION ON ADDITIONAL CHILDREN AS NEEDED)

F. CURRENT MAILING ADDRESS AND PHONE NUMBER

____

NO. AND NAME OF STREET APARTMENT NO.

____

CITY STATE/PROVINCE/COUNTRY ZIP CODE

____

TELEPHONE NO.

G. SIGNATURE ______________________________________

This page intentionally left blank.

U.S. Department of Justice
Executive Office for Immigration Review

OMB #1125-0001
Application for Cancellation of Removal and Adjustment of Status for Certain Nonpermanent Residents

PLEASE READ ADVICE AND INSTRUCTIONS BEFORE FILLING IN FORM

PLEASE TYPE OR PRINT

Fee Stamp

PART 1 - INFORMATION ABOUT YOURSELF

1) My present true name is: *(Last, First, Middle)*

2) Alien Registration Number:

3) My name given at birth was: *(Last, First, Middle)*

4) Birth Place: *(City, Country)*

5) Date of Birth: *(Month, Day, Year)*

6) Gender: ☐ Male ☐ Female

7) Height:

8) Hair Color:

9) Eye Color:

10) Current Nationality & Citizenship:

11) Social Security Number:

12) Home Phone Number: ( )

13) Work Phone Number: ( )

14) I currently reside at:

Apt. number and/or in care of

Number and Street

City or Town *State* *ZIP Code*

15) I have been known by these additional name(s):

16) I have resided in the following locations in the United States:(List PRESENT ADDRESS FIRST, and work back in time for at least 10 years.)

Street and Number - Apt. or Room# - City or Town - State - ZIP Code	Resided From: *(Month, Day, Year)*	Resided To: *(Month, Day, Year)*
		PRESENT

PART 2 - INFORMATION ABOUT THIS APPLICATION

17) I, the undersigned, hereby request that my removal be cancelled under the provisions of section 240A(b) of the Immigration and Nationality Act (INA). I believe that I am eligible for cancellation of removal because: (check all that apply)

☐ My removal would result in exceptional and extremely unusual hardship to my: *(Place a USC in the space if the family member is a citizen of the United States, an* **L** *if the family member is a lawful permanent resident of the United States, an* **X** *if the family member is neither and leave* **BLANK** *if not applicable.)*

_____ **Husband** _____ **Wife** _____ **Father** _____ **Mother** _____ **Child or Children.**

With the exception of absences described in question #25, I have resided in the United States since: *(Month, Day, Year)* ______________________.

☐ I, or my child, have been battered or subjected to extreme cruelty by a United States citizen or lawful permanent resident spouse or parent.

With the exception of absences described in question #25, I have resided in the United States since: *(Month, Day, Year)* ______________________.

Please use a separate sheet for additional entries.

Form EOIR-42B
4/97

PART 3 - INFORMATION ABOUT YOUR PRESENCE IN THE UNITED STATES

18) I first arrived in the United States under the name of: *(Last, First, Middle)*

19) I first arrived in the United States on: *(Month, Day, Year)*

20) Place or port of first arrival: *(Place or Port, City, and State)*

21) I arrived: ☐ as a lawful permanent resident, ☐ as a Visitor, ☐ as a Student, ☐ without inspection, or ☐ Other *(Place an X in the correct box, if Other is selected please explain)*:

22) If admitted as a nonimmigrant, period for which admitted: *(Month, Day, Year)* to

23) My last extension of stay in the United States expired on: *(Month, Day, Year)*

24) If not inspected or if arrival occurred at other than a regular port, describe the circumstances as accurately as possible:

25) Since the date of my first arrival I departed from and returned to the United States at the following places and on the following dates: *(Please list all departures regardless of how briefly you were absent from the United States)*

If you have never departed from the United States since your original date of arrival, please mark an X in the box: ☐

	Port of Departure *(Place or Port, City and State)* / Port of Return *(Place or Port, City and State)*	Departure Date *(Month, Day, Year)* / Return Date *(Month, Day, Year)*	Purpose of Travel / Manner of Return	Destination / Inspected & Admitted?
1				☐ Yes ☐ No
2				☐ Yes ☐ No

26) Have you ever departed the United States:
a) under an order of deportation, exclusion or removal? ------------ ☐ Yes ☐ No
b) pursuant to a grant of voluntary departure? ----------------------- ☐ Yes ☐ No

PART 4 - INFORMATION ABOUT YOUR MARITAL STATUS AND SPOUSE *(Continued on page 3)*

27) I am not married: ☐
I am married: ☐

28) If married, the name of my spouse is: *(Last, First, Middle)*

29) Date of marriage: *(Month, Day, Year)*

30) The marriage took place in: *(City and Country)*

31) Birth place of spouse: *(City and Country)*

32) My spouse currently resides at:

Apt. number and/or in care of

Number and Street

City or Town *State/Country* *ZIP Code*

33) Birth date of spouse: *(Month, Day, Year)*

34) My spouse is a citizen of: *(Country)*

35) If your spouse is other than a native born United States citizen, answer the following:
He/she arrived in the United States at: *(City and State)* ______.
He/she arrived in the United States on: *(Month, Day, Year)* ______.
His/her alien registration number is: A# ______.
He/she was naturalized on *(Month, Day, Year)* ______ at ______ *(City and State)*.

36) My spouse ☐ - is ☐ - is not employed. If employed, please give salary and the name and address of the place(s) of employment.

Full Name and Address of Employer	Earnings Per Week *(Approximate)*
	$
	$
	$

Please use a separate sheet for additional entries.

PART 4 - INFORMATION ABOUT YOUR MARITAL STATUS AND SPOUSE *(Continued)*

37) I ☐ - have ☐ - have not been previously married: *(If previously married, list the name of each prior spouse, the dates on which each marriage began and ended, the place where the marriage terminated, and describe how each marriage ended.)*

Name of prior spouse: *(Last, First, Middle)*	Date marriage began: Date marriage ended:	Place marriage ended: *(City and Country)*	Description or manner of how marriage was terminated or ended:

38) My present spouse ☐ - has ☐ - has not been previously married: *(If previously married, list the name of each prior spouse, the dates on which the marriage began and ended, the place where the marriage terminated, and describe how each marriage ended.)*

Name of prior spouse: *(Last, First, Middle)*	Date marriage began: Date marriage ended:	Place marriage ended: *(City and Country)*	Description or manner of how marriage was terminated or ended:

39) Have you been ordered by any court, or are otherwise under any legal obligation, to provide child support and/or spousal maintenance as a result of a separation and/or divorce? ☐ - Yes ☐ - No

PART 5 - INFORMATION ABOUT YOUR EMPLOYMENT AND FINANCIAL STATUS

40) Since my arrival into the United States, I have been employed by the following - named persons or firms: *(Please begin with present employment and work back in time. Any periods of unemployment or school attendance should be specified.)*

Full Name and Address of Employer	Earnings Per Week *(Approximate)*	Type of Work Performed	Employed From: *(Month, Day, Year)*	Employed To: *(Month, Day, Year)*
	$			PRESENT
	$			
	$			

41) If self-employed, describe the nature of the business, the name of the business, its address, and net income derived therefrom:

42) My assets (and if married, my spouse's assets) in the United States and other countries, not including clothing and household necessities, are:

Self

Cash, Stocks, and Bonds — — — — — — — — — — $

Real Estate — — — — — — — — — — — — — — — $

Automobile (value minus amount owed) — — — $

Other (describe on line below) — — — — — — — $

TOTAL $

Jointly Owned with Spouse

Cash, Stocks, and Bonds — — — — — — — — — — $

Real Estate — — — — — — — — — — — — — — — $

Automobile (value minus amount owed) — — — $

Other (describe on line below) — — — — — — — $

TOTAL $

43) I ☐ - have ☐ - have not received public or private relief or assistance (e.g. Welfare, Unemployment Benefits, Medicaid, ADC, etc.). If you have, please give full details including the type of relief or assistance received, date for which relief or assistance was received, place, and amount received during this time:

44) Please list each of the years in which you have filed an income tax return with the Internal Revenue Service:

Please use a separate sheet for additional entries.

Form EOIR-42B
4/97

PART 6 - INFORMATION ABOUT YOUR FAMILY *(Continued on page 5)*

45) I have ______________ (Number of) children. Please list information for each child below, include assets and earnings information for children over the age of sixteen who have separate incomes:

Name of Child: *(Last, First, Middle)* Child's Alien Registration Number:	Citizen of What Country: Birth Date: *(Month, Day, Year)*	Now Residing At: *(City and Country)* Birth Place: *(City and Country)*	Immigration Status of Child?
______________ A#:	______________	______________ ______________	
Estimated Total of Assets: $ ______________	Estimated Average Weekly Earnings: $ ______________		
______________ A#:	______________	______________ ______________	
Estimated Total of Assets: $ ______________	Estimated Average Weekly Earnings: $ ______________		
______________ A#:	______________	______________ ______________	
Estimated Total of Assets: $ ______________	Estimated Average Weekly Earnings: $ ______________		

46) If your application is denied, would your spouse and all of your children accompany you to your:

Country of Birth - ☐ Yes ☐ No

Country of Nationality - ☐ Yes ☐ No

Country of Last Residence - ☐ Yes ☐ No

If you answered "NO" to any of the responses, please explain: ______________

____

____

____

____

47) Members of my family, including my spouse and/or child(ren) ☐ - have ☐ - have not received public or private relief or assistance (e.g.,Unemployment Benefits, Welfare, Medicaid, ADC, etc.). If any member of your immediate family has received such relief or assistance, please give full details including identity of person(s) receiving relief or assistance, dates for which relief or assistance was received, place, and amount received during this time: ______________

____

____

____

____

48) Please give the requested information about your parents, brothers, sisters, aunts, uncles, and grandparents. As to residence, show street address, city, and state, if in the United States; otherwise show only country:

Name: *(Last, First, Middle)* Alien Registration Number:	Citizen of What Country: Birth Date: *(Month, Day, Year)*	Relationship to Me: Birth Place: *(City and Country)*	Immigration Status of Listed Relative
______________ A#:	______________ / /	______________ ______________	
Complete Address of Current Residence: ______________ ______________			
______________ A#:	______________ / /	______________ ______________	
Complete Address of Current Residence: ______________ ______________			

Please use a separate sheet for additional entries.

PART 6 - INFORMATION ABOUT YOUR FAMILY *(Continued)*

IF THIS APPLICATION IS BASED ON HARDSHIP TO A PARENT OR PARENTS, QUESTIONS 49 TO 52 MUST BE ANSWERED.

49) As to such parent who is not a citizen of the United States, give the date and place of arrival in the United States including full details as to the date, manner and terms of admission into the United States: ______

50) My father ☐ - is ☐ - is not employed. If employed, please give salary and the name and address of the place(s) of employment.

Full Name and Address of Employer	Earnings Per Week *(Approximate)*
	$

51) My mother ☐ - is ☐ - is not employed. If employed, please give salary and the name and address of the place(s) of employment.

Full Name and Address of Employer	Earnings Per Week *(Approximate)*
	$

52) My parent's assets in the United States and other countries not including clothing and household necessities are:

Assets of father consist of the following:

Cash, Stocks, and Bonds — — — — — — — —$ ______
Real Estate — — — — — — — — — — — — —$ ______
Automobile (value minus amount owed) — —$ ______
Other (describe on line below) — — — — — —$ ______
______ **TOTAL** $ ______

Assets of mother consist of the following:

Cash, Stocks, and Bonds — — — — — — — —$ ______
Real Estate — — — — — — — — — — — — —$ ______
Automobile (value minus amount owed) — —$ ______
Other (describe on line below) — — — — — —$ ______
______ **TOTAL** $ ______

PART 7 - MISCELLANEOUS INFORMATION *(Continued on page 6)*

53) I ☐ - have ☐ - have not entered the United States as a crewman after June 30, 1964.

54) I ☐ - have ☐ - have not been admitted as, or after arrival into the United States acquired the status of, an exchange alien.

55) I ☐ - have ☐ - have not submitted address reports as required by section 265 of the Immigration and Nationality Act.

56) I ☐ - have ☐ - have never (either in the United States or in any foreign country) been arrested, summoned into court as a defendant, convicted,fined,imprisoned,placed on probation,or forfeited collateral for an act involving a felony,misdemeanor,or breach of any public law or ordinance (including, but not limited to, traffic violations or driving incidents involving alcohol). *(If answer is in the affirmative, please give a brief description of each offense including the name and location of the offense, date of conviction, any penalty imposed, any sentence imposed, and the time actually served).* ______

57) Have you ever served in the Armed Forces of the United States? ☐ - Yes ☐ - No. If "Yes", please state branch *(Army, Navy, etc.)* and service number. ______.
Place of entry on duty: *(Place, City, and State)* ______.
Date of entry on duty: *(Month, Day, Year)* ______. Date of discharge: *(Month, Day, Year)* ______.
Type of discharge *(Honorable, Dishonorable, etc.)*: ______.
I served in active duty status from: *(Month, Day, Year)* ______ to *(Month, Day, Year)* ______.

58) Have you ever left the United States or the jurisdiction of the district where you registered for the draft to avoid being drafted into the military or naval forces of the United States? ☐ Yes ☐ No

Please use a separate sheet for additional entries.

PART 7 - MISCELLANEOUS INFORMATION *(Continued)*

59) Have you ever deserted from the military or naval forces of the United States while the United States was at war? ☐ Yes ☐ No

60) If male, did you register under the Selective Service (Draft) Law of 1917, 1918, 1948, 1951, or later Draft Laws? ☐ Yes ☐ No
If "Yes," please give date, Selective Service number, local draft board number, and your last draft classification:________________

61) Were you ever exempted from service because of conscientious objection, alienage, or any other reason? ☐ Yes ☐ No

62) Please list your present or past membership in or affiliation with every political organization, association, fund, foundation, party, club, society, or similar group in the United States or any other place since your 16th birthday. Include any foreign military service in this part. If none, write "NONE". Include the name of the organization, location, nature of the organization, and the dates of membership.

Name of Organization	Location of Organization	Nature of Organization	Member From: *(Month, Day, Year)*	Member To: *(Month, Day, Year)*

63) Have you ever:

☐ Yes ☐ No been ordered deported or removed?
☐ Yes ☐ No overstayed a grant of voluntary departure from an Immigration Judge or the Immigration and Naturalization Service (INS)?
☐ Yes ☐ No failed to appear for removal or deportation?

64) Have you ever been:

☐ Yes ☐ No a habitual drinker?
☐ Yes ☐ No one whose income is derived principally from illegal gambling?
☐ Yes ☐ No one who has given false testimony for the purpose of obtaining immigration benefits?
☐ Yes ☐ No engaged in prostitution or unlawful commercialized vice?
☐ Yes ☐ No involved in a serious criminal offense and asserted immunity from prosecution?
☐ Yes ☐ No a polygamist?
☐ Yes ☐ No one who aided and/or abetted another to enter the United States illegally?
☐ Yes ☐ No a trafficker of a controlled substance, or a knowing assister, abettor, conspirator, or colluder with others in any such controlled substance offense (not including a single offense of simple possesion of 30 grams or less of marijuana)?
☐ Yes ☐ No inadmissible or deportable on security-related grounds under sections 212(a)(3) or 237(a)(4) of the INA?
☐ Yes ☐ No one who has ordered, incited, assisted, or otherwise participated in the persecution of an individual on account of his or her race, religion, nationality, membership in a particular social group, or political opinion?
☐ Yes ☐ No a person previously granted relief under sections 212(c) or 244(a) of the INA or whose removal has previously been cancelled under section 240A of the INA?

64) Are you: ☐ Yes ☐ No the beneficiary of an approved visa petition?
If yes, can you: ☐ Yes ☐ No arrange a trip outside the United States to obtain an immigrant visa. If no, please explain:

____
____
____
____

Please use a separate sheet for additional entries.

PART 7 - MISCELLANEOUS INFORMATION *(Continued)*

65) The following certificates or other supporting documents are attached hereto as a part of this application: *(Refer to the Instruction Sheet for documents which **should be attached**).*

______________________________ ______________________________
______________________________ ______________________________
______________________________ ______________________________
______________________________ ______________________________
______________________________ ______________________________
______________________________ ______________________________
______________________________ ______________________________
______________________________ ______________________________
______________________________ ______________________________
______________________________ ______________________________
______________________________ ______________________________
______________________________ ______________________________
______________________________ ______________________________
______________________________ ______________________________
______________________________ ______________________________

APPLICATION NOT TO BE SIGNED BELOW UNTIL APPLICANT APPEARS BEFORE AN IMMIGRATION JUDGE

I do swear (affirm) that the contents of the above application, including the documents attached hereto, are true to the best of my knowledge, and that this application is now signed by me with my full, true name.

____
(Complete and true signature of applicant or parent or guardian)

Subscribed and sworn to before me by the above-named applicant at ______________________________

____
Immigration Judge

____
Date: (Month, Day, Year)

CERTIFICATE OF SERVICE

I hereby certify that a copy of the foregoing was: ☐ - delivered in person, ☐ - mailed first class, postage prepaid on

______________________________ *(Month, Day, Year)* to ______________________________
(INS District Counsel and Address)

____

____

____
Signature of Applicant (or attorney or representative)

Please use a separate sheet for additional entries.

Form EOIR-42B
4/97

This page intentionally left blank.

APELLIDO (en mayúsculas) (Nombre) (Segundo nombre)

ESTOY EN LOS ESTADOS UNIDOS COMO
☐ Visitante ☐ Residente Permanente
☐ Estudiante ☐ Otro (Especifique)

PAÍS DE CIUDADANÍA

FECHA DE NACIMIENTO

NÚMERO DE SU TARJETA DE EXTRANJERO

A

DIRECCIÓN ACTUAL (Calle o ruta rural) (Ciudad u Oficina de Correos) (Estado) (Código Postal)

(SI LA DIRECCIÓN ANTERIOR ES PROVISIONAL) Pienso permanecer allí ________ años ________ meses

DIRECCIÓN ANTERIOR (Calle o ruta rural) (Ciudad u Oficina de Correos) (Estado) (Código Postal)

LUGAR DE TRABAJO O ESTUDIO (Nombre del Empleador o de la Escuela)

(Dirección de calle o ruta rural) (Ciudad u Oficina de Correos) (Estado) (Código Postal)

PUERTO DE ENTRADA A LOS EE.UU.

FECHA EN QUE INGRESÓ A LOS EE.UU.

SI NO ES RESIDENTE PERMANENTE, SU ESTADÍA EN LOS EE.UU. VENCE EL: (Fecha)

FIRMA

FECHA

OMB No. 1115-0003

AR-11 Spanish (06/22/01)

TARJETA DEL EXTRANJERO PARA CAMBIOS DE DIRECCIÓN

TODO EXTRANJERO DEBERÁ USAR ESTA TARJETA PARA HACER CONSTAR LOS CAMBIOS DE DIRECCIÓN EN LOS SIGUIENTES 10 DÍAS DESPUÉS DE DICHO CAMBIO.

SEGÚN LA SECCIÓN 265 DE LA LEY DE I & N (8 USC 1305), EL INS USARÁ LOS DATOS RECOPILADOS PARA FINES DE ESTADÍSTICAS Y ARCHIVOS Y PODRÁ COMPARTIRLOS CON LAS AUTORIDADES A NIVEL FEDERAL, ESTATAL Y MUNICIPAL.
EL NO PROPORCIONAR LA INFORMACIÓN SIN MOTIVO JUSTIFICADO SERÁ PUNIBLE CON MULTAS, ENCARCELAMIENTO Y/O DEPORTACIÓN.

Esta tarjeta no es comprobante de identidad, edad ni condición inmigratoria otorgada.

Responsabilidad del público de proporcionar información. Según la Ley de Reducción de Tramitación de Documentos, un organismo no podrá realizar ni patrocinar la recopilación de datos y las personas no se verán obligadas a responder a la misma a menos que el documento usado para este fin lleve impreso un número de control OMB que sea válido y esté en vigor. Procuramos crear formularios e instrucciones que son exactos, fáciles de entender y requieren un mínimo de trabajo para completar. A menudo esto resulta difícil ya que las leyes de inmigración pueden ser muy complejas. Se calcula que cada respuesta en este formulario le tomará un promedio de 5 minutos, incluyendo el tiempo que tarda en revisar las instrucciones, buscar, recopilar y mantener la información necesaria y completar y revisar la información recopilada. Envíe sus comentarios con respecto al tiempo necesario para completar el formulario y recopilar la información necesaria, incluyendo sus sugerencias para reducir esa tarea, a la siguiente dirección: Immigration and Naturalization Service, HQPDI, 425 I Street, N.W., Room 4034, Washington, D.C. 20536; OMB No. 1115-0003. **NO ENVÍE SU FORMULARIO COMPLETADO A ESTA DIRECCIÓN.**

ENVÍE SU FORMULARIO A LA SIGUIENTE DIRECCIÓN:

U.S. DEPARTMENT OF JUSTICE
Immigration and Naturalization Service
HQ ORM
425 I Street NW
ULLICO 4th Floor

This page intentionally left blank.

Certification By Translator

I, ______________________________, certify that I am fluent in the English and ______________________________ languages, that I am competent to perform this translation and that the attached document is an accurate translation of the document entitled ____.

______________ Date

______________________ Signature

______________________ Name

______________________ Address

____

ÍNDICE

A

B

C

D

E

F

G

H

I

J

L

M

N

O

P

Q

R

S

T

U

V

W